滄海叢刊

政治與文化

吳俊才 著

1988

東大圖書公司印行

©政治與文化

作者 吳俊才
發行人 劉仲文
出版者 東大圖書股份有限公司
總經銷 三民書局股份有限公司
印刷所 東大圖書股份有限公司
地址／臺北市重慶南路一段六十一號二樓
郵撥／〇一〇七一七五—〇號
初版 中華民國七十七年三月
編號 E 57067①
基本定價 陸元捌角玖分
行政院新聞局登記證局版臺業字第〇一九七號

為了這個冊子的刊行，我要特別謝謝殷文俊教授、王書田女士、嚴定暹小姐、以及我的女兒涵碧，曾先後費神，幫我整理編校，或提供寶貴的意見。至於內容難免偏頗錯失之處，敬望國人有以教之。

吳俊才

中華民國七十七年一月卅一日於臺北

自序

民國六十六年一月，當我交卸了中央文化工作會的職務之後，曾出版了一本小册子「滿懷希望的時代」，距今業已十易寒暑。最近又清理出大半是在六十六年以後，由於工作需要，所寫的幾十篇文稿，抽出一部分，想編印成册，作一個紀念；其中大部分內容，係探討文化思想與政治外交的問題，姑且題名為「政治與文化」，請國人賜教。

憶自對日抗戰期中服務社會以來，尤以近卅餘年曾受命負責若干部門的工作，無論何時何地，總是經常想到國家的前途，充滿希望的時代，以及自己應盡的責任。像所有同胞一般，我們大多經歷過漫長險阻的歲月而屹立不搖，也應能勝過眼前和未來一切的試煉，奮勇前行。我們相信為[illegible]者常至，而信心乃係力量之源。

政治與文化　目次

叁　其　他

壹 政治外交

一、從歷史觀點看印度的變局

一

印度首相希麗瑪廸・英蒂娜・甘地夫人(Mrs. Shrimati Indira Gandhi)，於一九八四年十月卅一日自其新德里首相官邸步行至毗連的辦公室途中，遭三名信奉錫克教的衞士所刺殺，遺體於五日火化後國葬。據外電報導，前往瞻仰甘地夫人遺容的印度民衆，數十萬人摩肩擦踵，捶胸頓足，哀號不斷；而教派之間在印境各處因此而引發的仇殺、怒火四起，危疑恐怖的情景，與卅七年前印度國父甘地被一名印度教徒刺殺後筆者所目擊者相若。以印度今擁有七億之衆的人口而在印度洋週邊地區所居戰略地位之重要，此一變局，自極爲世界各方之所關切。爰不揣淺陋，就個人平日留心印度有關事物所知，試對此一不幸變亂重演的歷史根源及其發生背景，作一初步研析。

二

印度爲一多宗教的國家。自紀元前十五世紀雅利安人進入印度半島創立婆羅門教開始，至現代印度甘地主張復興印度教的精神，使印度脫離英國殖民地的統治而獨立，其中還包括有佛教、耆那教、印度教、回教、錫克教和從西方輸入的基督教等，歷史上每一關鍵時刻的變化，均與當時的宗教改革主流，密不可分。且往往是先有宗教的改革，然後繼之以政治、社會與經濟等變易。若謂宗教為印度歷史演變的重心，似亦無不可。此不僅因為各種宗教大多年代久遠，皈依者眾，影響力大；也不單是由於宗教在印度人民的社會生活中各佔有其重要地位。更重要的乃是宗教之在印度不祇限於每一時期人們精神生活的層面，而是擴大及於整個政治經濟與社會生活，小至於飲食起居、男女衣著亦各因宗教信仰之不同而呈現顯著差異，一望而知。在世界歷史上，我們還很難找到另一個國家像印度一樣，如此長時期籠罩在不同宗教影響力量的涵蓋之下，例如婆羅門教改革為佛教，即催生了佛教王朝——孔雀王朝，建立了第一個印度帝國。其後公元四世紀佛教演變成印度教，乃有印度教王朝笈多王朝之繼起。公元十世紀回教勢力進入印度，經六個世紀的擾攘而後有十六世紀回教蒙厄兒王朝的建立。五百年前並有錫克教之創立，原為反對回教勢力的迫害，但並未能在印度建立政權。而十九世紀英國東印度公司滅亡印度，最初也是以基督教驅除異教徒為號召。所以到了現代甘地的反英革命獨立運動，還是以復興印度教的精神救亡圖存相標榜。

正因為宗教勢力是如此深入而長久的影響印度的國運，歷史上偉大的宗教政治家如孔雀王朝的阿育王及現代的甘地，懷抱著悲天憫人的胸懷，以出世的宗教精神，從事入世救人的政治事業，固各曾致力於使宗教與政治相結合；而一些偏激狹隘的政治團體，更是利用印度民眾對宗教的狂熱與強烈排他性，經常製造政治變亂與流血暴動，圖遂其私利者，也屢見不鮮。此所以印度獨立，印、回分治，甘地竟被激進的大印度教會黨徒所刺死，如今印度首相又被錫克教的激進分子所刺殺。當年刺殺甘地的兇手，尚自稱是愛國者，是光榮的見義勇爲；現在激進派的錫克教徒，也紛紛在各地載歌載舞，聚會慶祝其已爲其所信仰的宗教而復仇雪恥。

三

當聖雄甘地領導國大黨從事反英鬪爭時，雖號召復興印度教精神，實係泛指並涵蓋所有印度的宗教，原意在結合成各教派的聯合愛國組織以團結反英。擅長分而治之策略的英治印度政府，乃處心積慮扶植印度教以外的其他宗教集團與之相對抗。其中最具勢力者爲回教徒所組織的回盟（Muslem League）；最具破壞力者爲印度教中的大印度教會黨（Hindu Mahasabha）及錫克教中的長髮激進派（Akali）。此三者曾使一九四八年收回政權後的印度，頻遭國土分裂與國父被殺之痛，如今又再度淪於自相殘殺的流血暴亂之中。

若就純宗教的觀點而論，除回教現係印回分治後巴基斯坦國教，此處不論外，即以印度教和錫克教而言，亦皆善良純正的宗教。印度教乃是繼佛教之後，融和婆羅門教與佛教二者之基本教義而成，但在印度的影響力卻又超過二者。崇奉多神，崇拜偶像，殺牲獻祭，篤信輪廻，有廟宇之設與聖地朝拜。勉人「篤信眞實永恒的眞理，超脫情慾、物慾、憤怒與恐怖之外，無私無慾地自由工作，從不想『我』與『我的』，從不貪求，節制官感，但憑智慧與眞光，導人於至高純淨的和平境界」。基本上甘地是受印度教的毘濕奴派（Vaishnanism）影響最大。

錫克教則是十五世紀（一四六九）創立於旁遮普省的拉合爾，教主爲拉拉克（Nanak）。當時北印一帶受回教政治勢力迫害，人民苦不堪言，極盼心靈慰藉，渴求生活安寧。拉拉克乃指示人們一條易行追求眞理的道路。其基本教義爲崇奉一神，歸榮耀於造物主；眞摯友愛，追求眞理，知足節慾，禁煙酒，不拜偶像。但爲團結教友，抗禦外侮，規定必須服從教主律令，並皆配帶五K，即鐵環（Kara），短劍（Kripan），木梳（Kangha），長髮（Kes），及短裝齊膝（Kachh），終生不渝。也許由於此一教規之嚴格遵守成習，故奉錫克教者乃遂聚居成族，今居旁遮普省者已逾千萬人。自辦學校、銀行、報紙，且尙武善戰。其餘散居印度各地、東南亞，並遠至加拿大。錫克教徒平日待人忠誠和善，負責守紀，但如冒犯其教規或宗教聖地，如阿姆利澤（Armritzer）總部所在之金色寺，則必誓死以報不共戴天之仇。

四

一九四八年印、回分治時，印度境內印度教居民佔多數的地區，合組成印度自治領。一九五〇年復完全脫離英國統治成爲印度聯邦獨立國。印度半島東北部與西北部回教居民聚居之處，亦獲准合組巴基斯坦自治領，隨後亦如印度成為獨立的巴基斯坦國，各遂所願。唯獨印巴之間旁遮普省境內一千餘萬的錫克教徒，雖也一再要求擁有獨立的政權，卻不為印度所同意而被併入印度行政區劃之內，負責分割印度領土的英治印度政府，也並不贊成。

其時尼赫魯初掌國政，十分看重錫克教這股龐大的潛力。不僅因其可源源不斷提供驍勇善戰的戰鬪兵員，且那時英人訓練的旁遮普兵團，多係錫克戰士，更為印度國防軍主力，以之戍守邊埵並負責監視新成立的巴基斯坦，自遠比其他部隊為優。所以極力牢籠錫克教中的溫和派，並以其領袖巴多辛（Baldu Singh）出任印度獨立後的首任國防部部長，頗能相安無事。甘地夫人近年繼乃父尼赫魯之後，數度主政，雖也大體上沿襲過去對錫克教之懷柔政策，例如大力支持錫克教領袖賈利辛（Zail Singh Giani）為現任印度總統。但以卅餘年來錫克教人要求高度自治與獨立的願望，迄未實現，其長髮激進派乃不時掀起動亂，以示反抗。一九八四年六月且正式據有金色寺，擁兵號稱獨立。甘地夫人為貫徹其保國安民的決心，不受同僚勸阻，而斷然發兵平亂，於六日以鐵腕下令佔領金色寺，敉平叛亂。此役錫克教軍民死傷者近千，引為奇恥大辱。事後四個月來，長髮激進分子遂密謀復仇，利用教徒以甘地夫人貼身衞士之便，於十月卅一日以機鎗手鎗密集對她射擊，身中十八彈不治身亡。

五

上述仍在蔓延惡化中的印度劇變，宗教敵對的內在因素固爲根源，然如其獨立後的印度政府，能堅持定向的堅強正確領導，使國民思想中皆知是非利害之所在，則雖有亂源，當易疏解；已有國父甘地遇刺於前，應不致復有英蒂娜甘地夫人之被殺於後，因其同爲狂熱宗教派系暴力下之犧牲者。

尼赫魯爲印度獨立的開國首相，自幼卽在英倫接受現實功利主義思想的薰陶，更醉心於孔雀王朝開國首相柯迭拉（Kautyla）爲目的不擇手段的政治理論。他在其獨立以前於監獄中所撰《發現印度》（*Discovery of India*）一書中，曾對之推崇備至。他說：「柯迭拉被稱爲印度的馬克維里，就某一方面言，這一說法是恰當的。但他是一位更偉大的人物，他的才智與行動，不僅是君王的追隨者，更是一位指導者。果敢、機智、力行，從不忽略細節，從不忘記所追逐的目的，盡一切可能以擊敗敵人。他和君王平起平坐，侍君如輔高足。自奉極簡，功成身退，從不爲個人名位而計慮。柯迭拉主張爲目的不擇手段，但他亦知所用手段可能破壞達到的目的。他曾提出戰爭祇是國家政策延續的另一手段。但戰爭乃是爲了達到更大的目的，戰爭本身並非目的。政治家從事戰爭的目的，應爲透過戰爭以獲致國家利益，而非止於擊敗摧毀敵人。戰爭必須使用軍隊，但更重要是能運用謀略，制敵機先。」柯迭拉曾認爲「家庭乃是罪惡的淵藪」，「朋友乃可供利用之人」，「敵人乃最接近的朋友」，「君王必須勇猛如獅子，又須足智多謀如狐狸」。

柯迭拉之言與尼赫魯在其著作中之所陳述，無異爲尼赫魯本人執政時之內政外交作了註腳。

他曾計取印度各省以外的土邦使之併入印度領土，包括掠取不丹、錫金並納尼泊爾為保護國，他曾製造拉薩政變逐我駐藏辦事處人員出西藏；他在國際間倡導姑息中共並悍然與我斷交；又曾與巴基斯坦對壘；並以第三勢力領導者自居，左右逢源於美蘇之間而對內反共。就柯迭拉不擇手段的政治理論而言，尼赫魯堪稱現代印度的偉大愛國者。然其不顧國際道義與唯近利是圖的功利現實主義作風，不定向的自我矛盾政策領導，實使印度民眾心目之中，喪失價值座標，因而缺乏對其政府應有的信任。尤以偏激的狂熱宗教集團，更無視於國家法律與社會責任，動輒掀起流血暴動加於無辜的民眾，並刺殺其國家領袖以雪憤稱快，更是加深了印度的內憂與外患，致每造成無可補償的損失。

印度總理甘地夫人，出生印度革命世家，幼承廼祖及尼赫魯的庭訓，且在劍橋留學，多年孀居，並曾為尼赫魯任首相時之內外助手。其剛強的性格與多年政治歷鍊，使她躍居政壇之後，從不屈服於政敵而一心以富國強兵為施政重點，奮鬪不懈。她在被刺身亡之前另一謀刺她的事件之後，曾大勇無懼的公開表示，她無畏於死亡，如其被刺身死，她的每一滴血，都將為激勵印度的愛國者而流。其為女中豪傑式的政治人物，誠當之無愧。我們尚不易析別其性格傾向中，受其父尼赫魯之影響者究有多少，但她未掌國政之前，嘗自稱為進步的社會主義者，亦與其父相同，並不以甘地非暴力主義之遺教遺訓為然。

目前，甘地夫人的長子拉吉夫，以國大黨主席地位而依法被任命並已就職為臨時首相，哀慟之中臨危受命。三年前始步入政壇，膺選爲國會議員，得少壯派與若干黨國元老支持，性格平和，政治上尚無恩怨，亦曾受教育於劍橋大學。如今頓時置身於危疑震撼怒火遍地之中的領袖地位，能否短期內贏得舉國擁戴，平息動亂，並進而協和羣力，辦好即將到來的大選，爲國大黨爭取勝利，這就要看國大黨領導階層之能否和衷共濟，以及印度國民的能否恢復冷靜和明智抉擇了。

七十三年十一月五日載臺北中央日報

二、印度外交政策的背景演變與動向

印度前首相英蒂娜．甘地夫人（Mrs. Indira Gandhi）遇刺後，商務印書館東方雜誌主編賴光臨教授囑就印度外交政策爲文，以饗讀者，唯命題所涉甚廣，作者所知有限，僅能就平日注意所及，試論其外交政策的背景、演變與可能動向，聊供參考。至有關刺甘案背景，曾以「從歷史觀點看印度變局」爲文載十一月五日臺北中央日報，此處限於篇幅，不再贅述。

一

印度前首相甘地夫人於一九八四年十月卅一日不幸遇刺，經過十二天的國葬之期，（自遺體火化至全部骨灰分葬之禮完成。）世界各方注意印度情勢的發展，多側重兩點：一爲新總理拉吉夫能否短期內平息動亂，控制全局；二爲新政府的外交政策，是否將有某種程度的轉變。

拉吉夫臨危受命，甫掌國政，卽論其能否控制全局，誠屬言之過早。唯其國葬迺母前後之應變措施，尚頗處置得宜，或至少已擁有相當良好的參謀作業。諸如下令亂區全面宵禁，對暴亂者格殺勿論；集中保護錫克教無辜受難的民衆；撤換德里區情治首長；發動各教派和平親善運動；

全面戒備東旁遮普省及西北邊陲；以及指派大法官主持調查委員會調查刺案，並宣佈大選如期年底舉行等，皆爲適時必要的緊急措施，已使動亂轉趨緩和，且暫不論。玆僅就印度外交政策的背景及其關鍵性的演變，以觀察其是否將作何種程度的轉變。

二

一九四七年九月二日，英國將政權交還印度國大黨與同盟合組的臨時政府，七日尼赫魯卽發表政策性聲明。他說：「我們的國家像隻又老又破又走得很慢的船，不適合時代的急速變化。祇是船雖然破舊，却有著億萬顆心，億萬隻臂膀，願意支持，因而我們充滿勇氣、信心，向前航行。未來的局勢已在形成，我們這個古老的可愛的印度，在困苦艱難之中，又要重新來認識自己。她又年輕了，眼裏洋溢著前進的光輝，相信她自己和她所負的使命。許多年來她被幽禁著偷偷地飲泣，今天她能夠走出來看這個廣濶的世界了。雖然這世界比原來更糟，更充滿紛爭和戰爭的思想。

「我們將以自由國家的身份，拿出自己的主張來，參與各種國際的會議，並非是別人的附庸，而能獨立自主的，與其他各國建立密切的直接關係，爲新世界的和平與自由共同合作。我們當絕不捲入强權政治的漩渦，彼此攻擊致造成了過去的世界戰爭，也許還要引起將來更大的禍患。我們相信和平與自由是不可分的，一個地方沒有自由，便將危及其他地方的自由，終至訴諸戰爭。我們特別對解放殖民地，或未獨立的國家或民族，感到關切，確認一切民族應在理論上實際上機會均等。

「我們絕對排斥種族優越感，不問其發生在任何地方，採取任何形式。我們不想統治別人，也不希望在旁的國家內攫取特權，但是我們希望印度的人民，無論到那裏，都能受到平等的互相尊重待遇，我們不接受別人對他們的歧視或虐待。

「世界雖然充滿了紛歧、恨惡與內部紛爭，但時代的主流無疑是趨向日益合作，爲了這樣一個世界的建立，凡自由民族均當自由合作，沒有一個階級或一個集團得剝削另一階級或另一集團的世界，印度願爲此貢獻其力量。

「我們和英國的關係，過去在歷史上儘管有糾紛，但是獨立後的印度却願意和英國及其他不列顛聯邦內的國家合作和友善。不過我們要記住不列顛聯邦內有一個國家現在發生的事情，卽南非聯邦以種族歧視作國策。我們的人民在那邊英勇地和這些專制者鬪爭。如果我們容忍種族歧視，常此以往，無疑地將引起更多的紛爭和世界的不安。

「我們向美國人民致意，在處理重大國際問題中，他們總是展現出驚人的力量，我們深信這個巨大的力量將要用來促進世界各地的和平與人類的自由。對另外一個現代世界中的偉大國家蘇聯，也曾對世界事務，盡過很大的責任，我們也特申敬意。他們是我們在亞洲的鄰邦，無疑的我們將有許多共同的任務也需要合作。

「我們是在亞洲，亞洲國家比其他國家要更和我們接近。印度的地理位置使他們成爲西南亞及東南亞的樞紐，過去印度的文化曾傳播到這些國家，他們也從各方面進入印度。這些接觸將要復蘇，將來印度和東南亞及阿富汗伊朗亞剌伯諸國將更趨接近。爲要增進和這些國家的關係，我們必須從本身做起。印度對印尼爲自由所作的鬬爭，至爲關切，祝他們勝利。

「中國這個偉大的國家，有著偉大的過去，我們的鄰國，幾千年來都是我們的友邦，這些友誼必須維持增進。我們誠懇地希望中國目前的困難能夠解脫，得到一個團結的民主的中國，在促進世界的和平與進步上作最大的貢獻。」

尼赫魯的此一首次對外政策聲明，冠冕堂皇，充滿了壯志豪情與開國雄風。但如我們仔細研究他的用辭遣句，字裏行間則又已顯示出其無定向的自我矛盾及其所醉心的不結盟政策。

所謂不結盟政策，依照尼赫魯自己所作的解釋，即印度將堅持其獨立自主的外交立場，處理有關國際問題，絕不爲了討好任何强國並屈從其意志，而放棄自己的主張。換言之，印度決不加盟東、西兩集團之任何一方。不結盟並非意指單在戰時對交戰國或交戰團體之各方保持消極的不介入「中立」立場，而是在和平時期更積極的爲了維護國際和平，印度將運用其所有影響力量，促成東、西兩集團間的合作並使之成爲雙方溝通的橋樑。此一所謂不結盟政策，事實上即成爲近卅餘年來印度外交政策的骨幹。

三

不結盟（Non-alignment），後亦稱之爲第三勢力（有別於東、西兩集團），亦有人逕稱爲中立，必有所憑藉，否則如僅因爲國勢孱弱而以第三勢力自居，則絕不爲國際間所重視，徒然自取其辱。故尼赫魯旣標榜不結盟，且形成第三勢力，更曾一度左右逢源，翻雲覆雨，自亦有其所本：

一、具有優越的文化位置。所謂文化位置（Culture location），是指一個國家在一個大文化區中所佔的位置。印度在東方文化中，尤其在東南亞及東北亞地區，曾以其佛教建立了極爲優越的文化位置，至今錫蘭、泰國、越南、高棉、緬甸、中國、韓國和日本等國，主要仍爲以信奉佛教爲主的國家，而且尙沒有任何其他宗教能取代其地位。自東漢以來佛教對我國歷代影響之深遠與普遍，人所共識，毋庸多論。而在東南亞一帶，特別是在可倫坡、仰光、曼谷及順化等都市，幾乎隨處可以看到金碧輝煌的廟宇，沿門托鉢的僧侶以及那些合十如來的衆生。燒香拜佛，已成了這一地區人民世代相傳朝夕不可或離的中心信仰。它不只是日用常行生活的主要面，而且更爲其全部心靈之所寄託。並進而影響其文化內涵乃至政治、經濟與社會的建制。或以爲這祇是因爲佛教乃是一種大衆化的宗教，其泛愛衆生，自我犧牲之說，易爲一般人民所接受。也有人認爲佛教的廟院鐘聲，晨昏梵唱，莊嚴佛像與論道高僧，使人自然產生一種頂禮膜拜的嚮往之情。

更有人說，東南亞一帶與印度同處亞熱帶，而佛教在印度創建並光大之時，本區尚是一片宗教信仰的眞空地帶，致易於在本區流傳。但佛教之所以在東方文化中能如此歷久不衰，主要還是由於苦、集、滅、道四聖諦的基本教義，深入人心，根深蒂固，有破有立，所以能歷久不衰。

正因爲佛教有如此廣被力量，便使人對佛教之發祥地印度亦存有一份親切之感，而因此提高了印度在東方文化中的地位。此所以甘地火化後的骨灰，尼赫魯政府曾分送東南亞各國，並有一罈原擬送葬我國杭州西湖，後則改送西藏，也就是想取法昔日釋迦舍利子分送各地，顯示佛光廣被四方之衆。最近甘地夫人火化後的骨灰，亦由拉吉夫總理分送印度各地安葬，並専機飛往喜馬拉雅山上空將骨灰灑下白雪皚皚的巓峯之上，既表崇敬，亦寓有後世宣揚立萬之意。當然甘地的偉大遠不若釋迦，而甘地夫人則更毋論矣，却也不能不說現代印度當政人物的心機之深。

二、印度戰略位置重要。所謂戰略位置（Strategic Position）是指某一國家的地理位置在國際戰爭中，所能發生的直接或間接利用價值而言。有些地區是在防禦上有價值；有些地區則只有幫助人假道達到攻擊的目的。而任何戰略位置皆可因人爲環境而變化，並非永久固定的。同時新武器和政治同盟也經常在變化，不過明日的變化並不能影響今天的情勢；反之，今天的既成事實，則必能影響明日的國際形勢。

就印度而言，恰好居於印度洋東、西兩面門戶的中間，東經麻六甲海峽入太平洋；西過紅海、蘇彝士運河入大西洋，是東、西之間航運的中途站，並且也是印度洋週邊地區內幅員最廣大的基地，能提供取之不盡的人力與物力資源。祇要能確保印度，卽可掌握印度洋上的優勢；否則，整個印度洋便將受到嚴重的威脅。這一情勢，自從新航路發現以後，變得更爲明顯，也可以說新航路改變了印度的歷史。十九世紀中葉，英國滅亡了印度，印度洋的霸權便牢牢掌握在大英帝國的手裏，印度洋成了英國的內湖。英國曾以印度半島爲基地，西略阿富汗，東滅緬甸，南取錫蘭與馬來半島，北窺我西藏與雲南，形成其在遠東的殖民大帝國，更遠至香港，以我長江以南爲其勢力範圍，霸業之盛，在亞洲無有出其右者。祇要監視住帝俄的勢力不出波斯灣至印度洋，便可高枕無憂。所以國父在中國存亡問題一書中，也曾特別指出，英國統治了印度，就成爲頭等國家，失去印度，便會降爲二等三等國家。本世紀初，俄共在蘇俄建立政權，其輸出革命，亦曾以通過加爾各答爲前往歐洲的捷徑；而二次世界大戰期中，軸心集團的希特勒與東條英機，更有從東、西兩路會師印度恒河流域的戰略構想，都足以說明印度戰略地位的重要。

但是上述戰略形勢，自從一九四七年英國將政權交還印度，從印度半島撤退以後，一九五〇年中共又竊據中國大陸，陳兵印藏邊境，直指印邊，乃起了根本的變化。尼赫魯初掌政權以後，其脆弱的海空勢力，尙不足自保，更何論取代英國在印度洋留下的眞空？但印度本身所擁有的戰略位置固仍不變，仍可藉靈活的外交，來製造對其有利的形勢。

三、號召不結盟贏得新興國家的認同。二次世界大戰後，亞洲、非洲及拉丁美洲新興獨立的國家，多係過去深受西方殖民帝國主義者的壓迫，在民族主義浪潮鼓舞之下，先天的均具有强烈反西方殖民主義的色彩。對於偽裝同情民族主義者的共產集團，以其虛構的、逼眞的、神話式的宣傳，所推銷的進步社會主義思想，則又奔相走告，反而寄以無限嚮往之情。印度憑藉其優越的文化位置與戰略位置，在甘地所領導的「非暴力」與「不合作運動」反英鬪爭中，未經流血的戰爭，但獲中、美兩國大力支援，而贏得了國家的獨立與自由，乃能脫穎而出，成爲戰後新興獨立國家的翹楚。尼赫魯因緣時會，又環顧美、蘇兩大强國正在世界各地全力擴張，國際局勢日益緊張，所有新獲獨立自由的弱小國家非團結不足以抗衡，也不能自保，因此乃首創不結盟政策，並迅速得到亞、非、拉國家的認同，印度亦因此躍居領導地位，其基本理論如下：

(1)戰後國際局勢緊張，癥結在於東、西對壘，美、蘇爭霸。

(2)其他國家如加入任何一集團，非但不能緩和緊張局勢，且益將加深又一次世界大戰的危機；而美、蘇兩强對新興獨立國家之爭取，威逼利誘皆無所不用其極，但却不能提供實質的、平等的安全保障。

(3)新興獨立國家多已飽受被殖民的亡國之痛，自均不願再被兼併，又淪爲被强國欺凌的受害者，所以均應相約，不與任何强國結盟。

(4)不結盟國雖無强大的軍力與財力，亦缺乏高度的經濟生產能力與高科技，但其所具有的戰略位置與戰略資源及廣大的市場與人力，則爲兩强稱霸之所必爭。

(5)因此不結盟國必須堅持獨立不移的立場，不爲左右袒，憑此卽可形成巨大的平衡力量，舉足輕重，使美、蘇皆不敢貿進，國際緊張局勢，亦得以漸趨緩和。此在各種國際組織或國際會議中，一國一票的制度下，尤足以顯示其威力。

四

尼赫魯此一不結盟論調，似頗言之成理，細察則毛病百出；尤以其言不顧行，無視國際道義，唯近利是圖，東施效顰的帝國主義作風，不僅使初執政時所獲國際同情與支持的優勢地位，迅即墮落，且對內亦失信於民，其無定向的號角領導，更使印度陷於危疑震撼的長期困境，迺後甘地大人執政雖奮起掙扎，亦未能改弦更張，得以自拔。

其最不切實際的弱點在於：

(1)亞、非、拉地區新興國家之內，大多貧富懸殊，經濟落後而又文盲充斥，是最適於共產主義思想發展的溫床，蘇俄與國際共黨之輸出「革命」，恒以此等國家爲首要對象，決不會因其宣佈爲不結盟而就此罷休。例如墨西哥與印度同爲蘇俄以外最早接受共黨組織的國家，而戰後共產勢力急劇發展，卽爲明證。此等境內的共黨分子，最初爲驅逐西方勢力，頗能與新獲自由獨立的政府，短暫合作。但因其聽命於國際共黨組織，陰謀奪取政權，終必分道揚鑣，不容於當地政府。此後尼赫魯之對外容共而對內反共，自我矛盾，勢所必然。

(2)新興國家取得政權之後，百廢待舉，尤以外來之軍、經援助，爲安定內部與國家建設之不可或缺，而美、蘇兩國又均爲力可提供援助之主要來源。此等國家雖在政治上標榜不與美、蘇兩國結盟，而實質上則又大舉接受其援助。接受援助而不接受其「合作」條件，倘非自欺欺人，則其援助勢必隨時停止，乃使其長期國家建設計劃多變而欠安定，難以貫徹。

(3)尼赫魯過於重視現實功利，無視國際道義，尤以其將蘇俄共黨的黷武侵略與美國的開明自私政策（Policy of Enlightened Selfishness）等量齊觀，同予排斥，可見其並無價值標準。例如蘇俄指使中共協同北韓南侵，聯合國大會經由美國提議，通過組聯合國部隊援助南韓抵抗侵略，並譴責中共爲侵略者，投票時印度竟然反對。此舉如可解釋爲不結盟政策，則是是非不分；否則便是名爲不結盟而實則左袒蘇俄與中共，謀取印度一己之私利而已。

(4)英國之爲西方殖民帝國，自不待言，且在西方集團之內。尼赫魯爲穩固其在不列顛聯邦內的地位，當其重組爲「國協」時，卽率先加盟，而在國際間則又大肆宣傳其爲不結盟的外交政策。本來不列顛聯邦是以英皇爲主，掌理本土及其所有自治領，自治領均須效忠英皇。英本國及各自治領之間則以聯邦會議：（British Commonwealth Conference）作爲彼此商決共同事項的機構。印度宣佈獨立後，已非自治領地位，應不再參與不列顛聯邦，但尼赫魯却望保持此一實質關係。所以英國決定將不列顛聯邦改爲國協（Commonwealth Nations），容許印度以獨立國地位參加，而改英皇爲國協的象徵（Symbol）。準此而論，印度並非不結盟，而係專指不加盟共產集團的華沙公約組織或民主國家的北大西洋公約組織或東南亞公約組織。因爲英本國與國協各國每年舉行定期首相會議，商決共同關切的問題，並協調其相應採取的步驟，以印度之加入此一組織，如何能自稱爲對外不結盟。

(5)不結盟國自可倫坡會議開始，一再標榜反帝反侵略的共同標竿。然尼赫魯執政後，以繼承英治印度政府的所有既得利益自居，內併英屬印度各土邦，包括對海德拉巴實行軍事佔領，外則掠取不丹與錫金，更納尼泊爾爲被保護國，同時千方百計驅逐我駐藏辦事處人員出西藏，圖以西藏爲緩衝，制衡中共。另一方面則又單方面宣佈不承認中華民國政府，與中共建交，並多次在聯合國倡議排我納中共。凡此諸端，均足顯示其毫不重視國際道義與不擇手段攫取他人領土的帝國主義作風，內失信於民，外不受他人之尊重，焉得不使印度的內憂外患步步加深。

五

國際間以國力爭勝者，莫過於美國與蘇聯；嚴守中立且爲國際認可其永久中立地位者爲瑞士；而梵蒂岡雖蕞爾小國卻執天主敎國家之牛耳，其他國家亦莫不尊重其地位，以其篤信天主且愛和平與信義，此三者印度皆不具備。但尼赫魯對國際政治卻具有狂熱的野心，而又不察其所處國際環境極爲險惡。竟眞以爲對北平『親善』可博中共『好感』，轉而挾中共以自重，自高其在不結盟國家中的領導地位，並欲與美、蘇兩集團相抗衡，儼然一世之雄。殊不知當其不擇手段玩弄國際政治之時，此種無定向的惡劣外交，就已種下了印度徹底失敗的禍根。一九六三年十月，狠毒詐騙較尼赫魯更勝一籌的中共，以其已再無利用價値之可言，乃對印度發動大規模的軍事進攻，對標榜不結盟以投機取巧的尼赫魯，在政治上予以致命的打擊。當此之時所謂不結盟國對印度之被攻擊，竟無一國「仗義執言」；蘇俄「態度冷漠」；大英國協「愛莫能助」，印度內部更羣情憤慨，交相指責，尼赫魯乃被迫轉向美國請求軍事援助，內心羞憤交加，而致兩度中風，於次年五月終至不起。結束了此一階段印度外交的亂局。

尼赫魯病逝後，其政府幾經改組，一九六六年甘地夫人膺選爲印度首相；一九七七年於大選中一度挫敗；一九八〇年復於大選中獲勝，續掌國政，至本年十月遇刺殞命。前後長達十三年的執政期間，內政大致沿襲乃父政策，採取鐵腕作風，對極左極右的反政府分子均加逮捕；以急進措施刺激經濟發展並限制人口膨脹。外交則大體上保持不結盟政策的架構而作重點突破，包括：

(1)確定以巴基斯坦爲首要之敵。昔印度國父甘地爲倡導印回親善，被激進分子指爲袒護巴基斯坦而刺殺。一九四八年印、巴兩自治領又爲爭奪克什米爾而兵戎相見，其後雙方一直劍拔弩張，並各在對方境內製造分離運動。東巴基斯坦脫離巴國而獨立；西孟加拉亦自印度分離而稱國，雙方舊恨新仇益深。印度爲強固國防，遂大肆擴軍，且基於歷史上外患之來，陸上之敵均自西北方入侵，故以西北接鄰之巴基斯坦爲首要之敵。

(2)以中共爲最近且最具威脅性的潛在強敵。一九六三年匪、印之戰後，雙方撤使進入長期冷戰階段。甘地夫人確認匪、印蜜月已過，而中共大力援巴，乃係聯手制印，故對中共所提『關係正常化』與多次邊界問題談判，均僅虛與委蛇，實則嚴加戒備，迄今保持若有若無外交關係，偶舉行間隙性的談判而不決裂。

(3)緊密靠近蘇俄並與維持穩定密切關係。甘地夫人亦如其父，溯自少年時期，而頗傾心於所謂進步的社會主義思想，因排斥西方資本帝國主義。執政後鑒於現實環境需要，無視莫斯科急欲經由印度半島進入印度洋的長遠企圖以及因此而必然會影響印度內部的安定，竟飲鴆止渴，密與合作。估計自一九六五年以還，獲自蘇俄的軍事裝備即價值百億美元，尚不包括最近雙方合作在印所生產的重型坦克、戰機及潛艇等。三年前蘇俄侵佔阿富汗，固在監視巴基斯坦並反制中共，然亦構成對印直接威脅，不待智者而知，然甘地夫人並未因此而疏遠蘇俄。

(4)抓緊不結盟集團並續與國協諸國友好。印度以倡導不結盟國之領袖自居，雖一九六三年受挫於匪、印之戰，不若前此跋扈囂張，然並未放鬆對此一集團的拉攏工作。至今已擁有一百國以上加入的所謂不結盟集團，甘地夫人於遇刺前仍膺選為兩年一任的不結盟國大會主席，時對西方陣營進行杯葛。至與大英國協的關係，一直保持不斷，英首相柴契爾夫人於甘地夫人遇刺後曾一再讚揚其為傑出的世界政治領袖與偉大的愛國者。

(5)對美關係若即若離。當一九五〇年六月印度開始接受美援之初，尼赫魯即在國會質詢中聲稱：「我曾注意到——我坦白承認——接受美援常有某種程度的冒險，不是紙面上的承諾，而是可能因受援而必須履行的義務，會影響我國外交政策，而非事先所知。此種冒險確實存在，但我能說的是我們應該特別警惕，全力避免因此冒險而犯下任何錯誤。印度雖願接受外援，却從不曾改變不結盟政策，且保證將堅持此一政策。假如任何國家設想印度爲了一點小惠而改變國家政策，那是完全錯誤的。我完全瞭解，不論任何時候任何外援只要是影響我們對外政策的，我們寧可忍饑挨餓，絕不接受。基於此一立場，我們接受了美援，我相信全世界都充分瞭解。」「操之在我」本爲獨立自主外交應持的立場，但尼赫魯當時的政策性聲明，與其說是讓全世界知道，毋寧是講給美蘇兩國政府聽，更是說給美國人聽。奈何形勢逼人，近二十年來俄援滾滾至印，而謂皆出自侵略成性的俄人之慷慨贈予，而無印度相應履行的種種義務，而不影響印度的不結盟政策，豈非癡人說夢，誰能相信？且美國爲反制蘇俄，大力軍經援助印度首要之敵的巴基斯坦，而望能同時又大大改善印、美關係，也是不切實際之論。此所以美印關係至今若即若離。

以上所舉印度外交政策的背景及其演變與現況，亦即新總理拉吉夫所面對的現實。

六

一個國家基於其立國的背景與理想，而決定其對外關係的原則，是爲外交原則，爲實現外交原則並指導其外交活動所擬定的行動方針，卽爲外交政策。政策可隨時勢的推演而機動調整，但外交原則却甚少更易。此所以本文稱印度的不結盟政策爲外交政策而非外交原則，其故在此。但外交政策雖非一成不變，而在某一階段之內，若其國內外之形勢並無重大變化，則所執行中之外交政策亦常持續不變。

印度的不結盟政策，自尼赫魯於一九四七年首創及歷任印度首相推行以來，已歷卅七載。此一因利乘便以權謀為主的外交政策，不僅理論上自我矛盾，偏離印度自我標榜的立國精神，且在事實上亦窒礙難行，名實不符，可謂弊多於利。此一政策之推行，原期鬆弛國際緊張局勢，調和美、蘇兩集團間的紛爭；內而發揮獨立自主的精神，遠離戰爭，使印度獲得長期的安定與和平以從事國家建設。但揆諸事實，自印度在國際間結合不結盟國自成集團以來，非但國際緊張局勢未見鬆弛，且印度洋的危機反益加深，而印度本身亦兵連禍結，其與鄰邦的關係更是四面楚歌，劍拔弩張，失道寡助。而今拉吉夫繼甘地夫人之後出任新首相，對其內政外交自宜作一全盤性之檢討，未雨綢繆。

但拉吉夫之執政，僅延續甘地夫人未了的短暫任期，本年十二月下旬印度即將擧行大選。之所以於此時宣佈如期選擧，自仍望藉印度選民對甘地夫人之追思懷念，能使國大黨贏得勝利繼續執政。故言未來印度的外交動向，至少應待大選之後明年新政府成立之時。倘屆時國大黨獲勝且拉吉夫蟬聯首相，則以目前印度所處國內外情勢觀察，其表面仍維持不結盟政策而實傾向蘇俄的成份居多。十一月十二日拉吉夫發表首度政策演說，特別強調「印度十分珍視與蘇聯在共同合作、友誼以及最需要幫助時得到重要支持這種基礎上，所建立的廣泛和經過時間考驗的關係。」又據合衆國際社新德里十一月十四日電訊報導：「拉吉夫今天抨擊美國，以武裝侵略威脅尼加拉瓜，危及全球和平與安全。」均應可作爲考察其未來外交動向的重要依據。

七十三年十二月一日東方雜誌十二月號

三、析論印度大選

一

以「團結、安定與强大」作爲競選口號的印度國大黨（All India Congress Party）在昨（二十八）日結束的第八次全國大選中，據外電報導，已贏得了壓倒性的空前勝利，將繼續成爲印度的執政黨。

依照印度憲法規定，國會由人民院（House of the People 相當於英國議會的下議院）及聯邦院（Council of States 相當於上議院）兩院所組成。人民院的議員由全國按人口比例分區選舉，每七十五萬人可選舉一人。原規定全院議員人數不得超過五百人，但行憲三十七年以來由於人口激增，本屆大選合格的選民已達三億八千萬，成爲全世界民主國家中選民最多的國家；故議席擴增爲五百四十二席。其中除東北邊區與緬甸相鄰的阿薩密及西北部與巴基斯坦接壤的旁遮普等兩選區共有三十四個席次，均因政治動亂，而不得不展延至明年年中另行辦理投票外，此次實際選舉者爲五百零八席。又因爲選區遼濶，南至印度洋中的安達曼羣島，北迄喜馬拉雅山麓的喀什米爾邦，辦理選務費時，且在前首相甘地夫人遇刺殞命全國震撼之後舉行，而不得不嚴加戒備。所以法定投票日分爲二十四、二十七與二十八三天辦理。縱然如此，依舊多處發生槍殺，死傷達二百餘人，也可以說是爲貫徹民主憲政所付出的慘重代價。

依據新德里選舉總事務所於三十日所宣佈的初步得票統計，在已揭曉的四百九十九個選區中，國大黨已獲三九二席，已遠超過總額五〇八席中三分之二的絕對多數席次。一般預料連同尚未揭曉者將可達四百席，較以往任何一屆爲多。從國大黨分離出來的人民黨與國大黨社會主義派，分別從上屆獲選三十一席與五十四席降爲九席與四席；而馬克思共產黨（親中共）及印度共產黨（親蘇俄）。亦分別由上屆的三十六席與十一席降爲十四席與四席，其他小黨所獲席次亦皆銳減。

拉吉甫甘地本人，在其河邁第選區內亦以三十六萬票對五萬票的絕對懸殊多數，擊敗其主要競爭對手他的弟媳曼妮卡而當選。無論就得票率與當選率而言，執政的國大黨均爲三十七年來打破以往七次大選的空前壓倒性勝利。國大黨新當選的黨籍議員定今（三十一）日舉行黨員大會，正式選舉拉吉甫甘地爲黨魁，以備印度總統請其重組新內閣。印度是世界年產電影片部數最多的國家，此次大選中，兩位家喻戶曉的影星巴克查與杜特，亦分別在尼赫魯家鄉的阿拉哈巴德與孟買選區中，脫穎而出，成爲大選中的佳話。

二

自一九四七年印度脫離英國獨立以來，三十七年之中領導印度獨立革命運動的國大黨，歷經八屆大選，其中除了短暫的三年之外，一直是一黨獨大的執政黨。也就是尼赫魯及其女兒甘地夫人與外孫拉吉甫甘地先後出任總理迄今已達三十四年之久的時期。連同此次大選後五年的任期，如無意外，將可執政長達近四十載，其在印度政壇上的聲望之隆與影響之大，自無出其右者。然而此次拉吉甫甘地臨危受命擔任首相不過兩個月，竟能為國大黨贏得如此輝煌的勝利，亦絕非僅憑此個人的煊赫政治背景，而必另有其多種相乘的有利因素。依筆者個人初步分析，至少有下列四端：

一、當機立斷，如期大選。政治上的「機」與「勢」至關重要。事物之關鍵處為「機」，時間段落之轉捩點為「機」，必欲能慧眼識「機」，當「機」立斷，而後能乘「機」造勢，水到渠成。否則坐失良「機」，後悔莫及，所以孔子說：「革之時大矣哉！」過早過遲均非所宜。十月底前首相甘地夫人遇刺後，印境各地因此而引發的宗教仇殺，怒火四起，危疑恐怖，人心惶惶。當此之時拉吉甫甘地以一匹政壇上的初生之犢，於哀慟之中臨危受命，鎮定沉著，一面處理應變事宜；一面斷然宣佈，本屆大選如期於十二月二十四日開始舉行。此不僅安定了動亂中的人心，且轉移了全國的注意力，尤足以顯示其大勇無畏，堪當大任，更將全國羣眾對迺母甘地夫人的同情心立卽轉變爲對他的支持票。這種盡在不言之中的狂熱羣衆情緒是絕不可能持久的。所以拉吉甫甘地並不採取另一派延期大選的建議，而斷然如期選擧，實已開啓了勝利之門。益以其三年前始步入政壇，性格穩健平和，無政治恩怨，不僅元老派樂於刻意支持，且獲少壯派的擁戴，很快就在選民中建立良好的政治形象。

二、爲建設一個安定統一與强大的印度而奮鬪，競選的目標深得人心。拉吉甫甘地謀定而後動，於十二月一日起卽在聯合省尼赫魯家的發祥之地開始了他日以繼夜的四週選擧活動。他提出的競選口號是安定、統一與强大，並猛烈抨擊印度的分裂主義者：

「我們的國父甘地咭，開國首相尼赫魯，以及最近被刺殞命的首相甘地夫人，均爲國大黨的偉大愛國者。在他們的領導之下，曾以無比的英勇革命精神，爭得了印度的自由與獨立，也贏得了今日國家的安定、統一與强大。他們且曾爲此而犧牲了寶貴的生命。所有印度的國民，都希望有一個安定、統一與强大的印度，而歷史證明也只有國大黨執政才能提供對此三者的保障。那些自命爲反對黨的分裂主義者，他們曾經是、一直是而且現在還是製造社會暴亂、破壞印度統一、反對國家建設的罪魁禍首。他們不但謀殺了國父甘地，我們已握有充分證據，他們也是勾結外國謀殺甘地夫人的兇手。我們絕不能將政權交給他們，跟著他們走。我們必須勇敢地團結在國大黨的旗幟之下，爲建設一個更安定、更統一更强大的印度而奮鬪。」

拉吉甫甘地所到之處，都是數十萬人歡呼擁戴的熱烈場面。在革命歷史中，國大黨本來就是一個擅長組織、宣傳起家的政治大結合，從這一次選票的初步統計中，他們不僅掌握了原有比較保守的廣大農村選區，同時也取得了都市人口集中的多數選票，尤其是愛國青年與同情甘地夫人的婦女票，具見其競選目標與策略成功。

三、國大黨致力國內建設的政績輝煌。再響亮的競選宣傳，仍必需有輝煌的政績相應證，方可相得益彰，更能決定選民的取向。自一九八〇到一九八四國大黨執政的這一任期內，在外交上仍未能擺脫無定向的不結盟政策(Policy of Non-Alignment)，矛盾百出，言不顧行，無視國際道義，唯近利是圖，且有東施效顰的帝國主義作風，致令三十餘年當前初執政時所獲國際同情與支持的優勢地位，無從恢復，且對內亦因無定向的號角領導，更使國家經常發生危疑震撼的政治劇變。但是選民所最關切者，不是外交而仍然是近身食衣住行生活環境之已否獲得顯著的改善，而甘地夫人在國大黨執政的此一任期內，則建樹良多。例如第六個五年經濟計畫的成長率達到五・四%；通貨膨脹由一九八〇年的二一・六%降至六・五%；公共投資增至九・九%，且其中九四%均來自國內的資金；在國際貨幣基金中，印度也是唯一提取融資沒有滿額的開化中國家；糧產則由一九八〇年的年產一億零九百萬噸，增至本年的一億五千一百萬噸；肥料價格則降低了七・五%；工業成長率由一九八〇年的負成長一・四%增至本年的成長率九%；原油增產亦已達年產一千一百七十萬噸；煤產則爲一億零三百萬噸；電力則已由一九八〇年的一億一千二百萬度增全一億六千四百萬度。印度在原子能及太空方面的科技成就，亦已有突破性的劃時代紀錄。這些的成就當然是國大黨獲取選票的有利資本。

四、國大黨在羣衆心目中的地位，迄無其他政黨可代替。國大黨原係於一八八五年英治印度的殖民地政府時代，由一個退休的英國籍文官休謨Humo所發起組織，羅致了當時印度社會上的賢能才智之士，每年集會一次，對時政提出應興應革的意見，作殖民地政府的參考，原意在强化統治印度的社會基礎。迄一九一五年第一次世界大戰期中，甘地自南非回印出而領導獨立革命運動，乃將國大黨轉變爲反英鬭爭的革命大結合。在它的三色革命旗幟領導之下，發動食鹽長征、不合作運動與民事反抗運動，並於二次世界大戰期中，外獲中美兩國的合力聲援，而迫使英國於一九四七年交還政權，印度經此而獨立。因此國大黨之名在印度實無人不曉，亦與其國運密不可分。印度獨立後的國大黨，因應當時的需要，乃正式改組爲一般的民主政黨，肩負起制憲行憲的建國大任。經過了以前七次大選長達三十四年的執政，其在國民心目中的地位自非比尋常。其間雖然有脫黨分子另組人民黨與國大黨的社會主義派同室操戈，形成頗爲强大的反對黨，在上屆大選中共獲得八十五個席次，並尚有以中、俄共爲後盾的共產黨及其他具有濃厚地方色彩的小黨；但以其所揭櫫的政治理想，所表現的政績，以及所擁有的社會基礎與領導聲望，均不能與國大黨相匹敵，在這次大選中均遭慘敗，取代不了國大黨的强大深厚和歷史性地位。

三

拉吉甫甘地以四十初度的精壯之年，以此壓倒性的大選勝利强勢，出而領導未來五年的印度，近日重組新閣，明年二月的第三週，召開新國會，應能在內政外交上大有所作爲，然亦面對相當艱困的局面。在印度歷史上最爲人所稱道者，言文治武功莫過於孔雀王朝的阿育王(Asoka)，而以倡導非暴力未經流血的戰爭竟能勝克强敵，恢復印度的獨立自由者，則又莫過於現代的甘地。阿育王與甘地之所以成爲印度歷史上的不朽人物。與其謂爲締創了蓋世勛業，毋寧謂其能把握住印度的傳統立國精神，堅持道德的勇氣，使宗教與政治相結合，本此出世的胸懷，從事入世的政治事業，故影響深遠。拉吉甫甘地深受外祖父尼赫魯及其母甘地夫人現實功利主義作風的耳濡目染，若望能取法乎上，效阿育王與甘地之所爲，而大有所更張，則未免陳義過高，而觀乎其獲選勝利後所擧行的首次記者招待會，已宣佈對外仍步伍不結盟政策，對內則以解決錫克教問題爲優先，則更是戞乎其難，且請拭目以待。

七十三年十二月三十一日中央日報

四、追念　蔣公訪印與印度獨立

七十三年十二月三十一日中央日報

一、前　言

第二次世界大戰期中，一九四二年二月四日至二十一日，先總統　蔣公以同盟國中國戰區最高統帥地位❶，徵得英國政府同意，偕夫人官式訪問印度。依據有關史料研究，　蔣公此行，對被英國直接統治了近一個世紀的印度，而能於四年之後，終於贏得了國家的獨立與自由，實有其密不可分的關係。第一、　蔣公於訪印期間，不惜以諍友地位向盟邦英國公開呼籲，希望英國給予印人政治實權：「將不待人民任何之要求，而能從速賦予印度國民以政治上之實權」。「蓋印度此次參戰，固爲求取反侵略民主陣營之勝利，實亦與其本身自由之得失有莫大之關係。余以客觀地位，認此乃大不列顛有益無損且爲最賢明之政策也❷」。　蔣公曾同時電請美國羅斯福總

❶ 一九四二年一月，反侵略國共同宣言，我與美、英、蘇等二十六國簽字於華盛頓。同盟國並推選　蔣公任同盟軍中國戰區（包括越南北緯十六度以北地區）最高統帥。

❷ 一九四二年二月二十一日，　蔣公向印度人民發表告別書。該書由蔣夫人宣讀英文譯本，自全印廣播電臺之加爾各答站廣播。

統，運用其影響力，勸導邱吉爾首相速採行動❸。第二、蔣公應英方之請，派軍入緬，解英軍之危，並阻日軍自緬攻印，同時在訪印期間，確定中印兩國軍事上的密切聯繫計畫，使印度本土未受日軍蹂躪。第三、不顧英國政府的反對，蔣公堅持於訪印期間，在加爾各答與印度革命領袖甘地會晤，並與尼赫魯與阿沙德等多次接談，提供革命奮鬪經驗。凡此對戰時盟國的有效團結，戰後中印關係，尤其是對當時印度人民爭取獨立自由的奮鬪，影響均極深遠。

本文之作，旨在對此一現代亞洲政治史上的大事，試作一綜合性的回顧，以紀念　蔣公百年誕辰，從而更可深體　蔣公支持全世界被壓迫民族解放運動的一貫堅定政策，不為勢劫，不為勢利與虛聲所轉移。

文中引述之若干珍貴資料，係承中央黨史委員會惠予提供臺北陽明書屋之珍藏，特此誌謝。又印度獨立前後有關追述或引用拙著或係作者當時旅印所目擊，特此註明，謹供參考。

二、背景

蔣公訪印，是亞洲國家一位最適當的偉大領袖，在各方同所需要的最適當時機，所完成的一次最具影響力的訪問，所以當時印度輿論界稱頌　蔣公訪印之行，為印度歷史性的轉捩點❹。

❸蔣公一九四二年一月七日、二月十四日、七月二十五日，致羅斯福總統電報。臺北陽明書屋專檔。

❹印度時報（Times of India）於一九四二年二月九日出版專輯，題名為：「印度的心與中國在一起」India Heart is one with China 副題為「兩大國的戰友同盟——一個歷史的轉捩點」。Comradeship in Arms of Two Countries—A Turning Point in History.

如從背景方面探討，似可依循三個重點來觀察：第一是中印兩國接壤二千公里，交往兩千年，世代和平相處，非比尋常的睦鄰關係。第二是太平洋戰爭爆發前，我孤軍抗戰愈戰愈勇，第三次長沙大捷，殲敵五萬餘，揚威國際；而其時印度爭取獨立自由之奮鬪，卻爲英國政府所強力鎭壓，故印度政治領袖渴望 蔣公能爲有力的聲援；第三、太平洋戰爭爆發後，日軍進掠東南亞如秋風之掃落葉，直叩印境之門。英軍甚盼能強化與我軍事合作關係，以解緬甸之危並阻日軍攻印。故 蔣公於就任中國戰區統帥後，卽決定訪問印度。主要著眼在增進盟國間的有效團結，確定中印兩國軍事上的密切聯繫計畫，並鼓舞印度人民與政治領袖，爲了自身的獨立與自由，能全力支援盟國作戰；同時也對英國政府提出遠大政略建議，使其戰時能無後顧之憂，戰後獲得英印間的密切合作。

我們研究現代中印關係，兩國之正式建交雖然是在第二次世界大戰之後，但仍應追溯歷史上的兩國關係。此種關係，主要爲宗教與文化的交往，此種交往，廣義言之，應可視爲實質外交關係的一部分。關於歷史上中印關係，可概分爲三個時期：第一時期約自西元前二世紀中印交通之始，迄於十五世紀，其間雖亦有貿易與經濟性的活動，但卻以宗教文化之融合及眞理與知識的相互追求爲主。第二時期自十七世紀之末至本世紀上半葉，英人在印，以西藏問題的交涉爲重心。第三時期自我對日抗戰之始，至第二次世界大戰之末期，我與印度人民在精神上重新團結，而以 蔣公之訪問印度爲歷史性的轉捩點。至於中印建交之後，不旋踵而我大陸局勢逆轉，尼赫魯政權轉向承認中共政權以迄匪印交兵至於今日之相恃狀態，概可稱之爲兩國關係之變態時期。因無論就二國間之空間關係、經濟資源、邊界性質與民族特性及傳統文化而言，得能和平相處相互合作，可相得益彰，應屬常態；反之如互相敵視，兵戎相見，必致兩蒙不利，自爲變態。又第二時期英治印度時代之中印關係，雖多紛擾，然以彼時係英人在印主政，名爲中印關係，實則爲中英關係，凡此本文均不予多述❺。茲以上述各時期中歷時既久而影響又最深遠者而言，自仍以第一時期與第三時期爲最重要，似亦可稱之爲中印關係之主流。

在第一時期中，中印交通之始，時當我國漢代。張騫是我最先對印度發生興趣的邊疆大吏，奉漢武帝之命通西域，曾於紀元前一二三年遣副使赴印，其時正在印度孔雀王朝阿育王死後百年，印境已非大一統之局。以後到了東漢時代，我們對印度風土人情的瞭解，才逐漸加深，佛教的傳播中土，乃是主要的媒介。佛教傳入中國，始於東漢明帝永明十年(西曆紀元後六十七年)，距佛陀入滅已五個半世紀。在此以前雖亦有佛教東傳跡象，但不能認爲正式流傳。漢以後至南北朝隋唐乃達到中國佛教的全盛時期。由於佛教在中國的普遍流傳迄今歷一千九百餘年，當然間接增進了中印兩國的關係，而我國高僧學者訪問印度更是影響深遠。中國高僧對佛教發源地的印度，由於嚮往之深，恒視西往佛國求經朝聖爲其畢生之志業。他們不避雪嶺流沙，完全基於追求眞理與智慧的動機，無絲毫世俗功利之念。據梁啓超先生考證，自三國時的朱士行開始（三世紀

❺ 有關匪印關係與英治印度時期之中印關係，請參拙著《印度史》五八五——六二六頁，臺北三民書局。

末）至唐朝中葉（八世紀），我前往印度的高僧，不下一八七人之多，其中自以法顯與玄奘的成就為最大。他們攀越雪嶺不避流沙前往印度，心目中的中印兩大民族，眞是親如兄弟，了無隔閡。他們的努力，獲得了不朽的成果，尤其所完成的偉大譯著，已經成為我國佛教典藏的無價之寶，以及史學中最珍貴的史料。法顯與玄奘所撰佛國記與大唐西域記等書，以其流傳之廣，更使我國一般人民也因景仰法顯玄奘而連帶的對印度產生了嚮往之情，而形成對印度偏好的心理。提到印度，便提到高僧取經，合十如來，極樂西天。這一種深厚的邦誼，加上兩國邊界接壤之長而從未兵戎相見，因而更加牢固了兩國精神合作的基礎。

到了二次世界大戰期中，亦卽自我對日抗戰開始，是為中印兩國第三時期關係的發展。此時，中印兩大民族均在反帝國主義與反侵略的鬪爭中，奮勇前進。大家爭取自由，伸張公理正義的目的相同，而又皆為歷史悠久愛好和平的文化古國，且國土毗鄰，自然是同聲相應，同氣相求，由精神上的默契，進而為相互的鼓勵與支援。但當我國際地位日益提高，已躍居四强之一的地位，印度却因日軍壓境，在英國安全措施下，反而不得不被迫停止其全國性的革命獨立運動，故彼時印度之視中國，乃無異黑暗中之明燈與唯一可資依畀的良友。尼赫魯為表明其心意，此時曾以親筆信緘寄我國：「讓我們再一次的告訴中國人民，無論在甚麼情況之下，我們總是相信你們的。我們這樣做，不僅因為中國的自由是我們最寶貴的，而且因為中國的自由也包含著印度的自由。一個不自由的中國對我們也是很危險的」。「在目前艱苦的環境下，我們對中國更有著信心，我們相信這一次的戰爭，也是一次大的革命。唯有基於全人類的自由，方可以得到勝利。」「我誠懇地向中國人民和他們偉大的領袖蔣委員長及夫人遙致敬意，並向這五年來堅苦卓絕的英勇的中國英雄們，像最燦爛的明星，表示友誼與敬慕❻。」

其次，談到彼時印度人民的願望，一言以蔽之，就是希望在這次戰爭中，獲得自由與獨立。他們不願像第一次世界大戰時那樣，在英國的名義下參戰，並深信當時英國首相路易喬治所許下的政治諾言而投入了戰爭，但戰後却一無所獲，反而遭受更強烈的鎮壓。因此一九三九年九月當英國宣佈對德義宣戰，並宣佈印度亦爲交戰國之一員，印度國大黨卽決定「不支持英國作戰，不與政府有任何的合作」。至於究竟應該採取甚麼樣的積極行動，當時幾個重要的政治領袖並未作成一致的決定。最激進的鮑斯（Bose），主張立卽行動，在全印各地展開反英反戰鬪爭，不達印度自由不止；尼赫魯則主張有條件的參戰，在國大黨中央委員會之下設戰爭委員會，由他主持，向政府提出參戰條件，進行談判；甘地則認爲「印度如果參戰，便不應該有條件」，但「我是非暴力主義者，平生反對戰爭」。「基於人道的理由，我們譴責侵略，同情英法兩國，然而這不表示我贊成印度參戰❼」。換言之，甘地的策略是既不參戰也不反戰，保留行動的自由。

到了一九四〇年春，鮑斯派所掀起的反英鬪爭，在全國各地不斷製造流血暴動，殖民地政府

❻參拙著：《印度獨立與中印關係》，二一九頁，香港東南印務出版社。
❼同上。

施以鐵腕鎭壓。鮑斯本人亦因無法在印居留，於逃往日本途中，墜機葬身太平洋。尼赫魯所推動的所謂有條件的參戰，亦因談判毫無所獲，轉而等待甘地的行動訊號。甘地不談反戰，却在全印各地發動一項有節制的民治反抗運動（Civil Disobedience Movement）❽，以爭取言論自由爲名，由甘地指定國大黨同志，在全印各地發表反英講演，其本人亦因此而被捕。所以此後兩年之中，英國殖民地政府固不能贏得印度人民的合作支持而作戰，且必須以加倍力量保衞其政權，故處於內外交迫的困境之中，而國大黨方面亦因甘地被捕，爭取獨立自由的鬪爭失去領導，益感其前途無望，故一九四二年初對　蔣公之訪印，乃寄以最大之期望。

至於此時盟軍在東南亞的戰局，英屬荷屬各地都先後淪陷。一九四二年初，日軍十餘萬更集結緬南泰北，分三路向北猛犯，進逼印度，英軍告急。我應英方之請，卽以駐雲南的第五軍、第六軍及六十六軍等部，入緬協助英軍作戰。但是盟軍在東南亞與日軍作戰，是在西方國家的殖民地內進行，殖民地人民反對日本軍閥侵略，尤深惡痛絕西方人的殖民統治，所以盟軍和日軍作戰，根本得不到當地人民的合作。關於這一點，　蔣公早有很深入的觀察：

「現在再要講到新加坡和爪哇失守之後，我們同盟國抗戰的形勢。現在西南太平洋上重要的島嶼，除了非律賓還在繼續抗戰之外，其他英屬荷屬各地，多已淪陷！此後戰局如何演變，如何發展，我也可以引徵此次在印度和一位印度友人的談話，作爲各位的參考。當新加坡已經失陷的

❽ 同上。

時候，我和他討論到以後戰局的變化，他雖是一位文人，而不是軍事家，但他對於今後戰局和世界大勢分析得非常清楚——他說：『日本和德國，將來一定會來進攻印度，這塊肥肉他們是一定要來吃的！但要知道，如果日本和德國不來侵略印度，那他們崩潰或者還不致那樣迅速。如要他們軸心自尋失敗，就非要使他們快到印度來不可！』他又很用勁的說：『西方人到現在還沒有看清我們東方民族的精神力量！他們還是大夢未醒，以為要鞏固國防，打倒敵人，只要化幾千幾萬鎊金錢，和十幾年的時間，築許多堅固而不易攻下的要塞，造許多飛機大砲和兵艦，就以為金城湯池，可以高枕無憂了。我們固然應該知道：物質和科學是戰爭決勝的重要因素，但是最重要的一個因素，還是精神的力量！因為一切物力和科學，都是要有人的精神，纔能發生作用和他的功效，西方人却始終沒有認識這一點，所以他們還在迷信物質，只在戰艦要塞上來想辦法；殊不知世界上這一次戰爭，就是精神和物質二種力量的決戰！而最後一定是精神戰勝物質，物質被精神打倒的！』」

「我在太平洋戰事爆發的兩週之後，就有一個很詳細的電報，懇切的告訴我們美國的友人，請他們轉告英國。我說：『這一次世界大戰——尤其是太平洋戰事爆發之後——英國必須徹底瞭解現在局勢，絕非第一次世界大戰僅僅限於歐洲戰場可比！今後太平洋戰事，正在英、荷兩國殖民地內進行，所以英、荷兩國對於各殖民地內的民衆——尤其是對於廣大的、有歷史有精神和潛伏力量的民族，一定要從速賦予實權，採取切實的方法，使其力量得以充分發揮。然後纔能使太平洋所有的各民族，羣策羣力，來挽救目前的危局！』，我並且對美國友人說：『如果英荷兩國，要在太平洋上利用當地的物力和人力，來發揮反抗侵略的功效，那他們對待殖民地的態度，至少要和你們美國對於菲律賓一樣。明白宣言，有限期的允其充分的自由，纔能激發他們對於民族本身的忠誠，來完成我們同盟國反抗侵略，永奠世界和平的使命，現在菲律賓的首都馬尼拉雖然失陷，但我可斷言，菲律賓的戰事是不會了結的！此其原因，就是由於美國實實在在扶助菲律賓的獨立，而且最近，你們美國軍政長官又一再表示美國將來絕對保證其獨立自由，因此，菲律賓人是爲自己的自由平等而戰，其所發揮的力量，自非英荷兩國殖民地的人民可比。』這是我在太平洋戰事爆發開始時，對於我們盟邦所進的忠告。現在事實證明，菲律賓的首都雖然失陷，菲律賓的戰事進行，雖已三月之久，而麥克阿瑟將軍，仍舊率領着菲律賓全體軍民，在堅強的抗戰，但是英屬馬來、新加坡和荷屬爪哇各地，却先後都淪陷了！我對於我們並肩作戰的盟友，是知無不言，言無不忠，而且言無不誠的，過去我對於南洋一帶殖民地的主張是如此，今後我對於印度的主張也是如此。如果英國能夠以美國待菲律賓者來待印度，那印度將來對英國不僅可以做今日的菲律賓，效忠美國，共同抵抗倭寇到底；而且我相信他將來必會做今日的美國對英國一樣的與之同生死、共存亡；更不願意完全脫離與英國在政治上的關係，這是必然的趨勢。如此，我們同盟國無論對德對日作戰，印度一定可以作我們同盟國勝利的基本力量之一，一定可以在地中海、印度洋與太平洋上，發揮反侵略最大的功效⑨！」

蔣公睿智，見微知著，是以排除萬難，決心親訪印度，促英人之憬悟，確實助印，以解東南亞之危局，非大德至正者，無以及此。

三、經　過

三月四日　蔣公及夫人偕王寵惠、張道藩、董顯光及英國駐華大使卡爾等一行自重慶飛經臘戍，駐節行政公所。午夜，英緬軍總司令胡敦將軍晉謁，胡敦將軍要求我第六軍入緬，在景東一帶擔任防務。公面許之。

五日　自臘戍飛抵印度之加爾各答。駐節北郊省長行署。

接見孟加拉省長赫白脫爵士。

六日　排定訪印日程，並參觀加爾各答北郊之製槍廠與鍊鋼廠。

七日　回訪赫白脫爵士，告以印度獲得自由之最有效方法，應為全力對侵略者作戰。

八日　自加爾各答轉赴新德里。

手擬告別印度國民書。

我駐印緬軍事代表侯騰由仰光來謁，報告緬甸前線英軍情形。

⑨ 蔣公自述：「訪問印度的感想與對太平洋戰局的觀察」，臺北陽明書屋。

蔣公自記曰：「英軍將領既缺乏作戰經驗，而又在其殖民地作戰，加以敵人之第五縱隊潛伏造謠，使民衆對當地之政府及軍隊先失去信仰，是爲其最大之危機也。」

是日敵軍在新加坡登陸。

九日　至於新德里，駐節印度總督賓館。

出席印度總督林里資哥之歡迎會，致詞表示：「在聯合抵抗侵略戰爭中，可充分信任中國軍隊之合作與援助。」

十日　英大使卡爾晉謁，轉達印督意向，乞　公不必至華爾達訪問甘地，而由甘地來新德里相晤。

接見印度軍總司令哈特萊。

印督林里資哥夫婦晉見。旋與夫人同訪之，並對如何團結印度民衆共同對抗侵略問題，交換意見。

接見前印度國大黨主席尼赫魯。

十一日　於印度總督府前廣場檢閱。　公自記曰：「其中一隊短小精幹，視其面色，實卽中國往昔西部廓爾喀部也。」

尼赫魯偕國大黨主席阿沙德來見，並與洽談印度問題。

公以革命經驗相告，謂目前印度環境，切不可令步驟與策略發生錯誤。

十二日　接見印度政府各行政委員及土邦王公。
與尼赫魯談印度問題。
尼泊爾國王卓達，特令其公子巴哈度謁　公致敬，並進呈親獵之虎皮一張，又印幣五萬盧比，詞曰救護我國戰時難胞之用。　公欣然受之。
英國邱吉爾首相來電，請　公勿堅持前往華爾達親訪甘地。旋又電　公告以倫敦已成立太平洋戰時會議，由英、印、澳、紐、荷等國代表組織之，邀請我國指派代表參加。
尼赫魯發表公開演說，代表印度人民向　公表示熱烈歡迎，並謂：印度不接受任何統治，不論其為日本或德國，印度僅能接受印度大衆之統治，且全國人民應奮起救國，反抗侵略，絕不規避責任。

十三日　自新德里飛抵白沙瓦，轉往印、阿（阿富汗）邊境之開伯爾山隘，參觀印度新兵訓練。出席阿富里提等族之歡迎會。　公自記曰：「此等民族在三十年以前，皆我國之國民（大部以不丹、錫金人為多），故不禁稱之為同胞，其中有年高至八十歲者，彼必知原為中國人也。」

十四日　自白沙瓦飛抵拉合爾，參觀軍官學校，當日折返新德里。
尼赫魯轉致甘地函電二通，對　公不能前往華爾達相晤，表示萬分遺憾！並陳明原擬不論在任何地點趨前訪謁，但此擧亦不可能，祇得神交而已。」公自記曰：「讀之悲愴不能成眠！」

十五日　召見英大使卡爾，告以離印前，仍望與甘地一面，期能轉移其對英態度，並有助於共同作戰。

約見尼赫魯，告以決定與甘地相晤之意。尼赫魯當卽轉電甘地，約在加爾各答與公會晤。出席印度總督林里資哥茶會，印督代表英國政府以那埃脫大十字勛章贈公，爲酬庸　公對同盟國爭取勝利之卓越貢獻也。

是日　新加坡英軍停止抵抗，日軍遂入據之。日軍犯蘇門答臘，在巨港登陸。

十六日　會見印度軍哈特萊總司令。

是日　侵緬敵軍渡過薩爾溫江。

十七日　返抵加爾各答仍駐節北郊省長行署。

接見印度回教領袖眞納，眞納表示：印度教人與回教人一向相互仇視，印、回實無合作之可能。

又接見尼赫魯，告以中、印兩民族革命環境不同，印度不宜進行武力革命。尼氏則指陳英人自統治印度以來，對印度人民之種種壓迫情形，仍主不合作主義爲印度革命唯一之有效方法。

印度總督林里資哥發表聲明：為紀念　公及夫人之訪印，並對中國軍民表示欽佩，特訂定三月二日為「中國日」。

是日　侵緬日軍進攻比林河。

十八日　與夫人訪問甘地於白拉爾公園，互道嚮慕之忱。談話歷五小時始別。印度立法會議通過決議案，對　公與夫人訪問印度，表示無上光榮。並對　公貢獻於中國與世界反侵略戰爭之卓異功勛，表示衷心讚美。

十九日　自加爾各答至於和平村，訪問已故印度詩人泰戈爾所創辦之國際大學。參觀中國學院及其圖書館。並在中國學院茶會。館中圖書，蓋皆　公前此在南京時所贈送者。

二十日　捐助國際大學五萬盧比，中國學院三萬盧比，以示勸學之意。自和平村返於加爾各答。再與尼赫魯接談，仍以中、印兩民族應把握時機，聯合奮鬬之意相勗望。

廿一日　發表告別印度國民書，殷望印人積極參加反侵略陣線，同為爭取人類自由而努力。並對英國政府致誠摯之期待，謂深信必能從速賦予印度人民以政治上之實權，使發揮精神與物質無限之偉力，以參加此次反侵略聖戰。自加爾各答離印返國，當晚抵達昆明，駐節海源寺之靈源別墅。計　公自四日由渝啓節訪問印度，至此歷時凡十有八日矣。

是日　尼赫魯廣播演說，盛讚　蔣公與夫人訪印之成就，謂：「這兩位中國的具體象徵，竟能來到我們中間，給印度及印度的國民帶來了敦睦之意，他們的光臨，其本身就是一種對我們的感召」，又謂：「委員長是中國自由、團結及不屈不撓、決心堅定的表徵。」

廿二日　致電英國邱吉爾首相，告以已由印返國，深謝印度當局盛情招待。又告以已特派顧維鈞大使代表出席太平洋戰時會議⑩。

四、以革命奮鬪經驗提供印度革命領袖

蔣公訪印期間，曾與印度革命領袖甘地晤談，並接見國大黨主席阿沙德，就印度爭取獨立自由之事，交換意見。尼赫魯則以國大黨中常委身分，隨侍　蔣公並三次晉謁長談。

照預定計畫，　蔣公極盼與甘地會晤，甘地也希望在世界上任何一個地方能見到　蔣公伉儷⑪。當時英國首相邱吉爾曾為此於二月十二日特電　蔣公勸阻：「此間內閣同僚均以為閣下提議在華爾達訪問甘地先生之擧，可能會影響我們集中全印度力量以對抗日本的努力，此擧或會無

⑩ 總統　蔣公大事長篇初稿。（黨史會）
⑪ 拙著：《印度獨立與中印關係》一九五頁。

意中加重當地派系間的歧見，而在此時則全國團結實屬必要。余謹懇求閣下體諒此點，勿堅持與印度總督願望相違之主張⑫。」邱吉爾首相不願見中印兩大領袖會晤從而強化兩國間的精神默契與眞誠合作，已極明顯，而所恃片面理由則爲不容影響印度內部擧國一致的團結。實則如能勸服甘地改變印度不參戰的立場，則不僅有助於盟國間有效團結，以贏得對日作戰的勝利，且亦能促成印度內部的眞正團結。故 蔣公仍堅持於訪期中會晤甘地。二月十五日再度約見英國駐華大使卡爾，囑爲轉移英國態度，「必可有助於共同作戰」。並囑尼赫魯轉達此意與甘地，「決定排除萬難盼與甘地相晤之意」。 蔣公爲盟國謀，爲印度計，不惜拂邱吉爾首相之意，而作此堅持，其意志之堅，計慮之週，與態度之誠懇，終於使此一歷史性之會晤，乃能於二月十八日在加爾各答甘地密友比拉（Birla）的寓所得以實現。

蔣公於甘地及阿沙德與尼赫魯的多次會談中，聽取了印度革命領袖爭取獨立自由的決心及有關進行方略的報告，曾一再爲其剴切剖析印度所面臨的外在形勢，並依據我國革命奮鬥的經驗，指出印度所宜採取的途徑，更保證我國決心以具體行動，向盟國力爭畀予印度政治實權與在

---

⑫ 陽明書屋專檔：一九四二年二月十二日邱吉爾首相致蔣委員長電。"We think here in cabinet that your suggested visit to Mr. Gandhi at Wardha might impede the desire we heve for rallying all India to the war effort against Japan. It might well have unintended effect of emphasizing communal differences at a moment when unity is imperative and I venture to hope that your Excellency will be so very kind as not to press the matter contrary to the wishes of the victory of the King Emperor".

國際間的自由平等地位。以一位亞洲國家的領袖，本存亡繼絕濟弱扶傾的王道精神，如此懇切的向歐美列強為亞洲國家的印度爭自由爭平等，在近代亞洲政治史上，尚屬罕見，而對甘地諸人所提建議，又皆至情至理，故為甘地等所深深感動，其重要內容於下：

㈠**提示革命的方法與中印兩國如何合作之道**：「不合作運動用於印度，我並無異議，用於與印度環境相同之地，我也甚贊成，然用在印度之外，就為另一個問題了。我並不想勸說先生與英國合作或不合作，我所欲與先生研究者為達到目的之方法」。「我以為世界人類苟欲完全解放，中印兩大民族必先得自由與解放而後可。蓋世界人類，中印兩民族合佔其半數，而民族得到自由，世界半數人類已有自由。日本侵略成性，假使希望它來解放東方民族，必重蹈過去的錯誤。自我國唐代而後，數百年來，歷朝均有受日本侵略的史實。而我中印兩國邊界相共者長達三千餘里，交往的歷史有二千多年，惟有文化與經濟的交通，絕無互相侵攻的事實，足證我中印兩大民族乃愛好和平的民族。而日本侵略中國後必侵略印度。我認為印度不能獨立自由，中國也不能獨立自由，而若中印兩大民族不能得到獨立自由，全世界人類亦無自由，且不能有真正的和平。我兩大民族苟不能參加此次戰爭，將來即不能參加和平會議，世界真正和平亦無由建立。我此來目的即欲研究我中印兩國如何合作，以求得獨立與自由的方法。

「我們要求自由，必須自己奮鬥，今日為最難得的機會，此次苟不參戰，即失去一爭取自由的機會。我相信中印八萬萬人民聯合起來，其力量必足以應付白人而有餘。此次戰爭民主陣線獲得勝利後，中印兩國是否能得到預期的收穫，固不可預料，然我中印兩民族在世界上必得一應得之地位，這同時也是我所必爭的眞理。我說參戰純係我個人的意見，既不勸說先生戰爭，也不勉强國大黨參戰。今我中國業已參戰，卽印度始終不參戰，將來和平會議擧行之日，我仍必要求各國允許印度派代表出席。如此議遭遇拒絕，我中國必退出和會。蓋因印度於此次戰後如得不到自由，中國參戰卽失去了意義，如此卽使中國參加戰勝國之列，也不能得到眞正的自由。我當然希望印度國大黨能改變主張作參戰的決定。如此則將來和會派遣代表一節，資格上可以絕不發生任何問題。但此點我剛才業已表明絕不勉强。如和平會議不能予我中印兩國以眞正自由，吾人仍有退出和會的餘地。我們中印兩國單獨的聯合起來，再作奮鬥。然而我中印兩國在此時聯合起來積極參戰，於爭取自由之點更無失敗之理，反之若僅中國參戰，而印度袖手旁觀或取中立兩可態度，此不特中印兩民族今日之損失，實是人類解放史中最大之缺陷。

革命有兩要素，一曰爭取時間，此次戰爭或尙有兩三年之持續，但間或發生新的變動，半載一年卽告結束，如此則時勢不再，以後欲再找機會，卽甚困難。印度參戰目下卽爲最好時機。我相信印度參戰對本身有益而無損，且與印度希望推倒英國在印統治權之目的並行而不悖，殊途同歸，這就是所謂爭取時間的一點。二曰爭取世界同情，爭取世界同情的力量比任何力量爲大。印度如欲得此種同情，唯有參戰。現全世界絕大多數的知識份子均同情於印度，然如印度參戰，同情者的數量定必增加，否則必致減少。我此次以中國革命黨員的資格前來與革命黨友人晤談，目的卽欲研究如何聯合起來反抗侵略國家之方法，此乃中印兩國求得自由之共同基礎也⓭。」

㈡**建議先取得自治領地位然後獨立**：「實行革命有兩種方法，卽直接方法和間接方法。所謂直接卽武力從事，間接則用政治的方法達到目的。直接方法的目的，為用武力推翻政府。用政治方法雖然不完全採革命手段，也一樣可以達到革命目的。我對於印度覺得用第二種間接方法，以完成志願為有利。易言之，諸位先生進行爭取自由當經若干階段，而採用政治的策略。我以為印度宜用政治方面的計畫，而不用直接方法以達到目的。這樣可使印度加速獲得自由而縮短革命的時間。中國古諺有云：『終以迂為直』，我卅年來的革命經驗，深明此語的眞理，這就是所謂間接的方法。我不知道印度為了達到革命的目標，其努力能否完全用政治方法，先得到眞正的自治領地位，然後獨立。我認為如果政府有妥協可能，似乎可以接受妥協的解決辦法，而先取得自治領地位。我所欲建議的是，印度爭取自由，或者可以採取我剛才所說的逐個階段辦法。我覺得世界局勢有如此的變化，印度獲得自由是不成問題的，但請諸先生注意我的建議，採用適當的間接方法，或可使自由早日實現⓮。

㈢**促印發展國內教育與爭取國際同情**：「我覺得中印兩民族革命的環境，有若干不同之點。

⓭《蔣公訪印紀要》，附錄：蔣委員長會晤甘地談話紀錄，臺北陽明書屋。

⓮《蔣公訪印紀要》，附錄：蔣委員長接見印度國大黨主席阿沙德談話紀錄（三十一、二、十一）臺北陽明書屋。

第一、印度的交通非常發達，就不容易進行武力革命，因爲革命的根據地不容易建立；印度的革命黨沒有法子練兵，政府很容易出而制止，但武力革命必須有軍隊作基礎，沒有軍隊，就是得到了政權，也難於維持。第二、我知道你們現在已有不少革命的幹部人才，但一般人民的知識程度不夠，將來要得更多的革命人才，一定困難。這是印度革命不易成功的原因。這兩個困難若不能得到適當的解決，卽令得到政權，不一定要英國人挑唆回教徒或土邦王公與你們搗亂，你們也是保持不了的。然而印度也有幾個有利的條件爲他國所沒有的。第一、現在全世界知識分子多同情印度獨立與自由的要求，這種同情爲促成革命的最大力量。第二、現在印度的英國政權也成强弩之末，不待別人去推翻它，它自己就會倒的。物必自腐而後蟲生，英國在印政權，已到了自腐的境地，也許不待印度革命成功，它自會崩潰。

「印度革命的成功，我看不過是時間的問題，革命成功當然早一步好一步，早一天好一天。但在民衆力量沒有切實培養成功以前，就不易做到。此刻練軍一事，一時辦不到，但發展國內教育與爭取國際同情兩點，大可做到很好的準備。其中爭取國際同情尤其特別重要，必須做點工夫。時至今日，英國的對印態度，不能不重視美國的對印意見，這是說對外。至於對內，一定要設法普及民衆教育，提高民衆的教育程度。教育程度提高，將來培植軍政新幹部，才有辦法。社會一般的教育程度提高，對革命就有更大的助力。

「所以我認爲最好是用外交與教育兩方面來同英國鬪爭。一面乘世界大戰的機會積極參戰，與同盟國發生密切的關係，取得世界同情，將來在和平會議席間，各國自必出力幫助；一面乘英人無暇橫加阻撓的時候，發展教育，培養軍政兩方面的幹部人才，作積極的準備。我認爲這是最好的方法，也是最好的機會，如果輕易放過，以後不知甚麼時候，再能得到。

「我對你們完全是一種熱誠。從事革命的人而無熱誠，就不能革命。凡事出之以熱誠，這是我總理傳下來一貫的精神。我絕對不說假話。我說到的就一定做到，你們或者對於我的這種精神，還不十分瞭解，但英美人對於這一點却十分明白⑮。」

從上引 蔣公談話重點，可知其對印度當時的革命環境，洞若觀火，瞭如指掌。對印度革命方略所作具體建議，如參戰以爭取國際同情，發展教育以培訓幹部，以及先取得自治領地位，而後完全獨立等，更是高瞻遠矚，而尤其是對印度於戰後之必能獲得自由，堅信不疑，並不斷保證我將毫無保留地在戰後和會中提携印度，更不惜以退出和會爲印度爭取出席資格，這種遠大的眼光與偉大的襟懷，至情至性，衡諸近代世界政治家，實屬罕見。但 蔣公之一本至誠爲「聯合世界上以平等待我之民族共同奮鬪」，爲印度爭自由平等所作的努力，猶不止此。

五、向英美盟國呼籲畀予印度政治實權

⑮《蔣公訪印紀要》，附錄：蔣委員長接見印度國大黨中常委尼赫魯談話紀錄。(三十一、二、十二)臺北陽明書屋。

㈠公開呼籲英國政府畀予印度政治實權。甘地、阿沙德、尼赫魯與　蔣公談話時，均期盼英國能改變對印政策。甘地說：「他們措置不當，我不合作；他們措置得當，我就合作」。阿沙德說：「英國的態度，使印度國民無法參加努力作戰，英國給我們以獨立，我們就可協助戰爭。假使我們手中無權，對戰爭也就無能為力。我們欲使印度國民得到眞正的主權，而不是空洞的諾言，英國政府對這一點，並沒有甚麼表示，移交實權，必須立刻進行。」「倘若是眞正交付實權而與自治領地位相彷彿者，則國大黨必加考慮。」印度革命領袖之渴望獲得政治實權，並以此作爲支持英國作戰之先決條件，極易理解。惟就當時實際狀況言，英國以印度爲其直轄殖民地，故於一九三九年九月三日對德宣戰之時，未得印度殖民地政府同意，早已逕行宣佈印度亦爲交戰國之一員，根本不認爲印度之參戰尚有任何問題。而今大戰猶在進行，印度竟然要求英政府立即交出政治實權，即無異改變印度殖民地政府的體制，當然會遭致其強力反對。倘若盟國亦同情並支持印度的要求，亦必然引起英國的極大反感。但是就當時戰局與現實而論，誰也知道日軍的猛烈攻勢，緬印危急，勢非印度徹底動員全力支持作戰不可，而誰也知道印度之向英國要求政治實權爭取民族自由，亦完全符合盟國作戰目的，關鍵則在英國願否顧全大局，適時調整對印政策，又盟國領袖之中，何人願爲印度計，爲遠東戰局計，爲人類永久禍福計，不惜因此而刺激英國，能挺身而出，向英國作此公開的呼籲！　蔣公蒞印聽取朝野各方意見後，乃毅然作了歷史性的決定：「吾人傳統之精神，厥爲不惜犧牲自己，以達救人救世的目的⑯。」二月二十一日在印度加爾各答發表告別印度國民書，卽特別强調：「最後，余對盟邦英國政府特致誠摯的期待。余且深信我盟邦之英國將不待人民任何之要求，而能從速賦予印度國民以政治上之實權，俾更能發揮精神與物質無限之偉力。印度此次參戰，固爲求取反侵略民主陣線之勝利，實亦與其本身自由之得失有莫大之關係。余以客觀地位，認此乃大不列顚帝國有益無損，且爲最賢明之政策也⑰。」此一誠摯有力之呼籲，在二次大戰期中，出自盟國領袖之口，除　蔣公外，實無第二人。以當時我居四强之一的國際地位，蔣公又係中國戰區的最高統帥，且中、印兩國更是唇齒相依，而英國又賴我派軍入緬解英軍之危，故　蔣公此一震撼性之偉大號召，不僅爲英國政府之所不能不特予重視，而尤其是對印度與所有被壓迫正奮求自由獨立的民族，均提供了新的鼓舞與無限希望。

㈡促請羅斯福總統主張公道，予印同情並勸導英國以非常之遠見與英斷，謀得印局之合理解決。　蔣公訪印後，印局仍續惡化，乃於七月二十四日及八月十日兩次自重慶電請美國羅斯福總統，運用其影響力，速採行動。其中對印度國民心理的剖析之詳與對美期盼之切，對英摯望之深，語語眞切，令人感動。蔣公電文於下：

「羅斯福大總統閣下：印度局勢，雙方僵持，已達極緊張迫切之階段，其發展如何，實爲我

---

⑯　三十一年二月二十一日，　蔣公告別印度國民書。

⑰　同上。

同盟國作戰，尤其在東方戰事成敗最重要之關鍵。我反侵略各國所昭示於世界之共同作戰宗旨，為打倒暴力，爭取全人類之自由，若印度竟發生反英乃至反同盟國運動，印度局勢惡化，則軸心伙伴必坐收其利，整個世界戰局固受嚴重之影響，而盟國正大之作戰宗旨，將無以取信於世人，此不僅為英國最大之不利，亦將為此次戰爭民主陣線留一甚大之汚點。當此時期，凡我盟國應及時有所盡力，以消弭此不幸局勢之出現。貴國實際上為此次正義戰爭之領導者，閣下之主張，又夙為英國所重視，而印度人民之熱望貴國主張公道，亦非一日。茲特以余個人所見為閣下道之。印度國民大會在此時向英方提出要求，在英國不免視為乘危要挾，但就一般而論，彼等此舉，即印度國民大會常會之決議，其內容與時間固皆留有充分餘地以期待妥協也。余在前次訪印時，曾切勸印度國民參加反侵略陣線共同作戰，以爭取整個人類自由為急務。然吾人試為印度國民著想，彼之一貫目的惟在求得其國家之自由，凡爭取其國家自由者之行動，無論對其自身與其對象，皆祇有感情，而絕少理智之可言。故余以為此時若用輿論與軍警之壓力使之屈從，必得相反之效果，蓋由印度人民之心理觀之，其本國雖有廣大之土地與資源，然在未獲得國家自由以前，彼等並不視為其印度本國之所有，惟其一無所有，故亦一無所懼，而且除要求印度獨立自由之外，其他亦一無所求於人也。印度人民今日惟一之要求祇為其國家之自由，而所望於我盟邦者亦惟在對其國家自由之要求予以同情而已。印度國民之特性，先天的偏於消極，且易生極端，余逆料印度國民大會在此軸心侵略迫切時發生此要求自由之運動，其內心當有若干之苦痛，但若我盟邦毫不予以同情而使陷於整個之絕望，則余敢斷言，八月中國民大會開會之後，彼國局勢如任其變化則必有不可收拾之危險，如果印度內部發生反英或不幸之事變，則我東方戰局必立受其影響。現時我盟國爲求取勝利，必須求得印度局勢之安定與印度人民之合作，我盟邦實有賴於印度，而印度人民則無所求於世界，彼等自視其爭取獨立自由之運動，並非在戰事起後新發生之運動，故並不考慮其是否有害於世界之大局，在民族自由運動中之一切行動，彼等實無所顧忌，此心理是否錯誤姑不具論，而彼等之心理則固如是。因此之故，彼等今日，絕非冷靜的輿論所能喚醒，亦非剖析利害所能促其覺悟。設若彼輩感覺一無和平解決之希望時，勢必鋌而走險，急不暇擇，卽同歸於盡，亦所不顧。目前惟一的啓其反省之方法，惟在我盟邦，尤其爲彼等夙所仰望如美國者，以第三國之資格，向之表示同情予以安慰，以冀挽回其理智，使之發生新希望。以爲公道猶存，然後可使局勢由緩和而安定，而彼等衷心感激乃能使之誠意參加作戰也。否則使印人絕望且使其以對英國之感情而對我同盟各國，萬一時局到此，實爲世界人類最大之悲劇，豈惟英國一國有損而已哉。就英國方面而言，英國實爲大國，近年方執行其明智之屬領地政策，爲反侵略戰爭中之主要國家，而印度則爲弱小民族，且現當世界空前大戰進行之中，一切自非可以常軌處置。爲英國本身榮譽與眞正利害計，余以爲英國當用非常之勇氣與忍耐，非常之遠見與英斷，從速消弭局勢惡化之原因，免爲軸心國所利用，以肆其欺騙之宣傳。否則若任令局勢遷延坐誤，待至反英運動發生後而英國仍執經常之殖民地法律以相繩，或用軍警壓力相强制，則壓力愈大，反動愈强，適以擴大騷亂與不安。無論其所得結果如何，卽使印度此後非暴力運動爲英國所鎮懾而平服，然而同盟國精神上之損失與打擊，必較任何戰爭失敗爲尤甚。此尤英國所最不利者也。印人一部份之偏激錯誤者，以爲「與其終不得自由，則英國與軸心國何擇」。此固爲我盟邦所應極端排斥之謬論，然英國方面最明智之政策，則應爲「寧以整個自由還印度，絕不使軸心軍隊插足於印度之寸土」。若英國果能採取此種態度與精神，則印人對英之印象，必可大見改善。而且余深信印度之局勢，亦必因之改觀也。余以爲此時美國應以公正之態度，勸導英印謀得合理與妥善之解決。誠以此事實於人類之福祉與盟邦之信譽有關，而其責任則莫宜於由同盟作戰領導者之美國毅然肩荷之也。全上文所言，絕非危言聳聽，實爲貫徹我同盟國作戰之宗旨以及共同利害關係，而不能不有所言。茲因時勢迫切，特以盟國一員之資格，密爲閣下貢獻余之所見。此電並不公開於任何方面，但供閣下之參考。究應如何挽此僵局與危機，惟望閣下詳加考量，余固不欲固執所見。惟覺我盟國對印度局勢應速定正確之方針並有所盡力，庶幾整個戰爭不致蒙受重大之不利耳。切盼有以見教爲幸。」

㈢**再電促羅斯福總統速採行動**。蔣公上電發出之時，印度國大黨中常會於七月十二日在瓦爾達（Warda）已通過一項歷史性的決議，「要英國人撤出去」。其中一段提到：「本黨主張英國從印度撤出去，並無意和英國爲難，妨害聯合國正在進行中的戰爭。更非鼓勵侵略者來到印度，或增加日本對中國的壓力。本黨更不想削弱盟國的防衛力量，因此本黨同意盟軍在印度駐防，倘有此需要，爲了抵抗日本及其他方面的侵略，以保障援助中國」。甘地並爲此致緘蔣公：「我永遠不能忘記在加爾各答和閣下及夫人五小時的懇談。我永遠嚮往爲自由而奮鬥的閣下。而那一次的會見和談話，又使中國和中國的問題，對我更加接近。因爲我們有這樣一種對中國的感情。又由於我們懇切希望我們兩大國家彼此更爲接近，並爲彼此利益合作，所以我要向閣下說明我們要求英國政權自印度撤退，絕對沒有削弱印度抵抗日本的防務，或妨害閣下的奮鬥之意。印度絕不應向任何侵略者屈服，必須加以反抗。我絕不能出賣你們中國的自由，以購買我們國家的自由。無論採取甚麼行動，都必首先顧慮到不要傷害中國或者鼓勵日本侵略印度或中國」。

瓦爾達決議，於是年八月九日提經在孟買舉行的國大黨全體中央委員會議，獲一致追認通過。第二天印度政府採取日本偷襲珍珠港的方式，將甘地及國大黨全體中常委與其他高級幹部，一律拘捕。有的人來不及帶上眼鏡，有的忘記了帶錢包，有的連換洗衣裳也不曾清理，即被押上囚車，開到火車站，那裏有升火待發的火車準備起解，孟買居民尚在睡夢之中⑱。

甘地等被捕新聞傳至重慶，蔣公乃於八月十日急電羅斯福總統，盼從速挽救。電文如下：「羅斯福大總統閣下：印度國大黨領袖甘地及尼赫魯等中常委，已被逮捕。余前次致電閣下所最杞憂者，不幸竟成事實，殊屬痛心。此事對我盟邦在東方之戰局，實爲重大之打擊。對未來整個

---

⑱ 拙著：《印度獨立與中印關係》，二二五頁。

局勢實蒙最不利之影響。如任其發展，則我盟國之作戰宗旨，無以見信於世界，在精神上卽無異爲軸心之德日張其聲勢。若不從速挽救，則我同盟國作戰之宗旨已失，卽使最後獲得勝利，亦等於失敗。蓋世人將識我盟邦不能實踐我解放人類爭取自由之作戰宗旨，而相反的有壓迫自由之事實也。余迫切向閣下呼籲，請閣下出而主持正義，以緩和印度之局勢，而使之歸於安定。閣下爲我民主盟邦之領袖國家，閣下又爲二十八國所擁護之大西洋憲章之發起人，値此人心激盪於一髮之時，敢祈速定方針，有所指示。特電奉閱，並候惠覆[19]。」

蔣公兩電羅斯福總統請其力挽危局，義正辭婉，大中至正，且極切合需要。惟羅斯福總統認爲　蔣公的建議，將「減損印度政府的威權」，故以「不採取　蔣公建議的擧動，較爲明智」，而「我等實無道德上的權力，强迫英國或國大黨，而僅能站在整個友誼立場上，如爲雙方所邀請，自當樂爲協助」。可見美國所考慮者，仍係以英美「血濃於水」的立場，祇重視英國在印度的威權，將英國利益置於印度奮求自由獨立的願望之上[20]。

㈣**邱吉爾首相對　蔣公建議的反應**。　蔣公於是年八月十一日致電羅斯福總統請速採行動，調停英印關係之同日，並在重慶約見英國駐華大使薛穆（Sir Horace Seymour），表示我對印局惡化之嚴重關切，並盼英能速謀挽救。邱吉爾首相接獲薛穆大使晉謁　蔣公之談話報告後，於八

---

⑲《蔣公訪印紀要》，附錄：蔣委員長致羅斯福總統電。臺北陽明書屋。
⑳同上，羅斯福總統復電。

月卅一日致緘　蔣公，力陳甘地所領導的國大黨絕不能代表整個印度，且指甘地正準備與日人談判，准許日軍假道印度與德軍會師，而日則助甘地建立武裝部隊，以便建立統治印度之政權；更表示願採取行動，維護滇緬公路之安全，以減輕日軍對我進攻之威脅。邱吉爾首相指甘地欲借助日軍建立武裝部隊，以便控制印度，有背事理，殊難使人相信；而所謂將助我維護滇緬公路安全一節，更使人想起於太平洋戰爭爆發之初，我對外交通幾陷於完全中斷之時，英竟同意封鎖彼時我唯一通往海外之國際交通線滇緬公路三個月，以便利日本之早日結束在華戰爭，佔領全中國。其自欺欺人不誠無物之言辭，何能服人？邱吉爾首相來緘的重點，則爲完全拒絕　蔣公所作的明智呼籲。「閣下倘被牽涉與現正破壞印度政府戰事工作及此廣大區域之和平秩序之國大黨或個人，爲政治之通訊，鄙人深以爲憾。鄙人深恐如此種事件發生，敝國有力之輿論，對於閣下或將發生隔閡。覺得敝國對德義日之戰事負擔，反爲吾人久尊爲英雄與朋友之人所增加。至閣下建議英政府應接受美總統調停關於英政府與印度國大黨及印度關係一節，本人茲正式聲明，任何英國政府，由余爲領袖或閣員時，絕不接受此項影響英皇陛下主權之調停。鄙人對於美總統熱忱之友誼與欽佩，及吾二人以最親密之地位對於全盤政局共同工作，當爲閣下所知悉。鄙人深信美總統絕不願向鄙人作此建議，蓋彼熟知鄙人對於英皇及國會責任之信念也。」"I should therefore greatly regret if your Excellency were to be drawn into political correspondence with Congress or with individuals who are endeavoring to paralyse the war effort of the

Government of India and to unsettle the internal peace and order of these vast regions. I am afraid that such an incident would lead to estrangement from your Excellency of powerful sections of British opinion who would naturally feel our war burden against Germany, Italy and Japan had been increased by one whom we have long regarded as a hero and a friend.

With regard to the suggestion which your Excellency has made that his Majesty's Government should accept mediation of the president of the United States regarding their relations with Indian Congress and generally with India, I should like to place on record the fact that no British Government of which I am the head or member will ever be prepared to accept such mediation on a matter affecting the sovereign right of His Majesty the King-Emperor. I have as your Excellency knows the warmest feelings of friendship and admiration for the president and we are working together the whole field of war in the closest comradeship. I am sure he would not be willing to make such proposal to me because he is very well acquainted with the conviction I have about my duty to the crown and parliament."㉑

㉑ 同上，邱吉爾首相致 蔣公緘。

邱吉爾首相的來緘，蔣公閱悉後，曾在日記中寫道：「我國對印度應有堅定之政策，而不為勢利與虛聲所轉移。此不惟對英為然，以後對國際態勢，皆應以克己與自立為本。彼以其利，我以其義；彼以其力，我以其理應之。使歐美人士，知我民族道義精神之所在，而漸改其輕視中華之心也㉒。」

六、結　語

蔣公在與甘地會談中，曾預言「英國在印度的殖民統治之失敗，乃一定趨勢」；又預判「此次戰爭或尚有兩三年之持續，但間或發生新的變動，半載一年卽可結束」。會談時間是在一九四二年二月，而一年後義大利果於一九四三年九月向盟軍投降，德國亦在一九四五年五月為盟軍所佔領，恰為三年。日本跟著於九月也無條件投降，結束了二次世界大戰。

蔣公之料事如神，於斯可見。此次大戰以反侵略、爭自由，為人類的正義與眞理而戰，而西方帝國主義者在世界各地的殖民統治，完全與大戰所揭櫫的精神背道而馳，其必然於戰後被民族自由獨立的力量所推翻，實為莫之能禦的時代洪流。任憑邱吉爾首相如何老謀深算，却也敵不過戰後民族主義潮流的洶湧澎湃。他在致　蔣公的信緘裏，曾強調聲稱，由他為領袖或閣員的任何英國政府，絕不接受　蔣公對處理印度問題的建議。曾幾何時，歐洲戰區於五月纔停戰，六月英

㉒ 蔣公一九四二年八月十五日日記。陽明書屋專檔。

國國會卽行改選，將他們的戰時英雄遠遠的拋棄了。邱吉爾所領導的保守黨慘敗，工黨執政。邱吉爾不再是英國政府的首相，也不再是閣員，而新政府的印度政策，也完全改弦更張：一九四六年九月尼赫魯所領導的印度臨時政府正式成立，一九四七年二月英國艾德里首相宣佈將政權於一九四八年六月前交還印度；八月十五日印度由殖民地正式成爲自治領；一九四九年四月更經由不列顛聯邦首相會議的決定，認可印度的獨立地位，一九五〇年一月二十六日印度乃正式宣佈爲獨立民主共和國。由政治實權的取得，繼而成爲自治領，最後完全獨立，此一程序的進行，正是蔣公於一九四二年向甘地等革命領袖所建議。而在一九四六年九月印度剛宣佈成立臨時政府尚未取得政治實權成爲自治領之前， 蔣公卽指示將我駐印專員公署升格爲大使館，亦卽等於給印度臨時政府以法律承認，以提攜其國際地位。一九四七年二月並宣佈派羅家倫博士爲我首任駐印大使，五月十六日羅大使呈遞國書，是爲世界駐印大使之第一人，卽爲駐印外交團之當然主席。以當時我在國際間的地位，除四強之外，多唯我「馬首是瞻」，其在外交上所予印度之支持，可謂無出其右。

印度臨時政府成立之日，我駐印大使羅家倫博士曾寫詩一首與印度政府，尼赫魯並親筆復謝：「謝謝閣下爲印度而高歌的詩章，余甚珍愛此詩，詩句優美，更愛你用那清麗的詩章，宣洩出來的微妙情感。閣下將中華民國人民美妙的精神，對印度人民眞摯的情感，用簡短的詩句表達無遺。請接受我最誠懇的謝意。閣下的全詩已送給我們的宣傳部，印發各報，將於明（八月十五）日刊出。」羅詩如下：

「印度會自由」！

這不是

一個喜馬拉雅山頭的夢？

是多麼荒謬，

多麼可笑的思想，

從來也不曾到過我心頭！

四十年前，

有年紀的人們談起來，

都能意見相投。

「自由」應當是最後的目標，

一個文弱的聲音低低地在耳邊呼喚：

這聲音最先發自一個偉大的靈魂，

他據有的只是一個渺小的軀幹。

開始只像一線微弱的波紋，

最後却掀起整個印度洋巨浪奔騰！
宛似印度洋後浪驅前浪，
民族願望是這般無際的飛揚，
陶醉在自由的精神裏，
集合一切革命的力量，
徒然地不可認識的智慧獲得了勝利，

在智慧裏東方與西方，
聚首在共同的立場。
好一個奇蹟，
獨立而用不着戰爭，
歷史會告訴你，
那曾有過這樣的事情。
站在時代巨輪上的御者，
提高勇氣向前，
加倍你的努力，

當你正要逼近山巔，
崇高、美麗、尊貴、莊嚴。

本文之所以將羅詩及尼赫魯復謝信，錄作結語，乃欲更證明　蔣公及所有中國人民對印度的自由與獨立，的確是一貫的支持，由衷的祝福。

中華民國七十五年九月三十日　臺北

五、甘地「不合作運動」之研究

印度國父甘地 (M. K. Gandhi) 自一九二〇年起，發動不合作運動（Non Cooperation Movement），領導印度人民，爭取印度的自由與獨立。此一波瀾壯濶不經流血的鬪爭，其有關經過、產生背景、理論基礎、策略運用與演變、以及其最後成果，均值得我們作重點的介紹。甘地先生自稱其畢生所努力者無他，僅係一位眞理追求者，經由其對國家社會的服務，尋求自我精神的解脫。印度不合作運動的模式，雖未必能完全採用於他國，但甘地這種堅持眞理，無私無我，自苦犧牲的志節，與愛人如己，捨己救人的高尚襟懷和果敢行動，無疑已超越時空，提供我們以寶貴的借鏡與鼓勵。

一、不合作運動的意義和緣起

「不合作」就是「撤回自願的合作」，這是不合作運動的發起人，印度國父甘地，在一九二〇年，開始推行不合作運動時，所下的定義。甘地認爲一個國家的政府之所以能治理人民，必係其政府能獲得人民的信任與支持，亦即人民自願合作，始有燦然可觀之政治。否則，如其政府暴虐無道，魚肉人民，雖有政權在手，終必不獲人民之信任與支持，其人民自亦有權撤回其自願之合作，而其國之政治亦必致闇然無光。甘地所稱撤回自願的合作，實具有極大的彈性，其中包括不服從政府之法令及不履行國民對國家之義務，但亦可縮小至單單不接受政府所頒贈的勛獎，概可視情勢與需要而定。總之，不合作所顯示的意義，具有很明顯的精神對抗作用，同時亦可用作實質鬪爭的手段，而其本身則必須站在伸張正義與眞理的一方。

一九一九年十一月，印度回教徒領袖阿里兄弟，在新德里主催基納法脫會議，反對英國首相沒有履行歐戰時的諾言，分割了回教教皇基納法脫的領土。因爲英王路易喬治在當初激勵印度人民參加作戰時，曾向印度的回教徒保證，戰後決不分割土耳其皇帝兼爲回教教皇的領地，但在歐戰後的和會中，英國不但不曾履行諾言，且自任爲割自回教教皇領地的委任統治者。因此所有回教徒均起而反對。甘地自大戰開始時返回印度，初期領導獨立革命運動時，正苦印、回兩教派間之不易合作抗英，現在回教徒既主動發起反英運動，召開基納法脫會議，甘地自極願乘此促成印、回間之大團結。所以親自出席基納法脫會議，並在會議中提出「不合作運動」的鬪爭口號，獲得大會通過。至於如何實行的細節內容，當時甘地本人也沒有很清楚明白的概念。及至翌年（一九二〇年）在阿拉哈巴德擧行國大黨年會時，大會方決定由甘地召集一特別委員會，商討詳細辦法，同時並徵求各省黨部的意見。首先響應的是孟買，接著旁遮普、麻打拉斯、中央省、德里及孟加拉省等，均表贊同。九月底國大黨在加爾各答又召開特別會議，遂以二七七六對一八七五票正式通過了此項歷史性的議案，並提出了不合作運動的七大綱領。

㈠退回封號、榮譽職位，並辭出地方機構中的委派職務。

㈡拒絕出席政府各種紀念集會，及其他凡政府官員所主辦或爲了他們而舉辦的各種集會或半官方的集會。

㈢逐漸從國立學校及各省立學院中領回自己的子弟。

㈣律師、當事人，逐漸抵制英國法院，自設仲裁法庭，解決爭端。

㈤拒絕基於軍事的理由，前往米索不達米亞服勞役。

㈥撤同各級議會選舉之候選人，選民則拒對任何候選人投票，卽使原係國大黨所提名之候選人。

㈦抵制英國貨。

在此以前，甘地於八月一日曾寫信給印度總督齊姆士佛特，退還勳章，以身作則，率先發出了不合作運動的訊號。甘地說：

「這不是沒有痛苦的，我現在退回印度皇帝所頒賜的勳章，這是閣下前任爲了我在南非所作的人道主義工作而頒發的。還有在南非時所頒的佐洛戰爭勳章，是爲了我在一九〇六年曾負責組成了印度義勇救護隊，以及波爾戰爭勳章，爲了我在一八九九年至一九〇〇年曾充任印度義勇擔架隊副隊長職務。我冒昧退回上述勳章，係依照爲了基納法脫問題今天起所展開的不合作運動的規定。當我的同教同胞們在當地遭受宗教迫害的時候，這些勛章所給我的光榮，使我無法再安心地配帶它們。過去數月裏所發生的事件，使我感覺到帝國政府在處理基納法脫問題時，採取了無恥的、不道德的、不講理的態度，一錯再錯，我不能再敬愛像這樣的一個政府」。

「在印度，一半的人已無暴力抗拒的能力，一半的人却又不願意這樣作，所以我貿然建議採取不合作運動的方式，來幫助那不願意和政府合作的人。祇要不用暴力，祇要在進行中能維持良好秩序，必能迫使政府不得不採取步驟，改正其已犯的錯誤」。至少甘地本人是這樣滿懷信心，不過當時的國大黨人士，除了因敬重甘地而同意其主張者外，實際了解並支持不合作運動的人，實爲極少數。甘地認爲在一個社會中，通常有三種的人。有的人對某一特殊政策贊成，有的人堅決反對，但也有的人並無成見，而這第三種人往往佔多數。所以最要緊是爭取這些並無成見的人。「我認爲」，甘地說：「我們對政府沒有信心，在此情勢下，合作便是罪惡」。

甘地的言行，無非都是爲了激起社會各方的共鳴，但要促成全國性的反英行動，仍需以堅定的決心，高昂的戰志，透過有組織的宣傳，方能結合國民心力，掀起高潮。因此大家都在期待甘地的每一訊號，以決定其如何配合參與。在我們進一步來研究其進展與成果檢討之前，先就此一運動產生之背景，及其理論基礎與策略，試作一簡要之敍述。

二、不合作運動的背景

英國之經略印度，係自一六〇〇年創立東印度公司開始，經過兩個半世紀之處心積慮，步步爲營，而於一八五八年滅亡了印度。故其所有在印度半島及印度洋之一切佈置，莫不根深蒂固，而於殖民地政府建立之後，所採各種設施又多匠心設計經營，故欲推翻其覇業，而望恢復印度之自由與獨立，自非一蹴可幾。

就殖民地政府之行政體制而言，英國在印度派有總督兼副皇，代表英皇駐印，爲最高之行政首長，行使其統治權。其下將印度全國劃分爲十一行省與五百三十六個土邦。行省之省督均由總督派英人擔任，在中央則設國務院各部會，亦由總督主持。其土邦名義上各皆獨立，每邦由副皇派一英籍行政官駐劄，即事實上之最高指揮官，故亦不啻爲英人所直接掌握。各邦所擁有之力量均不足以抗英，而又使其互相牽制，均受英國條約之保護。此種複式安排，形式上頗尊重印度各地方之風土人情與土邦王公之特權，然而層層節制，正符合英人分而治之的策略，可謂殖民地政制之高度藝術化運用。

次就軍事之部署而言，係採印度洋與印度半島相互依存的戰略部署。英人一方面掌握印度洋四周之通道、及其周邊地區之戰略要地與戰略交通線及戰略資源，以之捍衛印度半島，復以半島所居印度洋兩翼之中樞地位，益以其人力物力，左右策應支援印度洋上之攻防。至於半島內部之部署，其戰略部隊均控制在英軍手中，每一軍區中之兵力，總以能維持在安全數量之限度內，聽命於英國指揮官，同時充份利用尼泊爾兵與錫克兵，二者均驍勇善戰，尼泊爾兵素以戰爭爲職業，可隨時出租與英皇，爲其執行任務而不必承諾任何政治條件。至於錫克教徒雖擁有最佳的戰士，但實質上缺乏敵愾同仇之反英熱忱，且無疑已爲英人所收買，同時英國人訓練印度籍軍隊時，祇有士兵的訓練而無部隊長的培養。並且規定，除錫克教徒基於宗教信仰之理由，可以配帶短劍外，其他人民均不得私藏武器，違者論罪，故印度人均係無武裝自衞能力之人，最便於殖民地政府之統治，也最不爲人民所歡迎。

財經方面之控制亦極爲徹底。東印度公司在印度經營了兩百五十年，其殖民策略，原卽以發展商務爲前鋒。也就是以經商爲掩護，漸次由商業的活動，進而爲特權的取得，繼之以經濟的投資與剝削，必要時再配合以軍事性的進攻，然後才是政治的兼併。早在一七七〇年代時，英國工業革命已很成熟，它需要擴充市場，增加原料，這時毫無反抗力量的印度，便被迫提供了此種需要。東印度公司儘量搜括孟加拉省的財富，來塡充它的金庫，完全不顧及印度國民的生計與民族的生命。然而正當英國大肆剝削孟加拉省人民的同時，當地發生了空前的大饑荒，將近一千萬災民死亡，但英人却熟視無覩。一八一三年又開始一個新的剝削政策，在自由貿易的名義下，英國貨物可自由地在印度進口傾銷，同時却將印度出口稅提得很高，阻止印度商品進入英國。當一七八七年德干出產的棉紗輸往英國時尙值三百萬盧比，到一八一七則完全停止，一八五〇起反而進口了英國全部棉織品的四分之一。因此整個印度的鄉村工業破產，成千累萬的工人不得不退回農村中去。自一七七〇至一九〇〇年的一百三十年之中，在印度發生了二十二次的大饑荒，無數的人民死於饑饉，倖存者亦已無力抗拒英人的壓迫了。

東印度公司於一八五八年滅亡印度後，即將整個印度的土地與人民，當作私有財產獻與英皇，作爲英皇的家產。此後英皇派總督爲代表，君臨印度，對印度人民的生殺予奪，印度土地和財富的處置，全憑殖民地政府一念之間的決定。印度根本無處理自己財經事務的絲毫自由權力，祇有爲大英帝國的財富累積，而流汗流血拼命生產的義務。

談到社會人心的羈縻，英人係採多種作法，首從宗教信仰入手。對印度各種宗教信仰均予保障，教會權益尤予維護，且復從中播弄，使各教派之間相互敵視，以便其操縱。有關勛位勛章等榮銜之頒授，更認眞執行，並廣爲宣揚，凡俊彥之士效忠英皇而有建樹者，即主動予以褒揚，使公認爲各方領袖，受社會國家所尊重。土邦王公不論大小，均予禮遇，使人人以能接近皇室及受副皇之青睞爲榮，相左者則衆視爲叛類，爲人之所不齒。久之則人心皆忘異族之統治，反以效忠殖民地政府爲理所當然。次就教育政策與設施着力，眞可謂是處心積慮。凡才智之士多誘導其學習法律，操業律師，或學醫科懸壺，或參加交通通訊技術工作。律師所辯護者係依據英人所訂之法律，人民愈守法紀，愈有利於殖民地政府之統治。行醫者多，則專心於醫療保健工作，更無力旁及政治活動。而科技人員待遇優厚，自守崗位，亦無意於革命工作，如此則英人自可穩保江山。但天下事眞是人算不如天算，英人以爲印度律師均受英國教育，必然效忠英皇，殊未料領導印度爭取獨立自由運動的甘地，即曾經過英國倫敦大學嚴格訓練，且通過英國國家律師考試，而尼赫魯之父親，亦係名噪一時的大律師，所謂律師必是奴才而不革命者，在此可得一反證。英人亦曾考慮，除律師、醫師及若干科技人員外，可能亦仍有自命清高之士未入彀中。因此又設計一種政治安撫，於一八八五年創立國大黨，容納各地俊彥，每年集會一次，獻可替否，作爲殖民地政府之諮詢機構，英人自忖，如此萬全之策，當可保萬無一失。但結果又出所料之外。國大黨於第一次世界大戰期中由甘地起而領導後，即由殖民地的統治工具，變成爲反英鬬爭的革命大結合，終於將英人驅逐出印度，恢復了印度之自由與獨立地位。

以上所舉，可大致明瞭在英人統治下的印度，要想起而革命，何其不易。而另一方面，印度本身的積弊尤難根除，更大大不利於革命工作之發展。例如無通用全國之國語文，以爲溝通媒介；宗教壁壘森嚴，尤以印回之間形同水火；歷史上外患頻仍，多次外族入主，故種族複雜；國民教育低落，成年人文盲在百分之四十以上；出生與死亡率均高，人力未能充份運用；國內地形複雜，氣候炎熱，其人民較多幻想難以振作；社會階級制度歷數千年，根深蒂固，易受挑撥分化；十六世紀亡於蒙厄兒回教王朝，繼又爲西來之英人所滅，民族自信心極難恢復，凡此積弊皆非一朝一夕可除，而均爲民族主義革命之大礙。

面對此種情勢，本世紀之初，在甘地之前從事反英鬬爭者主要有兩大力量，一爲哥卡里所領導的自治派，目的在追求印度之自治，望其地位可如加拿大或澳大利亞，成爲不列顛聯邦內的自治領，脫離殖民地地位。另一爲鐵辣克所領導的激進派，主張恢復古印度的光榮，趕走所有英國人，不擇手段進行無止無休的鬥爭。這兩派的主張均非英國殖民地政府所可能接受，而兩派的領袖在甘地自南非回印後不久卽相繼逝世。因此甘地乃另籌良策，改採不合作運動的鬥爭方式。

三、不合作運動的理論基礎

印度以宗教文化立國，自吠陀時期的婆羅門教，逐次演變爲後來的佛教與印度教，其基本教義皆歌頌宇宙生命之永恒價值，而人之生命爲宇宙生命之一部份，所以也是在無始無終永恒的流傳。生命的根源與動力是愛，唯有「愛」才能孕育生命，愛的具體表現爲自制、自律與自我犧牲。愛是創造生命而不是毀滅生命的。與愛相對立的是恨，恨的目的則在破壞與毀滅生命，而其具體的表現爲暴力，例如各種以恨爲出發點的鬥爭、暴行、乃至戰爭。人生的最高目的，就在去恨存愛，創造繼起的生命，所以印度傳統的宗教都是主張非暴力，泛愛衆生。到了孔雀王朝時代的阿育王，更將此種宗教精神，貫注到實際的政治生活中，主張將佛教的理想在現世界實現。在阿育王時代，曾通令全國禁止殺牲，一律素食，同時廢除全國的武備，以其人力物力用之於文化宗教事業，並使佛教廣爲傳播，大大提升了印度在國際間的地位。甘地本爲一虔誠的印度教徒，幼受嚴格的印度教生活薰陶，及其出而領導革命工作，面對英人之暴力統治而又無足夠的暴力憑藉來反抗，因而主張改採非暴力的途徑，首創不合作運動與英人抗衡。其基本的理論要點如下：

第一、不合作運動能否成功，主要就靠它在進行之中，忍受暴力的摧殘而決不以暴力來反擊。

第二、「不合作運動是撒塔格瑞哈 Satyagraha（意爲擇善固執，或由眞理與愛及非暴力所產生的力量）的手段之一，是用一種以個人的犧牲忍耐以獲取正義權利的方法，它與武力抵抗是正相反的。人人承認，犧牲自我比犧牲別人，是無限的優越與高尚的。並且這種力量如果用於不適當的目標時，只有用的人忍受痛苦，而決不會使別的人爲他的錯誤而受痛苦。當我決定不去作一件違反我良心的事情，我所使用的便是精神的力量。例如政府通過了一個法律，那個法律是不適用於我的，我不喜歡它，如果使用暴力强迫政府把法律撤銷，這樣，我便是使用了身體的力量（Body force），就是用强制的方法，迫使對方做所不願作的事。倘使這種使用的力量是對的，那麼對方也會使用，而我們便決不會得到一個同意」。

「我們經由眞理與愛及非暴力的途徑來抵抗，並非是弱者，而是精神的力量，是沒有任何東西可以與之敵對的。它所具備的勇氣，簡直是講體力的人們從來所不知道的。試想現在有兩個人，其中的一個人站在大砲後面去放砲把別人打成粉碎，而另外一個人却含笑跑到大砲口上去讓它打成粉碎，究竟那一個人需要更多的勇氣？常常將死當作心腹之友的人和操他人生死之權的人，那一個是眞正的戰士？一個缺乏勇氣和人格的人，決不能採取眞理和愛及非暴力的途徑。要經由此種方式爲國服務的人，一定要保持完全的貞潔，承受貧窮，信服眞理與培植大無畏的精神。一個心中充滿慾望的人，是絕對辦不到的」。

第三、「在懦弱與暴力二者之外，如果別無選擇，則我寧可勸人用暴力。我曾鼓勵那些相信力的人，爲他們的國家踴躍作戰。我願見印度的兒女爲保衛祖國的光榮挺身作戰，却不願見印度顧影自憐、軟弱無能、束手無策。然而我始終相信，非暴力是無限超越暴力，寬恕永遠超過報復。寬恕彰顯人格的光輝，但祗有確具報復的實力而能自制時才算寬恕。若向一個無法自制的動物求寬恕，將毫無意義。我不相信印度無能爲力，也不相信我自己無能爲力，我僅想使用印度和我自己的力量，爲了一個更美好的目的而奮鬪：寬恕敵人，堅持眞理」。

第四、「不要誤解，力量不來自體力，而源自一個不屈不撓的意志。十萬個英國人一點也不怕三億人口的印度人，因爲英國人自信有力量。但我們也要確認我們的力量，不過我們不用暴力來報復，我們有更好的工作要做，收效更大，對世界我們有更大的使命去完成，要爲非暴力的可行性作見證。是永遠的、最後的勝利，而不是一時的成功」。

第五、「印度應恢復古代的自我犧牲律。消極抵抗，不合作運動，民事反抗等都不過是自苦律的新稱呼。人類的救贖在非暴力而不是暴力，暴力的戰爭，決不可能替人類有效的解決問題」。

第六、「非暴力就其動的意義而言，卽意識的受苦，它不是對惡者意志的屈服，而是使用其整個靈魂的力量，對抗暴虐者的意志，在此一規律下行動，一個人就能抵擋一個不義的帝國的全部勢力，以保衛他的光榮、他的宗教、他的靈魂，並打下基礎，決定那個帝國的崩潰或新生」。

第七、「我鼓吹印度實行非暴力，並不是因爲它軟弱。我要印度認識自己的力量和權勢來實行非暴力。要認識自己的力量毋需受軍訓，我們似乎需要它，因爲我們似乎在想著我們僅係一塊肉。我要強調指出印度是有靈魂的，不能毀滅的，能夠奮起得勝，克制一切肉體的軟弱，抵擋得了整個世界物質力量的結合。經由非暴力，它可摧毀不義的暴力，如果有足夠的人去實行」。

總而言之，甘地是用宗教的方式來進行政治鬪爭，武裝自己的精神，理直氣壯、嫉惡如仇但又愛敵如己；秉持著最堅定的意志與最純眞的動機，說服敵人、感動敵人，使敵爲我用。因此本身決不能使用暴力，必須絕對自制，具有無比的勇氣和決心，忍耐到底，貫徹到底，不成不止。

四、作為一種鬪爭策略來運用

甚麼樣的鬪爭策略，才是最好的策略呢？

凡能適合當時印度羣衆需要，同時又具備下列五種特性者，均爲最有效的鬪爭策略。第一、與印度人民的傳統思想相契合。例如不合作運動的理論基礎，卽係建立在印度傳統的宗敎思想之上，故在執行中易得廣大人民的瞭解與支援。倘若採取共黨式的階級鬪爭策略，則以其過於殘暴且違反人性，縱然效率強大，亦決不易爲印度人民所接受。第二、應當爲羣衆所瞭解。一種羣衆性的鬪爭若期其有效，必須能得多數人之共鳴與聯合行動，因此所採取的策略，應以最容易爲一般羣衆所瞭解者爲宜。例如甘地曾領導食鹽長征，反對政府的食鹽法，激勵全國民衆自製自賣食鹽，破壞政府的鹽法，短時期內卽得全國響應，因爲食鹽爲民衆日常生活所必需，最易引起共鳴。第三、發揮優勢攻敵弱點。以當時印度的國勢荏弱，而大英帝國的威望正隆，甘地所可能運用的有形戰力極爲有限，因此他强調精神力量，發揮眞理愛與非暴力所鑄成的大無畏精神，他認爲以一人之力卽可抵擋全英國的暴力。因爲殖民地政府所代表的是違反眞理，殘暴不仁的暴政，是絕對不能持久的。第四、必須有適合需要的政治號召，而不是爲少數人的利益而奮鬪。一八五七年印度曾有反英大暴亂，所有東印度公司的印度僱傭兵幾全數參加，地方政治領袖亦有多人響應，原可一舉而盡逐英人，恢復印度人的天下，然而結果却恰相反，在大暴亂之後印度竟被滅於英。此中原因甚多，主因之一卽在暴亂中無鮮明的政治號召，而仍以恢復蒙厄王權爲主體，當然不爲一般印度人民所支持，不能形成爲全面的反英革命。第五、策略之選定，應能產生深遠影響。甘地不贊成爲目的而不擇手段，因手段不純正，決不能達到理想的目的。他主張採取非暴力而不是暴力的途徑。

衡酌上述情勢，甘地決定了他所採取的鬪爭策略，決不抄襲歐洲人的老套，決不經由流血戰爭，決心提升印度對人類作更大的貢獻。而此項策略一定是能以量勝質，以愛勝恨，以民族主義對帝國主義，以團結對分化，以柔克剛，以非暴力制暴力。最後才確定了不合作運動的鬪爭策略。並且認爲祇要推行順利，一年之內印度卽可獲得自治，可見甘地是很充滿了信心的。

作爲一種鬪爭策略來觀察，不合作運動確具有下列的特色。

第一、針對具體問題，提出階段性的任務而且目標鮮明，只要求英國政府對基納法脫問題履行諸言，並對阿姆利渣屠殺案懲辦兇手。這是很理性的要求，確實是站在眞理、愛與非暴力的立場上，自立於不敗之地，向英人討還公道。並不是大喊空泛的民主自由要奪取政權，完全採取被壓迫者的低姿態，使對方亦自覺理虧，在心理上首先解除了敵人的武裝。

第二、所列七項綱領如退回勛位勛章，不向法院控訴，不進官辦學校，不參加政府邀宴，不參加議員選擧，不買英國貨等，都是很溫和的手段，縱然犧牲一些個人的權利，却不必陷全體於戰爭，所以容易得到大家的共鳴與支持。

第三、英人的懷柔策略與愚民政策，分而治之的離間陰謀，財經剝削與軍事高壓，在甘地所號召的全民不合作運動之下，皆黔驢技窮，被各個擊破。換言之，卽以不合作對抗其懷柔策略，以民族教育代替殖民教育；以印回合作對抗分化離間，以不購英國其財以制壓其財經剝削；以大無畏的精神反抗軍事統治。所以甘地相信祇要堅持到底，參加的人多，則一年之內，卽可使英國人不得不予印度以自治。

第四、不合作運動所對抗者爲殖民地政府之不合理統治，而不是反對任何英國人。但殖民統治不合理之事物，比比皆是，因此儘可隨意選定，作爲反對與要求改革的對象。政府如果採取高壓，則被壓迫者反對的人數愈多，氣勢愈壯，配合著廣泛而有效的宣傳心理作戰攻勢，就能不斷製造驚天動地的高潮，不戰而屈人之兵。殖民地政府所賴以控制人民者，不外是警察與監獄。流血犧牲尙且不畏，逮捕入獄更甘之如飴，人民已到了不畏死的程度，則任何逼迫均不能使之屈服，此時乃更顯出不合作運動的聲勢。

第五、不合作運動究竟是一個羣衆性的運動，必須參加的人數衆多，方能顯其威力，但是集萬千的羣衆不斷培養其反抗情緒，則必難持久，必難控制，且必然發生流血衝突。倘使羣衆由於不能自制自律而亦採用暴力反擊，那就喪失了整個運動的非暴力意義，乃至一發而不可收拾。在甘地所推動的不合作運動期中，全國沸騰，各地不斷發生流血事件，所以又不得不緊急呼籲人民自我約束，而由他自己以絕食毀身的方式來代替。英人不敢置甘地於死地，因恐激起更大的暴亂。故每僅依法拘捕，依法判刑，刑滿釋放，但每拘捕入獄一次，甘地在羣衆中的地位則愈見提高。似此情形，必須有如甘地其人者領導，且必須其對手方有如英國人者之政治容忍，所謂相反相成，否則不合作運動恐亦難發生預期的成果。

一九二四年九月十八日甘地決定：絕食二十一天以自譴，曾寫了下面的話：「我願向讀者保證，絕食不是漫無目的的。事實上自從創導不合作運動以後，我的生命就經常在危險中。我不是盲目衝動，我知道它的危險性，我任何的行動都先有祈禱。人是容易受騙的，他永不能把握定自己的步驟，他認爲在祈禱中所得到的答案，很可能就是他自己的驕傲。一個神志清明的人，必須保有不爲物慾所染的赤子之心，我沒有做到這一層，我的祇有一顆掙扎、錯誤再掙扎的不潔心靈，我祇有藉不斷的磨煉來昇華。我相信神人合一之理，我們的外形雖異，靈魂却是一般的。億萬條光線祇來自一個太陽，它們是同源的。所以我不能永被邪惡之心所矇蔽，也不是始終無法自拔，唯一的是看我能否照自己的方式行事，人生原就是無間的磨鍊」。

「我知道不合作是危險的試驗，不合作的本身就是不自然的、勉強的、有罪的。但是不合作與非暴力實是當前神聖的任務，我曾多次證明它。但用之對羣衆，却隨時可能發生大毛病。重病需要下重藥，不合作與非暴力因此乃是免於無政府狀態的唯一辦法。因為它是非暴力的，所以我拿自己的生命來試驗」。

「兩年前印、回相處原是很好的，如今却彼此兇殺，可見某些地方所表現的不合作，沒有做到非暴力。戴維告訴我，文章或演講恐無濟於事，我必須另想可行的辦法，她把這責任交給我，這完全是對的。我不是曾使人民發生過力量麼？假如這力量是毀滅性的，我當然應該有辦法來抑制。在回信裏我告訴她，我只有挑重擔。空虛的祈禱像敲破銅爛鐵，可是那時我還不曾想到要用這長時期絕食的辦法，我祇知道卽令長時期絕食，也還不能讓我這哀痛的靈魂得安寧。我錯了嗎？我急躁嗎？我與惡勢力為伍了嗎？我可能通通做了，也可能一樣沒有做。我所知道的一切便是眼前的現實，如果勇於私鬬的人，眞是做到了非暴力，把握了眞理，我想事情一定不會是如此，我的責任便是要對此加以澄淸」。

從這一段話，也可以深深看出甘地的悲痛，以及不合作運動要做到完全非暴力，決非容易的事。

五、不合作運動與民事反抗

不合作運動原有的七項工作綱領，都是偏於消極性的，目的在培養氣氛，鍛鍊自制，也可以說是一種先期的作戰準備，以逐漸形成國民的合成心力，推動下一個具體的對抗行動。到了一九三〇年一月，甘地認爲時期已到，乃向印度總督提出十一項要求，如不能獲致圓滿解決，卽將發動全面的民事反抗運動（Civil Disobedience Movement）。所謂民事反抗運動，就是由甘地挑選某項迫害人民權益的民事法律，發動全國人民予以反對，但仍然是經由非暴力的方式，並準備忍受政府的暴力摧殘，不到政府修改是項法律，決不中止。換言之，就是向政府的法律正式挑戰，向總督的統治權威挑戰。

甘地所提十一項要求如下：全面禁酒、恢復一盧比（印幣）折換一先令四辨士的滙率、降低田賦百分之五十、取消鹽稅、削減軍費至少二分之一、文官減薪一半、對進口布匹採保護關稅、制定成本價格法、釋放一切非謀殺案的政治犯、撤消或嚴格管制中央情報局、核發自衞槍枝執照。「祇要總督能使我們對這些簡單却重要的條件得到滿足，就不會再有民事反抗」。

總督自然不會接受甘地所提十一項要求，甘地也認爲民事反抗是十分必要的。「民事反抗有時是絕對需要愛，無疑是危險的，不過其危險的程度比暴力要小。民事反抗是在眼前斲喪心靈的狂潮中，唯一非暴力的辦法，它的危險在於暴力突然與民事反抗同時發生。如果這樣，我也有了應付的辦法，不致像過去巴多里時代撤退。非暴力對抗暴力，不問其暴力來自何方，在自由戰爭的鬪爭中，決不停止，直到戰至最後一人。要知道所謂心餘力竭，便是信心不夠。非暴力者如其沒有行動，那就是無能，必須從戰場上退下來」。

那麼，究竟如何進行，採用甚麼形式的民事反抗？隨後甘地有了暗示。食鹽成了訊號彈，食鹽法到處在討論：「除了水以外，再沒有任何其他東西，拿來抽稅可以影響到所有孤苦無告的人，鹽稅乃是最不人道，非人所能忍受的」。

甘地預料民事反抗一經發動，他的被捕是必然的，他要求大家在他被捕以後，發動更積極而廣泛的民事反抗，盡其最大的努力，自由地、活動地不再容忍奴役。因此人人有參加民事反抗的義務，依照領導者的指示行事，每一個人都要在工作崗位上等候徵召。他主張在運動開始時，僅由甘地率領他所指定的眞理修道院的員生，以及那些確守嚴格行動規律的人來參加。而所有參加民事反抗運動的人，都必須遵守下列的規定：「不得懷恨，且要忍耐對方的憤怒；不可殺人，而且不加報復；對無理的命令，不可因畏懼而服從；不可傷害或咀咒他人，但要保護對方使不受傷害，甚至甘冒生命的危險；不得拒捕或拒不交出被沒收的私人財產，但受託管的基金決不可交出、卽令因此而喪生。一旦被捕入獄，應嚴守獄中規律，在團體行動中，必須接受上級命令，萬一有嚴重歧見時不妨辭職。作爲一個義勇工作隊員，別希望公家會照顧他的眷屬」。

最後甘地在民事反抗發動以前，寫信給總督：「事先來找你，商量一條出路」。

「英國的殖民統治，採取進步的剝削手段，加上我們所無力負擔的龐大軍事與行政預算，致令印度人民變成赤貧。在政治上我們絲毫無能爲力，文化基礎被摧殘，精神武裝被解除，致令個個變成了無依無靠的懦夫」。

甘地提議召開圓桌會議，找出一個適當解決的辦法，例如給予印度自治領的地位，但英國政府並無意如此，因此乃不得不發動民事反抗，來表達印度的反抗。

總督的回答很簡單，認爲甘地所擬採取的行動，「必然導致暴力地破壞法律，因而危及大衆的和平，深以爲憾」。甘地說：「我跪下來求麵包，得到的却是石頭」。

甘地因此毅然決然發動「食鹽長征」，率領修道院的員生，從阿亥米達巴德步行前往兩百英里外的孟買海邊丹地，後面跟著七萬五千名羣衆，準備去破壞食鹽法。「大家等著我到那兒去破壞食鹽法，然後人人可以跟著做。七十萬個鄉村裏的人民，都來動手自製食鹽，破壞鹽法，政府要來逮捕爲首的，一定逮捕我，我被捕以後，全國都起來幹」。隨著甘地的呼籲，國大黨動員了無數的義勇工作隊員，準備好一切，祇等甘地一聲令下。

那一年的三月十二日清晨六時三十分，全世界在注視著。甘地率領七十八名同志，向丹地踏上了歷史性的長征，後面追隨著數不清的羣衆。路上灑好了水、舖滿著綠葉、青枝與鮮花，像慶祝節日一般。甘地手持著杖，赤足芒鞋，走在行列的最前端，邁步向前。老尼赫魯說：「像拉瑪旃陀羅赴蘭卡（印度神話，有拉瑪旃陀羅赴錫蘭降魔之行），甘地的歷史長征，將永垂千古」。雷艾說：「這正像摩西領以色列人出埃及」。小尼赫魯說：「今天聖者踏上了遠征的長途，手持著杖，他沿著古茶拉底灰塵滾滾的大道前進。明亮的眼睛、堅定的步伐，後面跟著他忠實的戰友。他曾在過去有過多次的長征，走過漫長的路程，可是這次的旅途最長，前途的荊棘也最多。他懷抱著同胞的赤子之愛，充滿著熾熱的決心。眞理之火燃燒著，自由之愛鼓舞著，從他旁邊走過的人，沒有不感到生命的振奮，匹夫匹婦也張眼看到了生命的光輝。這是一次漫長的遠征，它要帶來印度的獨立，擺脫奴隸的枷鎖」。

六十一歲高齡的甘地，精力驚人，每天率隊走十英里，隨卽紮營，舉行羣衆大會，發表講演，接著是祈禱，紡紗、寫日記、接見訪客，然後在第二天的淸晨六點半又起程。甘地的講演，透過廣播與報紙，傳達到全國，激勵人民羣起反對政府，不要對它效忠，它是腐化的、不合人道的、惡劣的。小尼赫魯也在各地鼓勵靑年們奮起：「朝聖的長征，正勇往直前。諸君，看前面就是戰場，印度的旗幟正在招展，爭取自由的鬪爭也等待著你們的參戰。昨天還說是站在她一邊，今天就遲疑了嗎？在這一場充滿著勇敢和光榮的戰鬪中，你們難道僅以旁觀者自居，忘了你們的國家和同胞正被人宰割？印度滅亡，誰能存在？印度富强，誰又會受亡國之痛呢」？

雖然大家還不知道甘地怎樣破壞食鹽法，但是全國的心都向著他，結成前所未有的合力支持著他，大家的情緒都沸騰了，隨著長征隊伍的行程，一天又一天，逼近最後的目標，經過了二十四天，到達丹地，運動像野火，在全國燃燒。

四月六日的淸晨，甘地率領隊員在海邊祈禱，並宣佈如果他被捕，由泰伯咭領導，以後由奈都夫人等依次接替。然後至海濱沐浴，八點半鐘他彎腰拾起了一塊鹽，奈都夫人在旁邊嚷道「犯法的人」，甘地並立刻發表了下面的聲明：

「就技術的或儀式的意義來說，現在已經破壞了食鹽法，任何人皆可破壞食鹽法冒被捕的危險來自製食鹽。我的指示是所有各地工作同志，應該到處製鹽並自行取用，同時也告訴周圍居民，也同樣製鹽，但要讓他們知道是犯法的，目的在促使政府免除鹽稅」。

甘地已破壞食鹽法的訊息，是大家所等待的，立刻被傳至全國以後，到處便出現了製鹽與出售私鹽的事，政府也到處出動軍警緝捕並搜查私鹽。四月十四日，小尼赫魯被捕，判刑六個月。五月四日的午夜甘地也以防止叛亂罪嫌被捕。

甘地被捕，全印激怒。孟買五萬工人罷工，鐵路工人立卽加入，布商決定抵制英貨，大規模的遊行示威，在全國各大都市紛紛舉行。國大黨各地支部也被封閉，工作人員被逮捕，革命的熱情，沸騰到了頂點，英國人在印度各地都成了驚弓之鳥，政府不得不宣佈全國戒嚴。而另一方面奈都夫人依照甘地所預定的計畫，正調齊義勇隊員，準備前往距孟買一五〇英里的達拉沙拉鹽場搶鹽。奈都夫人勉勵兩千名搶鹽隊員：「甘地的身體被拘在獄，但他的精神與諸君同在，印度的威望握在你們手中。在任何環境下，你們不得動武，你們將被打，但不得還擊，舉手自衞也不行。」甘地的兒子馬利拉走在最前面，鹽倉外已佈置好四百名全副武裝的警察，在英國警官的指揮之下嚴陣以待，後面還有槍口早已向外瞄準的士兵。

「隊員們朝著鹽倉默默地前進，沒有任何吶喊的助威，也沒有鼓角助陣，更沒有任何絲毫可以用來防範死傷的掩護」。一位在場觀戰的美國記者評論道：「那邊一聲號令，軍警衝向隊員，用帶有鋼尖的木棍，暴風雨似地猛烈擊打著隊員們的頭部，隊員中甚至沒有一個人抱頭躲避，一個個像被保齡球擊中的靶柱，應聲倒下。在旁的人可以淸楚聽到棒打頭顱震人心弦的聲音，忍著眼淚，屏息而立。地上已躺滿受傷的隊員，一灘灘的鮮血染紅了他們白色的衣服，後面的隊員，踏著鮮血補上去，沒有反擊，沒有搏鬪，直到被打倒，倒下的時候，也沒有聽到憤怒的咒罵，祇有低微的呻吟。」密勒說：「在過去十八年中，我到過二十幾個國家採訪，目擊過無數次暴動、巷戰與叛亂，但從沒有看到像達拉沙拉這樣的恐怖與殘忍。」密勒的電訊在美國一千三百五十家報紙上披露，使美國的輿論震驚。

攻奪鹽倉的工作，在全國各地發動，「獄中的甘地，成了自由的化身」。政府已開始感受到事態的嚴重，一天比一天緊張。這一年秋季自英國進口的紡織品減少了三分之一，孟買有十六家英國工廠關閉，印度本國人自開的工廠則加倍出產。蘭開夏對印度的出口完全停頓，政府的貨物稅在全國減收了百分之七十五，各地監獄人滿爲患。而另一方面對英國、對印度殖民地政府的指責，擧世輿論羣起響應，一直到了第二年的一月，印度總督不得不下令釋放甘地及國大黨所有中常委，撤銷對國大黨的禁令，而開始雙方的談判。到一九三五年而有印度政府法的公佈施行，逐漸放鬆對印度的高壓，並修改鹽法。

六、不合作運動的成果

甘地領導印度爭取自由獨立的革命運動，自一九二〇年至一九四二年前後共二十二年間，可以說都是不合作運動的鬪爭，亦可稱之爲非暴力的消極抵抗與追求眞理的奮鬪。最初是爲了解決基納法脫問題及阿姆利渣慘案問題，漸次擴大爲十一項要求的提出與民事反抗運動，最後演變爲一九三九年二次世界大戰爆發後的全面反英鬪爭，至一九四二年要求英國人撤退出印度，基本上都是以不合作運動爲骨幹，而其最終目的則是追求印度的完全獨立與自由。我們要分析不合作運動的成果，應從兩方面來觀察：第一是在反英鬪爭過程中所產生的影響；第二是對反英鬪爭的最後結果，發生了甚麼樣的作用，而二者又具有密不可分的關係。

就其在過程中所產生的影響而言，至少可列舉三大特點：

第一、促成了印、回之間的合作與團結。印度教徒與回教徒之間的積不相容，主要是基於歷史的與宗教的原因。自八世紀至十六世紀由阿富汗入印的回教徒，曾在印度半島肆虐達八個世紀，最後並入主印度建立了回教大帝國，成爲印度的統治者。舊恨極深，而兩種宗教的信仰與生活方式又迥然不同。例如印度教徒以牛爲聖牛，神聖不可侵犯，而回教徒則食牛之肉；拜神時回教廟前淸靜肅默，而印度教徒禮拜時常鼓樂喧天，所以雙方時起衝突。加上英人在印時蓄意製造兩教派間的矛盾衝突，因此不斷發生彼此仇殺，形同水火。甘地深知，若要掀起全國性的反英鬪爭，首先應使佔人口比例最多的印度教徒與回教徒的携手合作。因此當印度的回教領袖阿里兄弟爲基納法脫問題促請回教徒一致反英時，甘地乃立卽加入，呼籲印度教徒共同支持不合作運動，以支持回教徒的鬪爭。所以一九二〇年間兩教派出現前所未有的親善合作，一致對英。但是這種合作關係，以後又被英國人運用種種力量，慫慂回教組織內部的分裂，以杯葛甘地的領導。當英國人交還政權與印度時，也仍然是使印度分裂成印度與巴基斯坦兩個國家。

第二、不合作運動掀起了反英鬪爭的高潮。一九二〇年以前，在殖民地政府所統治下的印度有志之士，大多醉心於英國的議會政治與開明統治。他們效忠英皇，祇要求在英國人的統治之下，給予印度人民亦如其他英屬自治領人民同樣的待遇，從未想到採取敵對地位，否定英國的統治權，也不知道如何去反抗。自從甘地出而創導不合作運動，表明了不與殖民地政府合作的立場，以英國統治者爲敵對的對象，由過去的哀求，變爲站起來不合作。雖然初期的行動，祇限於消極的不接受英式的教育，不接受勛章勛位的榮譽，不向政府的法院提出訴訟，不參加官方的集會等等。但在心理上劃分了敵我的鴻溝，對於英國人的懷柔欺騙與牢籠，已不再發生大的作用。這一個劃時代的轉變，對於邇後的反英鬪爭，實具有決定性的影響。而且由於不合作運動的逐步開展，尤其是在民事反抗食鹽長征前後，整個印度人民的自信心也隨著提高了，事實證明他們並不是軟弱無能的。爲了追求一個崇高的目標，不經暴力戰爭而能贏得獨立與自由的鼓舞之下，他們奮勇爭先地加入了革命的組織，在最高領袖的一聲號令之下，進監獄，上戰場，忍著肉體上的一切痛苦，甘之如飴；不還手，不反擊，不發任何的怨言。他們的精神力量隨著肉體的受苦不斷提升，他們再也不怕警察，不怕監獄，也不畏槍彈，而且相信他們的奮鬪必定能夠成功，印度眞正是堅強地站起來了。

第三、證明了甘地的策略有效。甘地認定，在英人的暴力統治之下，要同樣以暴力來爭取自由和獨立，實不可能。因爲一半的印度人根本已喪失了暴力的憑藉，已無能爲力發動有組織的暴力戰爭；而另一半的印度人却壓根兒又不願意使用暴力，縱有武器亦不能成軍，所以甘地乃決定改採非暴力的鬪爭策略。

這種策略是一種攻心的策略，所謂攻心爲上，攻城次之。照甘地的理論：「你如果把強盜當做無知的兄弟，和他去理論，並且敞開門戶，作出個使他容易得手的樣子，一點也不準備去抵抗，他的心靈一定會被你攪亂，最後會被感動過來的」。「你可以使用請求的方法，但請求若無力量爲後盾，是毫無用處的。後盾的力量有兩種，一種是你如果不給我們這個，我們便要傷害你的暴力；這種力量是不會有好結果的。另外一種是不合作，消極抵抗的精神力量，如果你不允許我們的要求，我們便不再向你作請求的人了。你只能夠統治我們，到我們還願意爲你統治的時候爲止。如果你能充份運用這種力量，便可以使暴力毫無用處」。看到上面這兩段話，可以知道甘地是一個善於攻心的指揮官。不合作運動者所用的戰術，一面是逆來順受，自己能忍受各樣的痛苦和犧牲，消滅敵人的敵愾心。但要說明，要讓大家知道，敵人這樣對待不合作運動者，是殘忍的，不人道的，錯誤的，而且也不能得到合作，永遠無法貫徹他的意志。但不合作運動者縱然面對暴力，卻不會以暴力來反抗，祇是堅持眞理不屈服，以苦行來感動對方，使對方名不正言不順，失去鬪爭的目標，進一步轉化敵人，使敵人也來到不合作運動者的一方，讓眞理得勝。這種方法，不致損人利己，做得好時，利己利人，做得不好，也不過損害自己。甘地認爲這是一條印度通往自治的唯一途徑。

一九二〇年起甘地率同眞理修道院的員生和少數國大黨的忠實信徒，開始實行，首先從每個人自己開始，退回勛章，辭去公職，不用外國貨物，戒酒禁煙，手紡手織，自制自律，服膺眞理，進行民事反抗。同時透過組織宣傳，不斷提出最低的合理要求，並指出殖民地政府的高壓迫害。暴力的打擊來時，逆來順受，隨時準備進監獄，並接受一切的犧牲，甚至在監獄中也絕食毀身，但決不妥協，決不屈服，堅持眞理到底。當然在非暴力的鬪爭中，會有很大的犧牲，不合作運動者有不少人家破人亡、妻離子散，更不用說財物的損失，身體的毀損，肉體的痛苦了。但精神上是愉快的、高潔的，因爲都是自願的，爲了熱愛同胞熱愛國家熱愛眞理而犧牲。沒有一個人是被强迫的，也不會有人因牽連而遭受到痛苦，而且也祇是單方面的損傷。不像暴力的行動，不論是無組織的暴亂或有組織的戰爭，交戰的雙方，不分前後方，不分戰鬪員或平民，都要遭受巨大的殺傷，血流成河，幾十萬人乃至百萬人，霎時灰飛煙滅。而且戰爭之後，無分勝負，怨恨未除，積恨益深，不久又是兵連禍結，永無寧日，始終找不出合理解決問題的途徑。

面對甘地此種史無前例的戰法，英國人愈來愈感覺到統治的基礎愈來愈脆弱，人心背離，失道寡助。反之，印度人則愈來愈趨團結，甘地的聲望也日益隆盛，眼看著大英帝國的殖民霸業，在二次世界大戰期中已經是日薄西山了。

再就不合作運動對整個反英鬪爭的成效而言，可以說是敲響了英印帝國的喪鐘，而敲起了印度獲得獨立自由的鐘聲。一九三五年的印度政府法，就是一九二〇年不合作運動、民事反抗奮鬪的結果。雖然祇是名義上給予英屬印度各省部分的自治權，但它已使國大黨等政治團體，得以參與地方政治的建設，更進一步加深了和民衆默契的關係。而且依據印度政府法選擧的結果，國大黨在各省的省議會中，均取得絕對多數的席次，而成爲各該省的執政黨，他們在省議會中得到了充份的發言權。到了一九三九年二次世界大戰爆發，英國政府又故技重施，迫使印度亦在大英帝國的旗幟之下參與作戰，負擔戰爭的義務，尤以在太平洋戰爭爆發之後，英國以力有未逮，無法調集更多的兵力保衛其在遠東地區的利益，而不得不多所依賴印度的支援。當此之時，印度國內遂出現三種不同的政治主張：第一是尼赫魯所堅持的有條件的參戰。這些條件包括必須宣佈作戰的目的，其目的是否亦適用於印度；立卽擧行不受總督干預的中央制憲會議，確認印度爲一獨立國家；印度的自由必須基於民主與統一的精神，並充份承認及保障一切少數敎派與少數民族的權利。如果殖民地政府同意這些意見並付諸實施，印度卽行參戰。「我們一定要說個清楚，這戰爭是爲世界的自由，印度在這自由的世界裏，也能得到她的一份。唯有出於這種自願的戰爭，對我們纔有意義，印度人民也纔能夠集中心力，爲這個遠大的目標而奮鬪犧牲。如果不是這樣，我們何必參戰」？第二是甘地並不贊成尼赫魯的主張，他認爲如果印度要支持英國作戰，便應該是無條件的。他的基本態度是給予英法以道義的同情，譴責希特勒的暴力侵略，所以他不願乘人之危，落井下石，利用機會作反戰運動，但他也並沒有鼓勵印度人民與英國比肩作戰，因爲他根本反對暴力的戰爭。他認爲尼赫魯要和英國人談條件，可以在國大黨中央委員會之內設立一個戰爭委員會，由尼赫魯主持，讓他去談判。換言之，甘地的主張是既不反戰，也不參戰，保留一個行動的彈性。第三是屬於激進派的主張，由鮑斯等所領導，認爲此係爭取印度獨立自由最好的機會，應立卽全國行動，不擇手段，驅逐英國人出印度。

尼赫魯要和英國人談條件，總督公開的回答他，戰爭的大原則早經宣佈了，是爲人道爲正義，爲摧毀暴力，爲獲致人類的自由而戰。印度未來的地位也早已經確定了，將朝自治領的地位前進。至於業已實施的印度政治法，在戰爭結束之後，大家也可以提出意見來修改。這就是答復，這與尼赫魯所要求的立刻召開制憲會議，宣佈印度爲獨立國家，相距有十萬八千里。至於鮑斯等所鼓勵的直接行動，除了增加社會的動亂和人民財產的損失，半點也看不出前面光明的希望。

因此大家仍一致要求甘地出來領導。甘地不反戰也不鼓勵人民參戰，因爲這是違反他的基本主張的。他提出了一個新的不合作運動，稱之爲個別民事反抗運動（Individual Civil Disobedience），由甘地個別指定信心堅定的人去行動，多半是發表公開演講，要求政府予人民以自由，讓人民可以表達自己的意見。這自然是名正言順的，但政府不能容忍，因爲所有講演者沒有一個不是反對殖民地政府的。因此一個接一個的社會知名之士被捕，激起了全國人民的高昂情緒。在這一背景之上，甘地親自起草「英國人滾出去」的決議文，在國大黨的孟買大會中通過。隨著來的，政府自然是大逮捕，包括甘地、尼赫魯等在內，而印度全國也失去了控制，到處是流血暴動的慘劇。甘地便在獄中絕食廿一天，絕食期中，政府禁止人民有各種羣衆集會，但印度國內外關切和同情的敬意，再也不是刺刀或傳聲筒所能撲滅得了。另一方面日本軍隊經由緬甸正向印度半島接近。中國戰區最高統帥　蔣委員長，早在孟買決議前，於一九四二年訪問印度時，即曾呼籲英國政府不待印度人民的要求，而能早將實際政權交還與印度。美國方面亦向英國當局表示嚴重關切印度的政局，因此英國政府基於多種考慮，始有隨後一連串行動的採取，直至一九四八年將政權交還與印度及巴基斯坦兩自治領，並於一九五〇年後認可印度的獨立地位。

我們因此也可以說，甘地所領導的不合作運動，帶動了民氣，團結了印度，以不流血不經戰爭的鬬爭，前仆後繼，終於達成了印度自由獨立的願望。

七、不合作運動能否實行於中國

先總統　蔣公於一九四二年訪問印度時，曾和甘地討論到不合作運動的廣泛適用性問題。蔣公說：「我深深地知道你所領導的非暴力運動，並非一般所稱的消極抵抗，但是有些殘暴的敵人，恐怕連民事反抗運動都不會理會，要講非暴力，那更困難了。像日本軍閥那樣瘋狂的殘暴，如何會被不合作運動者自苦犧牲所感動而自動放下屠刀呢？」甘地說：「我現在可以說明的是，就是上帝一定會指導我如何應付新的局面，我現在尚不能明白說會，我將如何對付侵略，我知道神會給我適當的指示。」同樣的問題，戴傳賢先生訪印時也曾請教甘地，如何採用不合作運動，在中國抵抗日本軍閥的侵略。甘地的答復是他不能立刻提出具體的建議，「中國是已經武裝起來了的民族，要放下抵抗侵略的武器是不容易的」。不過，他同樣相信，「中國是一個有悠久文化的國家，發揮中國文化的力量一定能對付日本軍閥」，他不認為採取浴血抗戰對中國的前途是有利的。當然甘地始終沒有說出來，當遭遇到一個完全不講理而又嗜殺成性的侵略者時，抵抗的人如何採用他的方法去對付敵人的攻擊。現在我們要來研究的問題是，在今日大陸共產暴政之下，能否也可採取不合作運動來反共抗暴，以利我復國建國事業的達成。

對於此一問題，似宜從多方面作審愼研究，玆僅提初步意見如左：

第一、共產邪惡思想泯滅人性、否定道德、消除宗教、敗壞倫常、喪盡一切精神文明、改變人生價值判斷，使整個社會變成唯利是圖、唯權是奪、唯力是鬪、禍亂頻仍、不得安寧的共慘社會。共產「階級鬪爭」與「無產階級專政」的理論，使共產黨徒為爭奪個人權位，保持既得利益，而有一層一層的自相剝削，無休無止的內鬨奪權鬪爭，成千上萬的黨員，不是含寃而死，就是被亂棍打死，所以共產黨就是共慘黨。在共產主義的高壓制度下，人民喪失了一切私有財產和個人自由：農人變成農奴，工人變成工奴，軍人變成兵奴，知識分子變成文奴，不僅沒有絲毫私有財產，沒有個人工作、言論、生活的自由，而且還要在中共一波未平，一波又起的路線鬪爭中，被當作鬪爭的對象或者鬪爭的工具，過著求生不得求死不能的日子。

這樣的思想、理論和制度，這樣的專制殘暴政權，完全背棄了中國的歷史文化，毀滅了中國人的傳統美德和生活方式，乃是與整個中國人民爲敵。因此每一個中國人無不反對，也都不願與它合作，所以整個大陸同胞不與匪僞合作的心理基礎，是早已具備了的。但是何以三十多年了，竟沒有出現像當年印度在大英帝國統治之下，甘地所領導的那種公開反抗的不合作運動呢？

第二、當年甘地領導反英鬪爭，並沒有另外一個基地像今日我們的復興基地臺澎金馬，結合了復國建國之士生聚敎訓，已形成爲尅制匪僞政權的堅强堡壘，儲備國力，待機而發，同時對大陸的政治攻勢亦日新月異，成爲共匪的心腹之患。而另一方面在大陸內部的匪黨匪僞政權，不單是嚴密的控制了它所有的統制機構，同時也控制了人民的所有言論行動與食、衣、住、行，任何有組織的反抗，立刻被鎭壓撲滅。匪共不像英國殖民地政府畏懼輿論的制裁，因爲大陸內部根本無輿論。當年的甘地尙可鼓勵同志們破壞法律而後判刑入監獄，到「皇家旅館去旅行」，今日大陸人民則未經審判卽被大批下放，進入集中營勞改，整個大陸就是一個大監獄，那裏還有監獄以外之處可以容身？至於用「絕食」毀身的感人精神來喚起共鳴，但在共匪統治之下，億萬人經常被「强迫絕食」在餓死邊緣而匪共則無動於衷。甘地也可以領導國大黨各地機構，組訓義勇隊員，公開發動民事反抗，而中共則只有它一黨獨裁，不准許其他政黨存在，不容許任何反對勢力之出現。所以要用甘地的方式來鬬爭，可以說是不切實際的。

第三、但是甘地號召所有被統治者，不要與統治者在任何事物上合作，這一强有力的精神反抗，是極有意義的。假使能做到各地在暴力統治下的人民，事事不合作，處處不合作，人人不合作，時時不合作，堅持眞理，不屈不撓，至死不變，則縱有暴力在手，亦將無可奈何。因爲不管它的組織如何嚴密，控制組織的還是人，還是它各級的幹部。所以我們要使中共幹部覺得前途無望，信心崩潰，棄暗投明。要使它的組織變成爲我們的組織，它的力量變成爲我們的力量，少數首腦，也就陷於孤立了。所以我們的工作重點，應該是中共的組織和幹部，要使他們不與統治階層合作。我們要指定單位加緊從事對它的工運、農運、學運與兵運，踏實的去做，分省分區的去做，祇要功夫下得深，一定會有效果。波蘭的團結工聯，成立也不過一年，內有波共的高壓，外有俄共的威脅，但團結工聯却已擁有上千萬會員的支持，無懼於暴力的鎭壓而使波共束手，這是值得我們借鏡和深入研究的。

第四、更重要的乃是中共一層一層的自相剝削和內部鬬爭，實在是它的致命傷。現在中共自己喊出了三信危機，可見他們上下彼此之間也不合作，而引發了嚴重的危機。而且這危機無法克服。因爲它的否定之否定與不斷革命論，從根本上決定了它自取滅亡無可逃避的命運。毛澤東尚且逃不過「鞭屍被鬬，家破人亡」的慘禍，其他大小頭目，何人又能倖免。我們必須喚醒他們，要自救，祇有丟掉共黨理論，廢棄共產制度，澈頭澈尾不與合作。有關這些細部設計推動策反的工作，需要我們全力來推行。

第五、甘地發動不合作運動的關鍵在於非暴力，換言之，就是政治戰重於軍事戰，就是全力發揮印度文化的潛力，透過組織與宣傳戰，擴大影響，佔領陣地，步步為營，漸次前進。他始終相信，眞理必勝。十二全大會通過貫徹以三民主義統一中國案，也就是發揮我中華文化之潛力，堅持眞理、攻心為上，政治登陸大陸的劃時代攻勢。我們要運用各種可能途徑，對大陸及海外展開書信作戰，以三民主義統一中國為主要內容，促其放棄共產主義與制度，不與其統治機構合作，起義立功。我們也要呼籲海外華僑、留學生、學人、商賈人員、外國人士及大陸海員與留學生進入大陸傳播三民主義思想及其成就。我們更要支援大陸地下刊物爭取民主人權運動，加入三民主義統一中國之行列。還要運用敵後組織在大陸社會、學校、工廠，乃至兵營中，掀起研討三民主義的高潮，助長大陸人民以三民主義統一中國的意識，進而化為反共抗暴的行動與力量。

第六、不合作運動，實際上就是孤立敵人的運動，是要使敵人處處得不到合作，以致陷於失道寡助、內外交困的境地。從敵人現在自相殘殺的情形來看，他們只有個人自私自利的唯物主義，沒有共利共存的仁愛道德，其最後必然孤立無援，自絕於中國人的社會，而我們也必然推翻暴政光復大陸，這一堅定不移的信心，乃是我們必定成功的保證。眼前中共的外在形勢，從表面來看，似乎十分順利。在此世局混亂，公理掃地，是非不明的時候，被孤立的也似乎還不是敵人，而是我們自己。但是我們要瞭解，形勢是不斷變化不可恃以為常的。我們現在被孤立，是堅持眞理的孤軍奮鬪光榮的孤立，決不是敵人最後那種自相殘殺自絕於人的絕望的孤立。因此我們在這個時候，決不要想依賴他人的援助來打破孤立，依賴只有被輕視、利用與出賣，最後受到恥辱失敗而已。我們一定要秉持獨立不倚的精神，靜觀待機，力圖自保，以定制動，持志養氣，始終不懈的奮鬪，就必能得到最後的勝利。

八、結　語

以上所述各節，僅係對不合作運動的初步研究。今年四月中國國民黨十二全大會中，曾有海外代表提議，可採用不合作運動之策略，用以對抗大陸中共政權的暴虐統治。因就個人所知，根據史實，試作一綜合介紹。

七十年十月於陽明山莊

六、以愛勝恨

——我看甘地傳

一

很久不看電影，日前森棟送我幾張甘地傳的試片票，星期日帶了涵碧和玉山，開演前半個小時就進場了，望一望滿場的觀衆，幾乎全是二十來歲的青年，玉山說「像在教室裏上課嘛！」在整整長達三個小時的放映中，全場寂靜無聲。我在想，是否大家都已被扣人心弦的偉大聖雄之一生所深深吸引了呢？沉思中，自己似又依稀聽到卅多年前在新德里甘地所主持的晚禱會中，苦口婆心勸慰印度人民的那種親切叮嚀。當銀幕上出現甘地遇刺殉道的鏡頭時，我又淸楚記得當場也擠身在比拉寓黑壓壓的人羣中，分擔著他們的憂戚以及跟隨而來的一幕又一幕緊張情景。

「朋友們，同志們，我們的甘地竟像大樹一般倒下去了。他，他永遠留下我們了，我們生命中的光輝消逝了……不，我說錯了，他，他照射在這一國土之上的光輝，並非普通的光，千年之後，在我國，在世界，仍將看到這光，因爲它是代表活的眞理」。這是我記到尼赫魯首相當時在現場手持麥克風所說的幾句話。

二

影片從一八九三年四月至一九一五年一月甘地在南非二十一年的苦鬪時期開始。赴南非時是一位西裝革履翩翩年少擁有英國國家考試及格律師的頭銜，坐在開往約翰尼斯堡的火車頭等車廂裏，祇因爲在驗票時發現他是「有色人種」，被車長連推帶拖的拋下了火車。回印度時是在二十一年之後第一次世界大戰期中，甘地帶著抱病的妻子，他已不再是美髮華服、而是一個光頭赤足涼鞋身著印度教徒便服的「瘦小甘地」，載譽歸來，坐在馬車中接受著比歡呼印度總督還要熱烈的萬衆歡呼！

影片中也穿插了甘地在南非組織印度僑民爲爭取平等權利的鬪爭，創立自治新村人人均必須自耕自織自食其力的情景，以及向南非總理斯末資將軍據理力爭，又在盛怒之下逼迫著他的夫人要和自治村裏所有婦女一樣輪次打掃公厠的情景。人們很容易獲得一個印象，二十一年的南非苦鬪，使甘地的思想觀念和生活方式，前後判若兩人。他曾效忠過英皇並接受過皇室的勛章，爲什麼後來竟變成了堅決反抗英國殖民暴政的熾熱民族主義者呢？而且他不採取一般革命慣用的流血鬪爭，竟然要印度僑民學苦行僧似的自苦犧牲，去從事從外表看來似乎無濟於事的「消極抵抗」！

影片中對甘地出生的時代背景，兒時所受印度教宗教家庭的影響、倫敦求學的思想轉變、在南非沉浸於「追求眞理實踐眞理」的一段心路歷程，沒有隻字片語的交代，所以難免使人不知其所以然。

甘地在兒時就熟讀印度史詩大戰史中的薄伽梵歌，而且每天誦讀，終身未斷、還有他母親所留給他的一掛唸珠，也隨身携帶著珠不離身。薄伽梵歌是記載一位內心之中反對暴力的英雄、當陷入意志消沉苦惱矛盾中和一位智者的對話。每逢甘地在危急存亡之際，心靈被憂疑所苦惱，被責任的衝突所困惑時，他便轉向薄伽梵歌尋求光明的導引。他不但深信聖詩中的每一句話，而且身體力行，化爲堅毅的行動和身教，去影響他的同志和同胞、因而激起共鳴產生了不可抗禦的力量。在南非歷經苦難，在印度出生入死，被證明都歷歷不爽。這些都是關鍵之處，但是編劇和導演均未點明，是無心還是有意呢？

三

一位偉大的愛國者，必須和他的同胞生活在一起，有著和他們同樣的感情，深切瞭解他們的痛苦和好惡，希望和需要，纔能說出他們心底的話，爲他們的利益而奮鬪。甘地從南非回到久別的祖國，覺得自己對一切都太生疏，他因此謝絕了所有優厚的職位，也沒有擠進政治圈子裏去爭奪，只帶著一個小的布袋，就開始了爲期半年的全國旅行。有時徒步，有時乘象，大半的旅程，則是擠身在臭氣燻人的三等車廂裏。他不是去欣賞白雪皚皚的喜馬拉雅山或恒河聖水的美景，而是想要親身體驗：同胞們是如何的受苦，英國官員是怎樣的加害於印度，而那時最時髦的所謂印度現代化論者又是在叫嚷些什麼？却一無是處。這些史實，影片中僅出現了幾個風景的特寫，稍不留意，觀衆就可能當它衹是一段普通風土人情的介紹，却不知甘地是在磨礪以須。

英國殖民地政府那時已經過了半個多世紀的經營，牢牢控制了印度的一切，加上從南到北鐵騎縱橫，甘地深知單憑他一個人奔走呼號，絕無法導引三億五千萬像散沙一般的印度人民羣起抗暴。所以旅行歸來之後，便著手在他的家鄉首先訓練工作同志，因而創辦了眞理修道院、吸收志同道合之士，來共同「獻身眞理，追求眞理，最後目的則是爲了服務祖國」。修道院的學員生，必須堅守眞理，誓守非暴力，誓行節慾、經常絕食、不准私蓄、不可偷竊。甘地自任院長、像一家人一樣生活在一起、朝夕研討、蓄養待發。第一期的研究員衹有二十五個人，以後班期增多，最多也沒有同時超過一百人。可是這些人數極少的「眞理鬪士」，後來都成了全印反英鬪爭的最先鋒，可惜本片中對修道院的訓練也一個字未提。

四

此後從一九一七到一九四八年整整卅一年的時間裏，也就是從第一次世界大戰期中到第二次世界大戰之結束，甘地在印度緩緩推進，步步爲營，歷經無數次的挫敗與痛苦打擊，領導著印度人民一步一步邁向自由與獨立。他發明了不合作運動，掀起民事反抗運動，倡導土布運動，又主張解救賤民，印回親善，印度自治，無一不是激勵他的同胞自苦犧牲而自己則率先實踐。他期勉人人決志摒除私慾，獻身爲國而以相忍團結作爲起點，換言之就是要以非暴力對暴力，以柔克剛，最後做到能以愛勝恨。基本上甘地是排斥西方物質文明的，並確認唯有克制物慾，才能提昇道德的勇氣，所以絕食毀身，入獄受苦，對常人是不堪忍受的折磨，他却甘之如飴，認爲是淨化心靈，蓄養戰力的鍛鍊。

像這一類的思想觀念和鬪爭方法，在同時期的印度政治領袖們，並不能完全接受。他們認爲甘地的想法和做法太落伍，太不切實際，用來和英國的龐大軍政力量鬪「必致不堪一擊」。但最後事實却證明未經流血的戰爭，甘地却贏得了獨立。

在影片中這時期所出現的甘地，好像只是一個固執不懂現代化而又帶有幾分神秘性的愛國鬪士，也許本片並不想強調甘地是一位宗教家、實行家，並且將宗教與革命鬪爭相結合。但如深一層想，倘使甘地也迷戀於物質文明又迷信暴力，那麼他又如何能發揮印度傳統文化之所長，去戰勝「更物質文明，更崇尚暴力」的英國統治者呢？何況還有更重要的一點，甘地雖然主張非暴力，但是他認爲一個被侵略者壓迫的民族，爲了反抗強權而勇敢的從事流血鬪爭，那是可以原諒的，因爲動機是出於愛而不是恨，當然如能採取非暴力的手段來對抗，將更能收效並影響深遠。

在這一段時期的影片製作中還有兩點似乎也值得推敲。第一，甘地領導食鹽長征時，赤足芒鞋，走在行列的最前面，速度是那麼的快，雖足以表示其意志的堅定，但事實上却不可能也不必。因爲這時甘地已六十一歲，酷熱的南印度，在烈日下走在塵土飛揚的黃土路上，每天十英里，不可能也毋需那麼急速的前進。第二，甘地在一九四二年被判刑入獄，甘地夫人陪伴著坐牢而病逝獄中的一段，似乎並沒有明白的交代。甘地在獨立革命運動中曾多次被捕入獄，他的夫人每次都陪伴隨侍，而因此健康日壞，這次是最後一次甘地入獄，不幸夫人就病逝獄中，火化後就埋葬在甘地囚室的附近。甘地在日記裏記載著：「夫人穿著我手紡的潔白紗麗，覆著囚犯用的床單，額上點著吉祥點，像安祥地睡著。靈床上有著幾朶鮮花，被擡到監獄後面空地去火化。我淚如泉湧，在烈日下默默望著夫人的遺體慢慢燒去。『夫人啊！你獲得了解脫，眞是不工作毋寧死』」。此後甘地鬱鬱終日，也不支病倒，而監獄之外如火如荼的全國反英鬬爭正在各地日益加劇，最後英政府乃不得不下令釋放甘地。影片中祇有甘地夫人臥病延醫的一個鏡頭，也不知爲甚麼不略加點明。

五

到了一九四八年蒙巴頓抵印主持印回分治，甘地領導著國大黨和回盟的眞納多次談判，一個是主張以統一的印度來接受英國準備交還的政權，一個則是堅持不惜血洗以達到印度和巴基斯坦分治的目的，其實呢，分而治之爲兩個自治領，原是英國人早已設計好的略策。跟著來的便是印回兩自治領政權的成立與印回兩教派間的大遷徙與大仇殺。這時飽受心靈創傷的甘地，眼見著多年夢寐以求的統一的自由獨立的印度，而最後仍不能不忍痛吞下國土分裂的苦果，而另一方面正有不少新朝新貴忙著在大登殿而歡欣鼓舞，他却默默地孤獨的退坐到紡紗機旁，手捻棉花球，紡著細紗，似吐不完他心底無窮無盡的憂思。最後當他聽到各地互相仇殺的消息時，他只得再以八十高齡的殘軀，宣佈絕食至死，除非所有的教派仇殺立刻停止。仇殺是停止了，甘地也恢復了進食，可是却因此被極端偏激的大印度教會黨人用三顆暴力的子彈將他射死，眞是求仁得仁，圓滿證果。刺殺甘地的兇手却說：「不刺死甘地，印度不得現代化，印度不能武裝的站起來，印度的神聖國土也永遠再不能統一」，他也自認爲是愛國的英雄呵！

關於甘地的一生這最後一年的奮鬪，應該是本片結局的最高潮，但似乎有著種種的顧忌，好些應該交代的地方，却並沒有說明白。

六

影片在開始時，就指出製作一部偉大歷史人物的傳記，卽使是再完備，也仍不免掛一漏萬，所以祇能擇重點介紹。這樣的製作路線，也許是對的。所以我們又很少看到情緒誇張的鏡頭，也儘量避免了主觀的敍述，一切都讓觀衆去思索去判斷，但所呈現的甘地一生可歌可泣的事蹟，是否已足夠證明「仁者無敵，暴政必亡」的本片結語呢?!七十二年四月三日觀賞甘地傳影片後。

七十二年四月十二日載中央日報

七、當前國際外交形勢的分析

一、前言

當前國際外交形勢，極為險惡，複雜而又多變。但在陰霾密佈混沌不清的局勢之中，仍有一個明明白白的座標。這個座標就是我與中共的鬪爭日益尖銳，進入到了險惡的渦流裏。我們觀察當前的國際外交，分析對外關係與對外活動。都應當依據此一座標，否則就會抓不到重心，不見廬山眞面目了。六年前尼克遜訪問中國大陸，當時周恩來將毛澤東詠梅花的一首詞，特別介紹給尼克遜，這首詞是這樣寫的：「風雨送春歸，飛雪迎春到。已是懸崖冰丈，猶有花枝俏。俏也不爭春，只把春來報，待得山花爛漫時，她在花中笑」。周恩來又補充解釋這首詞的意思是：「主動發起某一行動的人，未必是伸長手臂的人，等到羣花怒放，他們祇是隱藏欣賞。」毛澤東這首詞，可以說正是中共在國際間到處煽風點火，製造緊張局勢的自供。例如勾搭美國，使美蘇之間冷戰又轉趨激烈；對日簽約，加速了日蘇之間的矛盾衝突。又如鄧小平最近訪問東南亞、日本；華國鋒訪問北韓之後又訪羅馬尼亞、南斯拉夫與伊朗；從朝鮮半島到巴爾幹半島，無一處不在製造緊張局勢。今日民主國家，天天在忙著防火，却又縱容並鼓勵中共四處放火。夢想火燒莫斯科，却不知道火頭大多是在民主國家之內，就在美國、在西歐，在中東及非洲，在日本內部。它還沒燒到莫斯科，却燒破了民主國家之間的反共團結，也燒軟了自由世界的鬪志與心防，這就是今天的嚴重問題。

在這赤焰狼煙四起的世局中，我們中華民國從抗戰勝利之後，卽當仁不讓，挑起了反共產侵略的大擔，屢敗屢戰，愈戰愈勇，到今天依舊奮戰。三十年來的艱苦歲月，鍛鍊了我們反共的意志，也鞏固了我們復國建國的臺澎金馬基地。當今之世，那一個國家，始終堅持反共到底的決策，堅守立場，堅持原則，決不妥協？那一個國家在危疑震撼之中，從未對民主自由灰心喪志，確信共產必敗，暴政必亡，不屈不撓的堅守民主陣營而奮鬪到底？又是那一個國家，眞能篤信其立國之主義，團結其全體國民，實踐篤行，爲解救八億中國同胞而流血流汗，奮鬪不懈，卓然有成？毫無疑問，就是我們中華民國，也只有我們巍巍的大中華民國。

談外交，自然是講形勢，民主反共鬪爭本應該是一片大好形勢。因爲共黨備戰叫戰而自由國家則莫不希望維護和平與安全；共黨在製造天下大亂，民主國家則渴望維護生存與自由；共黨在全力掙扎，但其內部的自由意志與力量正在茁長與壯大。兩相對立的陣勢分明，正是擊敗共產勢力的好形勢。但是由於自由世界缺乏整體利害的共同安全觀念，缺乏全球性的反共戰略，缺乏堅強的地區性共同安全體系，故不能發揮整體的力量。而且有的國家仍幻想與共黨和平共存，也有的國家，希望造成共產陣營內部的多元均勢，致令其氣焰更加高漲，並因利乘便，因而世人也同爲共黨所製造的動亂，深受折磨。

我們來研究這許多錯綜複雜的關係，有人是以美蘇兩國的關係爲重心，因爲這兩個超級强國所採取的政策，他們之間的關係爲友爲敵，是和是戰，對世局的影響太大。也有人主張以美蘇中共與日本之間的四角縱橫關係爲重點，因爲他們均有影響世局變化的力量。但我認爲從我們自己的利益爲出發點，我們應該特別重視中美關係，而其中又以我與中共的關係爲座標。因爲中美兩國在近代史上的爲分爲合，大大影響亞洲局勢的是禍是福，合則同蒙其利，分則兩敗俱傷，亞洲與世界之前途，亦以此爲斷。如今中共以第三世界之領導者自居，並加緊進行對美勾搭，造成亞洲與整個世界之擾攘不安，因此我們的研究當以此爲準，我們在國際外交上的鬪爭，也應以此爲重心。

二、現階段中共與我鬪爭的重點

在國際外交的鬪爭中，中共現正全力施展的乃是加緊進行國際統戰，如其獲逞，則既可包圍蘇俄，又能孤立我國，從有利的形勢中，爭取國際支援，加速進行四個現代化。我們方面，當前的重點，在全力拓展國際貿易，與世界各民主國家結成互惠互利的實際商務貿易關係，以提高我們的國際地位，突破敵人的虛張聲勢，同時改善國內的民生建設，並儲備國力，直指大陸，朝復國建國之途邁進。中共的國際統戰表面上已與一百四十國建交，但處處樹敵，在共產與民主陣營內，實際都是陷於孤立。我們則憑生產建設突飛猛進的成果，與各國互通有無，調劑供需，是謀世界之和平繁榮，造世界之福，雖然與我建交者爲二十二國，但有貿易合作關係者達一百一十四國。在形勢的外交上我們爲劣勢，在實質的合作關係上我們居絕對的優勢。現在分兩部分再詳加說明。

一、中共的國際統戰——現階段中共的國際統戰，是遵循毛澤東三個世界的理論。要「加強同全世界無產階級，被壓迫人民和被壓迫民族的團結，聯合一切受超級大國侵略、顚覆、干涉、控制和欺侮的國家，造成最廣泛的統一戰線，反對超級大國的霸權主義」。眼前的大原則是：拉住明日之敵，打擊今日之敵，以第三世界爲主力軍，第二世界爲同盟軍，反對第一世界，第一世界之中，又以拉美打蘇爲重心。

與共產國家方面，毛澤東在一九七四年唱「三個世界」論，否定了共產集團的存在，遭致共產國家蘇聯、古巴、阿爾巴尼亞、羅馬尼亞、匈牙利、捷克、波蘭、東德等的强烈反對。華國鋒因特訪羅馬尼亞與南斯拉夫，企圖改善關係，擴大對歐洲共黨國家的拉攏與爭取。其對蘇俄之關係，避免公開決裂，却以反蘇修前鋒自居，博取美國的支持，衝破蘇俄的包圍。

亞洲方面：叫囂東南亞中立化，南亞無核區，印度洋和平區，表示願與所有東南亞國家建立和平友好關係，華國鋒等先後訪問緬甸、尼泊爾、菲律賓、北韓與泰國，支持柬埔寨對越南的鬪爭，並與日本簽約，目的在突破蘇俄「亞洲集體安全體系」，以伸張其在亞洲的力量。

中東方面：重中支持阿剌伯國家和巴勒斯坦的反以鬪爭，强調中東問題的癥結就是超級大國支持以色列以及在該區爭奪霸權。同時全力爭取與所有阿剌伯國家建立和發展關係。其中沙烏地阿拉伯為堅强反共且與我極為友好的國家，中共亦不惜公開揄揚沙國並發出沙國將與之建交之讕言，以製造有利的形勢。

非洲方面：中共指超級大國正在加緊爭奪非洲。利用歷史遺留下來的殖民地問題，針對非洲人民對白人的反抗與不滿心理，把它自己偽裝成非洲人民的同情者和支持者，揚言從政治上、經濟上和軍事上給予大力支援。中共深知美國及英法等西方國家，不滿蘇俄及古巴在非洲的武裝顚覆活動，乃以反霸之名，插手煽風點火。儼然是配合美國全球性的戰略利益，實際是鼓動非洲的戰亂，打擊蘇俄並圖拖美國下水。

中共的國際統戰，反對第一世界的美蘇兩霸，叫嚷多年，依然只是徒托空言，淆亂視聽，蠱惑人心的一句口號，變反共為反「第一世界」，使它由原來被人反對的對象，變成為和其他的人一道來反美反蘇，固然是很陰險的一計，但它除了想拿美國日本撐腰，自己却並無反蘇的實際力量，且依然在蘇俄百萬大軍的威逼之下。中共想拿「第二世界」，不惜斷送釣魚臺主權與日本，得到一個共同反霸實際反蘇的空條文，同時對日條約中指明反霸並不妨礙日本與第三國的關係，可以說是並無收穫。至於對英、法、西德及加拿大等國，叫囂擴大訂購，實際却仍依賴西歐及日本等國的長期信用貸款，本身缺乏可以運用的外滙籌碼。談到「第三世界」的掌握，中共僑務辦公室副主任林修德供稱：「越南排華向修正主義的泥淖越陷越深。阿富汗發生軍事政變，看來也是親蘇軍人搞的。北韓態度仍欠明朗化。亞洲只有尼泊爾仍然保持不變。能夠談得上與我們同進退共患難的，恐怕找不出一兩個。阿爾巴尼亞已熄掉光照歐洲社會主義的明燈。在非洲爲它大力建設坦贊鐵路的坦、贊兩國，最近與我們也有了疙瘩。新的關係沒有打穩基硬，舊的關係却走的走，翻臉的翻臉。不翻臉也臉黑黑。」由此可見，所謂「第三世界」亦非中共的主力軍。

個人認爲中共攪國際統戰，使人眼花撩亂，但其主要著力之處，仍在拉攏美國，抗拒蘇俄，打擊我國。其餘均只是桴鼓之應，攪亂民主陣容的一種戲法。我們的注意力應該置重點於此。

二、我國外貿形勢——擴展對外貿易，乃是運用經濟手段達成政治目的的最有效途徑。在歷史上西方國家在世界各地的殖民事業，無不以經商貿易爲前鋒。而其中尤以英國東印度公司更是拓展大英帝國殖民霸業之先驅，凡商務貿易集中的地區，卽其重大政治利益所在的地區，貿易線卽是戰略交通線，貿易據點卽成爲其戰略地點。當今之世，美國、日本與西德皆著重對外貿易的發展，西德與日本經由對外貿易之擴張，掌握了大量的美元，因而成爲美國所最重視的夥伴。卽使今日中共亦以貿易爲誘餌，企圖吸引民主國家的資本設備，協助四個現代化的建設。可見貿易地位與貿易關係，實爲國際地位與國際關係中的重要因素。國與國間的互惠貿易關係，比之形勢上的一般外交或政治關係，至少同等重要。倘使運用得宜，必然達成政治目的。二次世界大戰後，美國自動結束其在菲律賓的殖民統治，却牢牢掌握對菲律賓的貿易關係，卽其例證。因爲國與國間貿易的關係，影響大，範圍廣，貿易平衡時是一種無形的相互依存，貿易相差時，出超額大的國家，對入超國甚至可以影響其國內國民全體的經濟生活。不過，一個國家要發展貿易，必須擁有龐大的生產資源，強勁的生產能力，遍佈全球的貿易網，以及進步而健全的經濟政策，此四者又以一國之政治與經濟思想、制度及人民之生活方式密不可分。否則縱有資源人力，亦無法發揮強勁的生產能力。中共與蘇俄同屬此一典型。

我國最近十年來，由於政府的決策正確，勵精圖治，人民的勤勞奮發，團結奮鬥，在對外貿易上創造了史無前例的業績。由民國五十六年的十四億四千萬美元，到民國六十六年的一百七十八億七千萬美元，增加了十二倍。本年預估總額可達到兩百零八億美元，出超六億，較去年增長率提高了百分之三•五。

以本年一至六月爲例，我進出口主要貨品中，我國出口大宗爲紡織品、電器機械器材、機械及一般金屬製品、塑膠製品、木材製品、運輸工具及石油煉製品。進口大宗則爲石油、農工原料及食物飲料，其次爲機械工具、電器機械器材及基本金屬與化學品等。兩相比較，證明了我們工業生產潛力之發揮。在提倡密集資本技術的政策下，工業生產所帶來的貿易遠景，將可更上層樓。

以同期貿易地區來說，一至六月對美貿易值共三十三億九千萬元，輸出值二十二億九千萬元，佔輸出總值百分之四十點九，輸入值十一億美元，佔輸入總值百分之二十二。出超十一億美元，美國實為我最主要的貿易夥伴。同期對日貿易，佔我輸出總值百分之十一，輸入總值百分之三十三，入超達九億美元。此外，對歐貿易值亦達十二億美元，出超一億五千萬元。餘如亞洲其他國家、中東國家、非洲及大洋洲、加拿大與中南美洲等，與我貿易值亦合計高達三十五億三千萬元，較十年前全年我整個的貿易值尚多二十一億餘美元，可見我在外貿工作上之普遍發展。

最近五年來，國際經濟復甦緩慢，國際貿易保護主義風行，若干開發中國家如韓國與我競爭激烈，加以無邦交國倍增推廣貿易之困難，但我仍然在外貿上有良好進展，實屬難能可貴。值得特別强調的，是我主動採取對美增購，以縮短貿易差距，實已收到了極好的政治效果。本年一月我採購團赴美，訪美十八州歷時五十日，採購金額六千萬元；第二次採購團六月赴美，訪問十五州歷時三十日，採購金額七億八千萬元，預計本年尚將第三次派團赴美。我採購團所至之處，受到工商貿易界空前熱烈歡迎，全國性及地方性傳播工具均優先報導，州市長設宴招待，參衆議員親至機場迎接，華僑與留學生均感興奮，盛況空前。這是貿易外交最成功的收穫。最近美國參議院一致通過，美總統如因對匪搞關係正常化，改變中美共同防禦條約，則必須先與國會磋商。該案的提案參議員史東，即係來自佛羅里達州，為我採購團的大客戶之一。亦足證明貿易關係與政治關係的密切。

三、關於中美匪三角關係

六年前尼克遜在北平與周恩來會談，曾一再強調：「世界已經改變，因此美對中共的關係也必須改變。舵手必須乘浪航行，否則，船必為浪潮吞沒」。又謂「美和中共連接一起，不是基於哲學，也不是友誼，而是國家的安全利益」。因此他確信：「這次訪問受到兩黨的支持。不論將來那一黨人士當選總統，我們所開創的局面，必將繼續，這不是一黨一人的事，它關係著未來的若干年」。

自從尼克遜與中共簽署了所謂上海公報後，中美關係確實遭遇到很嚴重的挑戰，六年來美與中共關係正常化之論，不絕如縷，未來的演變如何，必然影響到亞洲太平洋地區的安危。對於此一問題，我們分三部分來研究。㈠所謂世界已經改變，因此美對中共關係也必須改變，究何所指。㈡所謂美國基於國家安全利益與中共接近，主要是指那些地區，發展如何，有無接近可能。㈢中共對美勾搭的策略與作法為何？

尼克遜在訪問北平後，於一九七三年五月向國會提出了一個「七十年代美國外交政策」的報告，其後尼克遜雖因水門案去職，由福特接任，後又經一九七六年之大選，由民主黨的卡特接任總統，白宮三易其人，但此一報告的主要論點或主張，卻仍為當前美國外交政策的重點。在該項報告中，尼克遜曾列舉所謂世界已經改變的八項意見，即㈠國際環境為美蘇兩大核子強國間難以處理的對抗所支配。㈡中共影響力，被擱置在國際制度之外。民族主義的力量已使國際共黨的團結解體，美國如不和中共接近，卽無法有效減少亞洲的緊張情勢。㈢過去美對西歐及日本家長式的關係，已兩不相宜。㈣越戰約束了美國的對外政策，也削弱了美國的自信心。㈤美國已由核子獨佔，變成優勢，由優勢再變成跟蘇俄大致的戰略平衡，對美國的安全產生了新的挑戰，來自蘇俄的威脅比以前爲大。以軍備管制作爲國家安全的重要性，顯著增加。㈥其他友邦仰賴美國提供援助的觀念，已有所改變。他們已漸能自身負起維護安全的責任。㈦新的公害等問題，要求全球性的合作。㈧美國國內有恢復孤立主義的傾向。因此他强調美國必須擴展合作關係，包括朋友，也包括敵人，作爲美國七十年代外交政策的重心。在這一決策之下，美國熱烈希望和中共接近，不是基於哲學，也不是基於友誼，而是基於國家安全。

一九七八年八月十七日卡特總統在記者招待會中提出與中共關係正常化的最新看法說：「與中共關係正常化一向是我的政府的目標，就像這會是我的前幾任的目標一樣。根據尼克遜總統在他前往中共作歷史性訪問期間所簽署的『上海公報』的一般條款，談判的途徑必須是一個共同訂定的途徑。我們在中共有一個很好的代表伍考克；他們在此地也有一個很好的代表。一個在華盛頓不是以大使知名的新代表，我們尙未會晤。但是我們不斷在探討與中共改善關係的方法。

首先，不管我們與他們的以雙邊爲基礎的關係如何，我們希望中共是個和平的國家，安定而使全世界都能感受到它此種有利的影響。其次，我們希望與他們的雙邊關係能夠改善，加强貿易、通訊與交流等等，不管我們之間是否有外交關係。

當然在最後，當我們雙方都願意迅速進行時，當我們雙方都願意順應彼此的願望時，我們希望建立外交關係。我不能告訴你們這個途徑可能是什麼樣的途徑。這不是我願意片面，或可以片面强求於他們的事。我必須以他們可能的反應加以判斷。

我想，中共的領導階層已給人一種新的印象——當然我有這種印象：他們現在已較爲開放，較願與外界接觸。擧例來說，華『主席』此次訪問羅馬尼亞就是一種很好的跡象，他們前往東歐世界訪問，甚至稍後可能前往其他國家訪問，幾乎是史無前例的事。所以我想他們正在以友好的精神與外界接觸。由於他們這樣做，我將以善意回應。但是我不能給你們一個時間表。」

從卡特的這一段話可以看出，所謂美國兩黨一致贊成與中共接近，這一說法，大體上是符合事實的，因爲兩黨前後三個總統的意見相同。他們都在想玩「中共牌」。現在進一步要來研究的是所謂基於國家安全利益，應非空洞的政治口號，而必係認定在若干具體的重大問題上，如果美與中共接近，美國的國家利益便可獲得較爲安全的保障。這祇須看一看六年前尼克遜所指出的問題，以及六年後這些問題的演變，便不難獲得客觀的答案了。根據尼克遜回憶錄中所提到的幾個重大問題是這樣：

反蘇問題 尼克遜反復强調，爲了美國的利益，也爲了中共的利益，美國亟需將軍力維持在目前的基礎之上，應該在歐洲及日本維持軍力，並在太平洋維持海軍力量。如果美國削減其軍力，並從這幾個地區撤退，則美國所面臨的危險是很大的，中共所面臨的危險將更大。目前蘇俄在邊境所部署的兵力，遠較其在面對西歐的邊界上所部署的部隊為多，中共所面臨的是美國侵略的威脅？還是蘇俄的侵略？美國之所以與蘇俄作限武談判，是基於美國國家安全的利益。因為近年來蘇俄在核武器的戰力上有驚人的成長，但是蘇俄如果食言背信，美國照樣會還以顏色。尼克遜又認為中共對於蘇俄的態度，是一種口頭上輕視而內心懼怕的混合，所以訪蘇以前先訪北平。中共方面則一再叫囂反修反霸，並表示中俄之間雖有熱線，但中共拒絕使用，亦即堅決反蘇修，並認為美國對蘇俄的姑息態度，終必養癰為患，但贊同維持美國現有軍力於歐洲及日本，並維持太平洋的海軍實力。事實上美與中共勾搭，主要目的之一即在反蘇，但中共究將成為美國反蘇的資產抑包袱，甚為明顯。六年來中共到處煽風點火，製造混亂，讓美國背上包袱，擴大與蘇俄之間的衝突，實際上根本無意緩和美蘇間的矛盾，反而是陰謀促成美蘇間的火拼，中共自身無意也無力對美國有所裨益。

日本問題 美國企求維持在日本的軍力，不讓蘇俄填補，亦不允日本擴大再武裝，中共表面上叫囂日本中立與必須解除武裝，廢止安保條約，美國自日撤軍。實際是中共以此要挾日本簽約反蘇，並套取日本的生產設備與技術。在這一問題上，美與中共之間是相互利用，但日本與中共簽約，刺激蘇俄之加速遠東部署，仍是提高遠東緊張局勢，並迫使美國的國家安全立於更不穩定的地位。

中南半島問題　中共鼓噪美國停止越戰並從越南撤退，美國停戰撤軍之後，現在越南已爲蘇俄所控制。中共圖挑起越高內鬨，但無能爲力，其本身且已從越南撤退並停止各項援越活動。

韓國問題　美國步步自南韓撤軍，蘇俄則步步收緊對北韓的控制。華國鋒雖然訪問北韓，却根本無損於蘇俄在北韓的地位，中共自身仍處於蘇韓共與越共之夾擊中。

所謂臺灣問題，「上海公報」同認一個中國，臺灣屬於中國，美將逐步撤軍。但美堅持不得對臺使用武力，而中共則提出三條件，卽撤軍、廢約、斷絕與我外交關係，至使用武力問題，應視情勢而定。

對中共之認識與警告　尼克遜認爲美國必須善予誘導，發展其國家潛力，否則，終有一天，美國會面臨有史以來最可怕的敵人。尼克遜說他曾直接警告中共，中國人在海外擁有巨大的潛力，祇能運用而不應强迫其歸附中共。並表示美國自信共制度優越，在和平競賽的情況下定能獲勝，美國也決不會變成四分五裂的國家，國內的所有公開批評，不能認爲是軟弱的象徵。

我們看尼克遜的回憶錄所作有關記載，不能完全相信中共與美之間再沒有其他較爲具體的諒解，而未見之於公報。就中共內部有關資料研究，中共現階段對付美國所採取的手段有二：其一爲襲取抗戰期間對我政府「重慶談判」所施的故技，與美國周旋，借會談方式，詐取所要攫取的最佳利益，其二爲透過雙方的交互往來，從事加强顚覆美國政府的活動，來打開通往美國革命的大門。另一方面它對赤化世界的長遠策略計畫，爲師法當年叛亂時期，以農村包圍城市的做法，要出三個世界的花招；企圖煽動世界農村的「第三世界」，藉此力量各個擊破世界城市的「第一世界」和「第二世界」，然後再以無產階級專政方式，由中共作「第三世界」的領導核心。自然這些都只是中共單方面的想法和做法，自由世界必須洞燭其奸。

我們再進一步分析，中共主要的著眼，目標是美國人民，加強從內部來瓦解美國，但是為了它自己的生存，便全力對付蘇俄。聯合美國，對抗蘇俄，運用重慶談判方式進行鬪爭。它的作用是打亂蘇俄想讓中共和美國長期對立的戰略部署，製造加深美蘇之間的矛盾，同時挑撥美國與自由世界之間的矛盾，使敵人營壘一片混亂，而中共則可因利乘便，取得先進科技經驗、精密科研設備、工業建設與科研資料、資金及原料，乃至西方先進國家的軍火供應。但在先天上它還是反美的，不可能長期和解的。和解也只是它的一種鬪爭手段。尼克遜認為將來中共可能成為美國最可怕的敵人，美國是否會是否能依照自身的戰略構想，反制中共而不被共匪所制，是未來全盤局勢演變的關鍵。

四、自我檢討

從以上國際外交形勢中來觀察，中共仍係以統戰來製造形勢，我則以貿易來突破反擊，同謀發展壯大，可謂得失互見。

除了北韓以外，其他與中共建交的國家，幾乎無一不是受中共的統戰所影響，所謂既聯合又鬪爭，既立異又求同，聯合次要敵人，打擊首要敵人，聯合明日之敵，打擊今日之敵，爭取多數，反對少數，變少數爲多數，改直接爲間接，利用矛盾，各個擊破等技倆，無不充分加以利用。中共未經戰爭而能威逼利誘，軟硬兼施，獲得一百四十國之建交，且其中絕大多數皆爲與我原係有邦交之國，我們實不容忽視其嚴重性。雖云經由統戰所贏得之邦交，並非眞正基於友誼，或基於道義原則，而祇是一時利害的結合，但是國與國之間的關係，利害的結合，仍是最主要的因素，問題只在利害之久暫與範圍之大小而已。中共在對外進行統戰陰謀時，頗能積極主動，且各部門的工作多能密切協調配合，殊途同歸，發揮了高度的統合指揮功能，亦不惜投擲巨額的經費和人力，這些都是我們的對外工作所未能辦到的。中共在中央政治局常務委員會之下，設有中央統戰部、中央對外聯絡部、中共中央對臺辦公室，分別負責華僑、國際及對臺統戰工作，由烏蘭夫、耿飈、林麗韞擔任部長或主任。中共中央所作決定，即交由三部門直接執行，責有專司。

五、結　語

就我方來說，我們有很明確的對外政策，即堅守民主陣營，堅持反共立場，在復國建國的前提之下，加強對自由國家的友好合作，全力盡我的一切義務責任。而中美關係的加強，更是我們一貫的政策和原則。這些都是適合國情切合需要的政策。

綜合前面所作的探討，可以看出：

今後的國際外交形勢，基本上仍是民主自由與共產極權兩種思想、政治制度與生活方式的對抗。共產極權不能清除，世界便不可能有持久的和平，人類的自由與安全便受到經常的威脅與危害。在共產勢力向民主國家僞示友好接近時，決不會停止其滲透顛覆的陰謀，必要時更將繼之以直接的軍事侵略，不可能借助共黨之力，謀致任何方式的和平。我們不能幻想共黨會採取溫和路線，與自由世界和平共處。

在這一錯綜複雜的對抗中，中共欲以其己身之亂，轉變爲世界之亂，欲以目前對蘇之劍拔弩張，轉變爲美蘇之間的緊張局勢，更欲以所謂第三世界之人力物力爲其所用，實現其稱霸世界之野心。歷史上此類狂暴之徒多矣，無一成功，無一不最後失敗。

我們在這亂局之中，不但堅持我們己立立人的理想，也堅持我們己達達人的手段。而且我們認定先要清除中共，才能自救救人。我們眞正是愛好和平崇尚大同，對任何國家均無任何的野心。這樣光明正大的立場，崇高偉大的理想，更有全國同胞篤信不疑的主義，矢志報國的決心，堅定不移的國策，這些都是我們必能得道多助、開展對外工作的最好基礎。只要我們能強化組織，統一指揮，講求方法，砥礪士氣，以作戰的部署，勇往精進，相信我們必能擊敗敵人，贏得勝利。

六十三年七月十五日在政大外交人員講習班講

八、關於中東戰爭

一、前　言

十月六日晚八時開始的以阿戰爭，據聯合國停戰監督人員報告，曾目睹埃軍沿運河五處渡河，敍軍在哥蘭高地兩處越過停火線，顯係埃及、敍利亞發動攻擊。且以聖戰相號召，志在光復國土並迫使美國表明立場，解決一九六七年以來與以色列之間的糾紛。以色列則凛於多面是敵，又一次面臨生死存亡之戰，聲稱並無政治目的，但在驅逐入侵部隊以前，決不停火。戴陽並公開指出：由於防線甚長，不可能全面固守，判斷敵人必作重點突破，俟其突破後，一面斷其後路，一面包圍剿滅，必可獲得勝利。現安理會已三次舉行緊急會議。因美蘇政策相左，毫無結果，尼克森聲稱必可斡旋停火，美國已與蘇俄及以色列接觸，準備安排局部停戰。而阿拉伯集團之伊拉克、沙烏地阿拉伯、約旦、阿爾及利亞、突尼西亞、科威特、蘇丹、摩洛哥等八國已先後宣佈加入戰團。布里茲涅夫已公開宣佈，決定以一切方法，援助阿拉伯國家解放被佔領的土地；美國則表示維護中東每一個國家享有其獨立與安全的權利，無異是要確保以色列的獨立地位。而中共則一面指責美國支持以色列侵略；一面指蘇俄援助阿拉伯國家，口惠而實不至，實則美蘇兩國同在爭奪中東的霸權。

二、背　景

㈠一九六九年「六日戰爭」之後，埃、敍誓復國土；同年安理會第二四〇號決議促以色列撤去佔領區形同具文；本年九月十三日伊拉克十三架飛機被擊落，監督停火小組亦熟視無覩，而美國表面對蘇和解，敷衍阿拉伯國家在中東維持現狀，引起中東國家不滿，尤以季辛吉出任國務卿之後，阿拉伯人深恐其左袒以色列，在在顯示其有鋌而走險，不惜訴諸一戰的決心。

㈡本月卅日，以色列將舉行大選。九月執政的工黨全國代表大會，通過國防部長戴陽所提：擴大佔領區的移民開化計畫案，包括由政府收購阿拉伯人土地，擴建東西路撒哈地區及在加薩以南建一猶太人新城市等，納入競選政綱，具見以色列志在長期佔領哥蘭高地及西奈半島。敍、埃兩國遂急圖聯手出兵阻止，選在本屆聯大常會開幕之後，以色列大選之前動手。而十月六日為猶太教的贖罪日以色列全國禮拜之時發動突襲，且係在回教每年的齋月期間不准流血的時期，突襲以國，報「六日戰爭」以色列同樣在回教徒禮拜時奇襲的一箭之仇，並號召阿拉伯國家參加聖戰，才准在齋月流血。

㈢美國目前節約能源，一般家庭用戶燃料已採配給制，中東石油國家，希望以此迫使美國不得不重視中東問題，積極迫使以色列撤退。戰爭爆發後伊拉克即將兩家美商石油公司收歸國有，沙烏地阿拉伯及約旦亦聲援埃、敍，形勢甚爲明顯。

㈣蘇俄於過去五年間曾以價值二十億美元之軍援包括最新攻防武器提供阿拉伯國家，長時期以來蘇俄即在利用以阿之間的糾紛，步步深入，使美國左右爲難。本年七月布里茲涅夫訪美，雖承諾同以和平談判方式，處理中東問題，但曾聲明與美國之間存有歧見。今季辛吉預定於本月廿六日訪問中共，欲與其作近一步勾搭，乃慫恿埃敍在中東點火，製造緊張局勢，自含有牽制蘇俄之意。眞理報大肆譴責以色列侵略，認其必須負擔戰爭責任，已甚明顯。

㈤本年七月不結盟國會議七十餘國決議，支持埃、敍要求以色列撤退，埃總統運用此一有利國際形勢，圖重振聲威，領導阿拉伯聯盟。

三、演變可能

㈠以色列能在卅六小時之內，全國動員。戰爭爆發後第三天，即已宣佈總動員，部署反攻。倘能使一九六七年的「六日戰爭」重演，速戰速決，首先擊潰敍利亞，轉師南逐西奈半島埃軍，則中東戰火，仍可望逐步平息，以待美蘇幕後折衝。以雙方兵力而言，埃敍及參戰阿拉伯八國，據戴陽宣佈，共有兵力八十二萬人，坦克五千輛，飛機千架，而以色列方面總兵力卅萬人，飛機五百架，坦克一千四百輛，開戰十日來，雙方損失慘重，而美蘇兩國則大量運補武器裝備，故極可能形成拉鋸戰，有待美蘇之幕後折衝。

㈡聯合國的調處祇是表面文章，一九六七年以來，安理會被證明完全無能。此次尼克森要求舉行安理會緊急會議，毫無結果。問題仍在美蘇兩國的眞正立場。個人觀察，蘇俄顧問雖自埃及撤退，僅爲表面緩和之計，實際上埃及、敍利亞仍多蘇俄顧問，目的在長期保持中東的一貫緊張局勢，以利其滲透乃爲不變的決策。自亦不會因此製造大戰。在和美國討價還價上，立於優勢地位。反之，美國則極困難。一則不能喪失阿拉伯之戰略資源與戰略要地，故一直虛與委蛇；但同時却又不能壓抑以色列，因美國國內猶太人勢力極大，金融、輿論、科學界，多爲猶太人控制，故使美國乏策可乘。加以美國又處處避免實力干涉，唯恐捲入漩渦。第六艦隊之調動，不過監視蘇俄而已，並無大力頂住中東之强力政策。

㈢一九五八年中東危機時，艾森豪基本政策是中東的眞空，美國必須塡補。否則必將被蘇俄所得。所以當時一面出兵黎巴嫩，阻擋伊拉克入侵。一面提出聯合國，限令雙方停火，同時以經濟支援阿拉伯國家，使其民族主義之意識導向區域建設。而今，尼克森既無此魄力，阻擋雙方戰事；又祇顧現實，敷衍阿拉伯國家，喪失同情，恐怕只有幕後與蘇俄多打交道，讓以阿雙方均無力戰爭時收場。

四、我應注意之點

㈠在中東問題上，表面是中俄共一致支持阿拉伯國家，實質上俄在中東發言權較大。越戰停火，美與中共有協議；中東如獲停火，美俄必有默契。美國恐不能盡如其如意算盤，和中共順利勾搭。

㈡如戰事持續，季辛吉大陸之行，可能延緩；其對中共之合作可能受阻。

㈢我們對以阿戰爭，同情以色列之奮鬪精神，但必須保持阿拉伯國家之友誼。在新聞輿論上最好持平報導。

㈣中共必欲世界大亂之統戰陰謀，昭然若揭，我可運用。而最近泰國學生暴動導致內閣改組，中共從中煽動，亦爲同一手法，我們應予抨擊。

九、析論美國大選與我大陸情勢

今天是十二月十四日，再過兩週就要迎接新的一年；回顧過去這一年之中，國家曾經歷了不少的橫逆，但也都能夠化險阻趨祥和，恰如今年年初二中全會所標示的「和煦如春風，光明如旭日」。

年初二中全會，通過了國家的重要政策、行動方針，緊接著國民大會，結合了海內外全體同胞一致的心願，共同擁戴蔣總統經國先生蟬聯中華民國總統，領導我們穩步向前，走向一段新的革命里程。最近兩個月來，國際形勢於我有利，大陸內部激烈的衝突則有加無已，種種情形顯示著我們革命事業的前途，是光明如旭日。但是，愈接近最後勝利成功，歷程愈是艱苦，需要我們大家共同來奮力邁進。現在想就最近兩個月來國際情勢的發展以及大陸內部的變化這兩件大事，提出一點淺見，供各位參考。

首先，我們談到國際情勢發展之中，最重要的可以說是上個月的美國大選。今天不來分析美國大選的內容，而著重在今後中美關係上。這問題我們應該特別注意和努力。一般說來，由於雷根總統在過去的任期之中，中美實質關係不斷地加强，現在他能連任總統，顯示出美國國民對一位堅強的憑實力反共的政策和領導，是擁護的。所以若干人相信，未來四年任期之中，在他主持美國政策之下，中美關係應該有更好的開展；特別是最近美國參議院的選舉，尤其是外交委員會主席的改選。

新當選的參院外委會主席，曾經到過自由中國訪問，一向是主張加強中美合作關係的，所以一般人認爲中美未來的關係，是一個很好的新的開始。在美國，外交委員會在參議院是很重要的一個委員會。美國總統外交政策的重要幕僚，在行政部門是國務卿和國家安全顧問，但是所有重大外交的決策，一定要得到參議院外交委員會的同意，這個關鍵是非常重大的，所以參議院外交委員會主席的人選，不單是我們密切的注意，任何與美國有正式或實質外交關係的國家，也都非常注意。因爲他在發言權上，常常發生一言九鼎的作用。不過，問題的關鍵還要看今後兩年局勢的發展和我們自己的努力。因爲：第一、兩年以後，美國的參議院依憲法規定要有三分之一的參議員在期中改選，現任主席必須能夠繼續當選，才能連任外交委員會的主席。第二、雷根總統明年一月就任蟬聯總統之後，他不必再考慮未來的競選——因爲他已經不能再競選。有人說他可以放手施爲，來加強他堅強的反共的領導，和我們密切的合作，這種情勢當然是不錯。可是我們也要了解，他個人的目標，可能不單單是把這一任期作完，而是要作一個美國歷史上偉大的總統，一個在艱難困苦中造成美國黃金時代的歷史性的總統。爲達此目標，對內，他要使美國的經濟能夠繼續保持發展繁榮；對外，他要和俄國人取得核武談判的成功。所謂外有和平、內有繁榮。在這個考慮下之，我們來分析一下，俄國人已經同意和美國核武談判，其用意一方面基於他內在的經濟危機不勝負荷，一方面利用拖延戰術拖住美國不得向前發展以贏取時間，並非眞正要在短期內和雷根總統達成協議。那麼這個談判一定是拖延的，在兩年之後，雷根總統會不會爲了達成他的最大目標而加强與中共的某種合作，以便構成一種壓力而迫使俄國人讓步呢？這是我們要考慮到的問題。第三、美國的經濟問題，可以說也是相當嚴重的，今天他幾百億美金的赤字沒辦法彌補，雷根既不主張加稅，而他特別希望衆議院能夠在不加稅的情況下改善國家的經濟，問題就顯得很難了。所以將來他在這一方面和國會間的矛盾，只怕會一天天的擴大，如何來協調？會不會想到中國大陸有廣大的市場，而以加强與中共貿易，來舒解美國的經濟困境。加以最近中共進行的經濟改革，一連串的表示對資本主義國家的合作，在在都給予美國相當的誘惑。以上這些問題，我特別提出來，在外交上，中美關係能不能進一步的發展，還有待我們的繼續努力。這個努力不單是外交當局的，不單是政府的，應該是我們全國同胞，共同來促成國家實質的壯大，作爲外交的資本。這一次中美工商聯合會開會，美國有幾百位工商界領袖，包括幾位參議員和州長，他們之所以前來與會，是因爲我們有近兩百億美金的外滙存底，因爲他們看到我們有堅强的反共的領導，長遠的友誼，民心的團結，社會的安寧，他們預計我們經濟的發展，是會繼續擴大，在這種情況之下，他們才來的。這是國家的力量，國家的前途，在這種國際情勢發展之中，眞是光明如旭日，我相信各位還能夠就這一部分，繼續研究，共同努力來開創光明的前途。

其次，關於最近大陸內部發生的情況，大家一定都密切的注意到了。今天中共是瀕臨到一個無法解決的困難，弱點已經暴露在前面，而且日夜都在變化，未來還會有更多的變化。在十月間，中共爲了要逃避它那種由於極權統治和殘民暴政所招致的嚴重的危機，著手從經濟上想辦法，希望找出一條出路，經中共「三中全會」通過所謂「城市經濟體制改革的決定」。對於此一經濟改革，我們要密切注意，因爲它所採取的這種方法，和它共產主義的理論以及它過去所標榜的是絕對矛盾的，這裏邊有極大的衝突，預料會引發中共內部極大的變化。果然，到了本月七日，人民日報就登出了一篇文章叫「理論與實際」，其中有一段非常重要的話，原文是這樣的：「馬克思逝世已經一百零一年了，馬克思的著作是在一百多年以前寫的，馬克思的思想是依據當時的情況而假設的、設想的，有的設想與後來有了很大的變化，有的設想並不妥當，馬克思沒有經歷過，恩格斯也沒有經歷過，列寧也沒有經歷過，他們都沒有接觸過，馬克思的思想，不能夠希望解決當前我們的問題。」這一段話看起來好像沒有甚麼要緊，其實是非常非常嚴重，因爲在中共內部，他們過去對馬列主義的實行，所批判的、所鬥爭的、所改變的，都是工作方法的問題、策略的問題、路線的問題，而沒有從根本上來批判馬克思的理論，這是第一次，不但如此，在社會主義發展的過程中，沒有任何共黨國家從理論上來批判馬列主義。到了第二天（十二月八日），人民日報又登出一則啓事，來更正先一天那一篇文章，啓事內說那一篇文章裏有一個錯誤，就是「不能解決我們當前的問題」這句話，漏印了兩個字，應該是「不能解決我們當前的一切問題」。也許他們認為這樣一改，可能毛病小一點，意思是說馬克思雖然不能解決一切的問題，可能有些問題還是可以解決的。沒想到越是更正越糟，所謂「欲蓋彌彰」。前天中共的解放軍日報，發表文章又大肆抨擊，說：「我們要實行經濟大改革，要預防引起黨內團結的嚴重大危機」。解放軍日報是代表中共軍方的，人民日報是代表鄧小平、趙紫陽和胡耀邦等人所控制的中共中央。我們看，幾天之內有這樣的一個大變化，這一個現象，顯示中共內部隱藏的問題之嚴重性，不是我們生活在自由地區的人所能體會得到的。恐怕他們每一個人都在坐立不安了。對於這個問題，我想提出個人的三點意見，第一、民國十二年二月的時候，也就是中國共產黨成立後的第二年年初，（中國共產黨是在民國十年成立的）當時俄國派越飛到中國來，打的旗幟是「支持中國革命事業的發展，調整中俄關係」。越飛到上海去晉見　國父，和　國父有幾次會談，然後發表了共同宣言，這個宣言就是在民國十二年二月一日發表的。宣言的第一段說：「孫逸仙博士以為共產組織乃至蘇維埃制度，事實上均不能引用於中國，因為中國沒有共產主義和蘇維埃制度可以成功的事實存在。」越飛對這個觀點表示完全同感。我們注意這一段話，遠在民國十二年的時候，　國父就說過了共產主義共產組織不能引用於中國，因其不適合於中國，在中國沒有成功的可能。所以民國十三年　國父演講三民主義時，就讓我們同志知道，沒有走共產主義道路的道理，適用於中國的唯有走三民主義之道。民國十四年　國父逝世，由　先總統蔣公繼續領導我們來實行三民主義，完成北伐，統一，抗戰，直到今天，我們還是走的三民主義這一條道路。反之，中共以共產主義危害國家，不但是沒有解決中國的問題，而且是製造問題，使我們的國家蒙受無窮的禍害，同胞遭受無窮的損失，今天他們說馬克思的思想不能解決當前的問題，不能解決中國的問題，其實是六十年前我們　國父早已宣言過的，這一點我們要特別强調。第二、中共發表這一個評論，等於是中共的一個宣告，自有其陰謀詭計所在，但也是一個統戰手法，表示它今天可以採用新的方法來解決經濟問題，來改善人民的生活，等於它告訴全世界，它是不再堅持過去的馬克思主義的作法，若干作法和西方是接近的了，引進新的科技，乃至於貸款等。最近有幾位美國參議員到北平去了之後，又到臺北，對這裏的人說：「好得很，你們講三民主義統一中國，絕對可以成功。」大家聽了覺得很奇怪，就問他們何以有這種看法呢？他們說他們從大陸來，大陸上的人都不講共產主義了，所講的是資本主義的話，比此地所講的還要資本主義，那是和我們非常接近，而三民主義統一中國就可以達到目的了。可見中共是拿此種論調在國際上吸引人。今天中共講出這種話，說明了它的內部發生了嚴重的矛盾。中共的解放軍報是代表軍方的，這些拿槍桿子的人，大聲指責中共中央這樣子搞經濟大改革，可以造成內部大團結的一種嚴重危機，這無異是對共產黨的黨中央發出的一種威脅，難道鄧小平他們沒有想到會有這樣後果嗎？他是不得已，祇好在沒有出路中找出路了。中共目前所提出的經濟改革裏面，有三個重要部分：㈠就是改變價值的體系，所有商品的價格，不用過去的方法統一價格，或限制價格，而改用市場的供需來決定價格，反應成本，這是屬於自由經濟的辦法。㈡取消大量的貼補政策，對基本消費品，人民生活必需品，取消了貼補政策。㈢對企業，縮小了管制，企業要以其追求利潤的多少，盈餘的多少來決定他的存廢標準，而不是像過去那樣以能不能達成上級所交付的任務爲存廢標準了。這三件事無論怎樣解釋來，解釋去，都不是馬克思主義裏面的作法。所以中共祇好採用自我「否定」和自我「辯證」說：馬克思在一百多年前沒有想過這個問題，沒有接觸過這個問題。今天它中共內部在思想上發生的衝突，不單是他們之中的一個鬪爭，共產國際社會裏也會引起極大的鬪爭。第三、我們要知道，中共這樣講，並不表示它要放棄共產主義，從鄧小平的四個堅持，可知那是絕對不可能的。不過發展到了這一個階段，我們對有關大陸的問題，就應有新的觀念、新的思想、新的方法來肆應、來處理。我想明年這一年大陸內部還會有很大的變化。我們必須密切注意它的每一步發展。

七十三年十二月十四日於陽明山莊

十、美國現階段之外交政策與重點作法

從最近的國際外交活動中，我們可以看出：在世界各重要地區與國家之間，正進行著很激烈的外交戰。不久前，美國副總統布希以及國防部長溫伯格最近先後都到西歐各國舉行高階層談判；國務卿舒茲則到日本、韓國和北平訪問，中共政權由錢學琛所率領的一個代表團也往莫斯科，舉行了第二次的會談；而在中東、歐洲以及非洲和印度亦進行著各種裁軍、限武、石油問題以及不結盟國家之會商。日本首相中曾根康弘先後也到了韓國和美國，這種種的外交活動均密切關係世局之發展，並將產生深遠的影響。而各國進行這些外交活動——或者說外交談判，其目的究竟何在？簡言之，即在於貫徹其國家目的；而一個國家最重要、最根本的目的，即在維持國家之生存、獨立，並謀繼續發展。

大體而言，現階段美國外交政策之基本目的，乃基於其傳統自由和民主的立國精神，憑藉其國家力量暨外交權謀之運用，並希望利用共產國家間之矛盾，來團結民主自由世界，剋制蘇俄對外的擴張，以解除蘇俄所加予美國和自由世界的威脅，以追求民主自由的勝利。說到美國現階段的外交政策，依個人觀察，可從三方面來剖析：第一是最近十年以來，美國所處進退維谷的外交困境；第二是雷根總統於當前外交困境中，力圖振作，以期開創新局所作的努力；第三是可就與此有關之問題，作一綜合展望。

首先談第一部份，為什麼說最近十年以來，美國在外交方面處於進退維谷的困境呢？因為自一九七二年尼克森訪問北平進行所謂關係正常化以來，至去年剛好十年整。在此十年之中，可以說是自二次世界大戰結束以來，美國在外交上最低潮的一個時期——對內不足以領導自由世界；對外不足以抗拒蘇俄的擴張和加諸自由世界之威脅。現在試從三方面觀察：首先就蘇俄部分來探討，蘇俄在二次世界大戰結束初期對外大肆擴張，近十年來更處心積慮地在外交活動和對國際局勢影響方面，積極提高其地位，企圖從各方面超前美國，構成今天嚴重威脅自由世界的情勢。蘇俄在最近十年之中，每年的國防預算都超過美國至少百分之五十，累積至今，其超出總額已高達三千億美金以上，因此不但在核武器的製造、儲備和部署方面，早已超前美國，即使在傳統的軍備力量和數目方面，亦擴大了領先美國的差距。而蘇俄以國力為基礎在國際活動的表現上是：公然軍事佔領阿富汗；利用越戰後所取得之優勢地位控制了越南；在東南亞繼續不斷的擴張，使其力量進入印度洋；又在中東地區製造各種紛爭，利用敍利亞發動戰爭，並且挑起伊朗與伊拉克的戰火。這一連串直接軍事介入的行動，在十年以前，俄國人是不敢輕舉妄動的，時至今日，蘇俄却可為所欲為，肆無忌憚，而美國對之却無可奈何，其結果是蘇俄的勢力伸展到東南亞，影響中東地區的安定，乃至威脅世界的和平，而直接間接都使美國的利益受到正面的衝擊。

我們約略統計一下，在近十年之中，至少有十二個國家（南亞的印度亦在內）和蘇俄締結了雙邊安全條約，包括軍事合作條約——蘇俄之所以能進兵阿富汗，即依據其與阿富汗之安全條約，其條約載明：一旦阿富汗內部遭遇所謂緊急危難之時，蘇俄可以直接出兵幫助阿富汗政府，阿富汗遂在此情況下被蘇俄派兵佔領——此外，有十九個國家接受了蘇俄所派遣的軍事顧問團（古巴所派遣者尚除外），其人數多則超過萬人，少亦在二千人以上。最近利比亞公然準備在蘇丹內部製造政變，蘇丹內部就有三千人以上的俄國軍事顧問；凡此皆係近十年蘇俄之所爲，而這些被蘇俄裹脅挾制的國家，就是蘇俄對外擴張的軍事據點；蘇俄更在世界各地扶持了至少十個以上大大小小的共產政權，蘇俄這種肆無忌憚的對外軍事占領、政治擴張，大大地出乎美國的意料，亦使得美國在團結民主自由世界對抗蘇俄的態勢下，逐漸處於劣勢。

次就美國與中共間之關係來探討。美國欲與中共關係正常化而至與之建交，自以爲不惜自貶身價，對我背信毀約，犧牲中華民國，必可換得與中共間的所謂「戰略合作」，以牽制蘇俄，而結果呢？我們可以看到：美國非但不能在國際形勢和外交活動達到其所預期之目的，反而不斷的被中共敲詐勒索；這尚且不說，中共最近與蘇俄有一連串的修好談判——當然，二者即或修好，亦不可能恢復當年毛共向蘇俄一面倒的情勢，但是，他們可以利用相互間的此種談判，作爲對西方國家，特別是對美國，敲詐勒索的一種手段。此次舒茲往訪北平，根據有關資料顯示，中共對美採高姿態步步進逼，不但要求科技的轉移，軍事、經濟的援助，貿易優惠國的待遇以及文化的交流等等，且欲直接干預美國之內政：說臺灣關係法干涉了中共內政，要求美國廢止。對於中華民國之軍售，有關武器之種類、數量和性質，以及何時出售何種武器，何時停售等問題，亦要求美國每年應經由與中共談判的方式來決定。臺灣關係法是美國國會通過的國家法律，中共要求廢止，不是干涉美國的內政嗎？中共認爲：美國政府欲利用它牽制蘇俄，就非得接受它的勒索，否則它就要降低對美關係，甚且與蘇俄修好。中共這種要脅的態度，那裏是依據平等互惠的條約關係及國際慣例予美國應有的尊重呢？說得切實一點，中共根本看不起美國。當然，美國自有其國家力量，但觀諸近年來美國的作爲和表現，在中俄共這兩個共產國家的眼中，美國似是一隻沒有牙齒的老虎，毫不足畏。

再就民主國家的情況來看。近十年之中，由幾件事情亦可看出美國國際聲望的低落。以伊朗扣押美國外交人員的事件來說，伊朗原是美國最要好的盟邦，其所有的軍事裝備多是購自美國，軍事顧問團亦爲美國所派，美國視伊朗爲看守蘇俄的一個重要根據地。然而自伊朗發生政變後，它以一個四、五等的國家，居然把美國派駐德黑蘭大使館的全部工作人員，一夕之間逮捕下獄，並明白提出勒索條件，要美國將當時在美養病之伊朗國王驅逐出境，伊朗在美國銀行的存款全部退還，否則即以間諜罪名將美駐伊朗之所有外交人員及其眷屬處死。美伊雙方爲此事交涉達一年之久，最後美國亦唯有完全答應伊朗所提條件，伊朗方於卡特政府下臺之前兩天，始將美國人質釋放。美國使節是代表美國總統駐節伊朗，結果被伊朗政府逮捕入獄，這在以往一定會引起兩國間的戰爭，而現在美國政府竟然束手無策，這種情況若持續下去，美國又如何維持其外交人員的士氣呢？在美伊交涉談判的一年之中，美國多方派遣代表團，包括國務卿在內，向各友邦求助，希望獲得這些國家的道義聲援，並在經濟方面予伊朗一些約束，以維持美國在國際外交上的尊嚴，可是這些國家，包括西歐的國家和日本在內，對美國的要求均淡然處之，沒有一個國家有積極的表示，面對這種情況，美國眞應該深自檢討。

再以去年英國與阿根廷的戰爭來說，美國與英阿雙方皆有同盟關係，所以美國最初欲作調人，希望英國勿以僻遠之小島輕冒武力解決之險，且美國亦滿有自信可使英國不訴諸武力，而結果如何呢？英國人看準：若在福島之爭上沒有強力的表現，此後英國勢將淪爲七、八等的國家，其在世界各地的利益可以被任何一個國家輕易以任何理由將英國人逐出，所以英國拚死也要一戰，結果，美國政府不得不改變政策，轉而支持英國，犧牲拉丁美洲，特別是南美洲國家的友好關係。由是觀之，美國主動外交的力量何在？基本政策又何在呢？

再談美國與日本間的貿易狀況，美國國內目前約有十一・八%的失業人口，人數已達一千兩百多萬人，可說是自一九三三年以來最多的失業人數，而在此狀況下，日本貨物充斥美國市場，美國貨物却由於日本的種種限制無法大量進入日本市場。美國多次要求日本改善美日間的貿易逆差，日本均置之不理，美國亦無可如何！

所以單就前述這幾種情況以觀，近十年以來美國在國際外交上的聲望可說是一落千丈，亦可謂美國遭遇到歷史上空前之打擊。由於美國的決策及對國際事物所採取的態度——無論是對友邦或對敵人——對整個國際社會均會產生深遠的影響，所以，美國處於目前的情況下將何以自處，這是擧世所關切的問題。

現在，我們再來談今天所要探討的第二部分：雷根總統於當前外交困境中力圖振作，以期開展新局所作的努力及所要採取的步驟。第一點，雷根總統正致力促成美國國內的團結，俾全力謀求經濟復甦，並加强國防力量，以對抗外來之威脅。雷根總統於今年一月份向美國國會所提出的國情咨文中，呼籲美國國民要認淸當前所處危機之嚴重性，他特別要求民主、共和兩黨不要再從事短視的黨爭，應共同努力締造一個擧國一致、兩黨團結的負責任的政府。目前我們國內有一部分人士，過於强調兩黨政治的優點，認爲在兩黨政治體制下，兩個政黨彼此競爭，互相制衡，有助於國家社會的進步。但是，假設兩黨不能相忍爲國，團結一致，反而會造成國內政治的動盪不安，使政府不能採取必要的措施，全力應付內外的危機。今天，雷根政府就是面臨著這種困境，例如民主黨借多數的衆院將雷根下年度的國防預算大大削減，同時却將福利支出增加，賦稅減輕，爲的是討好選民，因爲美國大選在卽，若干候選人已開始佈署競選，未來兩年，美國在內政方面只會較目前動盪。雷根總統面對這個情勢，特別强調平息黨爭，兩黨團結，共謀內部之安定，以全力加速經濟的復甦。爲求經濟的復甦，雷根總統凍結聯邦政府之新預算，使不超過去年之預算，以減輕納稅人之負擔；凍結物價，凍結公務人員的薪資——物價不能再漲，否則將使經濟危機更趨嚴重，而公務人員加薪必將刺激物價上漲。雷根總統要求舉國一致，勒緊腰帶以渡此難關。但是，雷根總統雖然緊縮財政，凍結各項預算，國防預算却要增加，軍人的待遇要提高，軍人的生活要保障，爲什麼？因爲雷根總統深切體察這項投資不能省，今日美國欲在國際外交上爲所應爲，必須以强大的國防武力爲後盾，否則根本談不上外交作爲，遑論與蘇俄抗衡！所以美國去年與今年國防預算的數字均極爲龐大。預估今後五年要有兩萬億美元的國防預算，客觀以論，雷根總統所採取的這些措施是很正確的！

第三點，從雷根總統最近在外交方面的作爲以觀，美國對蘇俄已採取强勢的外交態度，顯示美國決心與蘇俄相抗衡。例如核武談判方面，雷根總統最近向蘇俄提出了「零方案」，所謂「零方案」，卽要求蘇俄立卽撤除佈署在東歐對準西歐之 SS 20 短程飛彈——這種飛彈因帶有核子彈頭，命中率準確，否則自今年十一月起美國兩種最新式的飛彈——潘興二號和巡弋飛彈亦將加倍的佈署於西歐。潘興二號與巡弋飛彈具電腦裝置，能隨地形自行調整方向，必定命中而後止，威力十分强大。最近布希到歐洲訪問卽爲勸說歐洲國家接受美國在歐洲裝置此兩種飛彈之構想。然而很奇怪：美國在歐洲佈署飛彈原爲了協助歐洲國家防衛，却遭遇到這些國家的激烈反對。最近倫敦每天均有大批家庭主婦夜以繼日的擧行大規模的示威遊行，拼命反對美國在歐洲部署飛彈，甚至須勞動英國軍隊進行疏解；德國最近在大選時反對部署潘興二號與巡弋飛彈之運動亦十分激烈。事實上，這些狀況原不足爲奇，這是俄國動員各國內部共產黨的力量的結果。因爲美國

「零方案」的提出，無異是向蘇俄攤牌，蘇俄當然頗感爲難：若將 SS 20 飛彈自東歐撤出，實在有失面子，再說，這些飛彈撤到那裏去呢？如果撤到亞洲，必將造成亞洲的緊張情勢；但是，若不撤除這些飛彈，十一月美國將於西歐部署潘興二號與巡弋飛彈，又非蘇俄所願見，因此，蘇俄另闢蹊徑，企圖破壞乃至瓦解美國的計畫，但是，不論此事將來發展的狀況如何？雷根堅持此項政策的作法是正確的。

第三，在貿易方面，雷根總統堅持自由貿易之原則，並且有積極的作法。雷根總統明白表示：美國市場是開放的，各國之貨物均可進入，但同樣的，美國每年二〇%工業產品，四〇%之農業產品，必要進入世界的市場，才能平衡貿易，否則，美國國內的經濟不得復甦，不僅美國本身軍備力量沒有辦法支持，亦必將影響世界經濟的復甦。因此，雷根總統擬於今年五月在歐洲舉行一次國際高階層貿易會議，邀請各國總統或總理出席，以期約定共同維持自由貿易的原則。此舉之主要用意可說是針對日本，期望聯合其他國家的力量，要求日本開放其市場——不能只有日本的貨物傾銷各國而不接受旁的國家貨物的輸入。雷根總統此種作法亦屬一種強勢的外交態度。

第四，就對中共關係而言，對於中共的敲詐勒索，美國已採取一種比較強硬的外交作法。此次舒茲訪問北平，一方面是探詢中共與俄共之間談判和解之可能性作爲參考，另一方面是要瞭解中共所提出之條件。因爲美國至今尙認定：若不設法拉攏中共，而聽任中共與蘇俄眞正修好的話，勢將構成對美國的雙重威脅，所以，美國對於中共若干敲詐勒索，諸如：科技的轉移、優惠的貿易，乃至小額的軍事援助，經濟投資、文化的交流，可能會有某種原則性之承諾——將來若是在這一方面果有若干承諾見諸實行，應該不是在我們的意料之外。但是，雷根總統說，這不是讓步，這乃是基於戰略的合作和需要；不過，中共若欲干涉美國之內政，則非美國人所能接受，質言之，卽中共要求美國廢止臺灣關係法，美國必不同意。雷根總統一再說明：臺灣關係法爲美國國會所通過之法律，代表全美國人民的意願，美國行政部門只是執行這個法律，中共更無權要求美國廢止。北平與華盛頓之間刻正爲了對華軍售問題進行冷戰：中共謂美國答應停止軍售，却又一再說明要履行臺灣關係法，繼續售武器予中華民國，影響中共所謂的「主權」；而美國則明白指陳，自一九七二年及其後之上海公報與去年之「八一七公報」中均清楚載明，對華軍售係以臺灣海峽之和平局勢爲前提，在臺灣海峽和平得到保障的情況下，其軍售自無必要，換言之，卽要求中共公開提出保證，不會對臺澎地區使用武力，則美國考慮逐步修改對華軍售乃至終止；若中共不公開提出保證，則臺灣海峽不能確保和平，美國自無法再作讓步。同時，近幾個月以來，美國與我國之實質外交關係亦已逐步加强，究其原因乃是基於現實的戰略外交的考慮，因爲中共與蘇俄亦在修好嘛！另外，美國也在東北亞進行締結一種新的戰略同盟，所以有日本的中曾根康弘訪問美國和韓國，美國舒茲之到韓、日訪問。而此種相互間的訪問其主要目的乃是在謀求新的東北亞的戰略合作，以替代過去聯合中共制俄的想法，因此有日本之再武裝，日本國防費用之增加，日本對韓軍事和經濟援助，以期在東北亞形成一個新的力量——其主要目的固然是牽制蘇俄，事實上也是在牽制中共。最近動員十九萬人的美日聯合演習，其意亦在此，從上述幾方面來看，美國對於中共已採取一種較強硬的外交作法。

在談到美國為突破外交困境，拓展新局所作的努力方面，還有一點比較更重要的，我覺得值得特別提出來，就是雷根總統最近發動一個推廣「世界民主運動」的新方案，並要求國會撥款：自下個會計年度起，第一個年度預定撥款八百六十億美金，以後再逐年增加。此數額約相當其援外法案的四倍。而此項新方案的工作重點是以亞洲、非洲和拉丁美洲為中心——包括共產國家在內，以推動世界民主運動。其計畫中所進行的工作包括：交流計畫、教育計畫、大眾傳播的運用、出版品的推廣、國際會議、民間社團、外國友人之聯繫等等，使民主政治的理想、制度和運作的方式能夠被推廣並鞏固，以達自由民主力量之最後勝利，使共產主義的思想和制度化為歷史的灰燼。我們須特別注意：此一方案所涉及的方法不是軍事的，表面上也不是政治的，但係一種廣泛的、比過去冷戰更為強烈的、向共產國家發動的一項以意識型態為主的攻擊。事實上，在美蘇對抗的歷程中，早在十年以前，尼克森時代就主張凍結冷戰，以談判代替對抗，但是不談意識型態，以期民主國家與共產國家和平共存，但是，十年以來，試驗的結果，卻使美國國家的力量、外交的聲望一落千丈——因為長久以來，共產國家對民主國家都是以意識型態進行統戰，以共產主義在世界民主國家內部進行思想滲透、顛覆。於今雷根政府終於改弦易轍對共產國家發動意識型態的攻擊，且指定由情報機關負責，可見此舉實非泛泛。然而尚須注意者，在此之前，卡特政府為與共產國家對抗，亦曾推行世界人權運動，追求廣泛的人權保障，當時也獲得國會的支持，但是，這個運動推行之後發生很多的問題，主要因為在「人權保障」的定義上有多重標準：在美國國內是一種，對俄國人是一種，對中共是一種，對友邦是一種；亦緣於此，對俄國人影響甚小，對中共根本是不敢碰，却動輒指責其友邦沒有人權、迫害人權。本人任職薩爾瓦多大使時，薩國政府逮捕國內的叛亂犯，竟被卡特政府指為「人權沒有保障」而切斷美國所予之少量軍經援助，致招薩國政府的極度反感，而將當地的美國大使列為不受歡迎的人物，請其離境。事實上，美國在韓國亦是如此，對我國亦復如此，所以，卡特所推行的世界人權運動，其結果是迫害了友邦，却沒有打擊到共產黨。所以，目前雷根總統所擬推動的「世界民主運動」，我們樂觀其成，但結果如何，實難預料！

要而言之，現今美國採取一種強勢的外交路線，除了前述各項之外，美國最近在調停中東問題時，強制阿拉法特之巴解組織離開黎巴嫩，並會同數國軍隊監視其離去；上星期在利比亞，為制止蘇丹政變而兵陳埃及附近，表示將採取軍事干涉。前述種種事實在在顯示美國確實欲振作圖強，唯其效果如何，實繫於美國政府之魄力、決心與道德勇氣！

由於時間關係，關於今天所要談的第三部分——美國及未來世界局勢的展望，我想以簡單幾點作一個結論：

第一、國父曾說：「無道德者不足以立國」，一個國家若是見利忘義，若是為了自身利益而犧牲友邦，那麼一旦他自己遭遇困難時，也就難望別的國家義伸援手。伊朗扣押美國外交人員時美國的處境可為殷鑑，尤其身為自由世界領導國家的美國，更不可不注意及此。但是美國倘能力圖振作，堅持其立國精神，則轉機仍是很大的。最近石油價格降低，必將帶動經濟的復甦，所以比較來說，今年美國的經濟、外交狀況比卡特政府時代應該是較容易有所作為的，希望雷根總統能在其任期內——不論是否連任——以及未來美國總統的繼任者，均能堅守對中俄共強勢的外交路線，則對美國而言，將是裨益良多！

第二、在國際外交上，倘若因畏戰而姑息敵人，甚或犧牲其他國家的利益討好敵人，以企求躲避戰爭，最後必然避免不了戰爭。二次大戰後，設計各種國際方案要逃避戰爭的不是美國人，而是英國人，但是，我們看去年福克蘭羣島之役，為了那幾個遙遠的小島，英國幾乎是將它舉國的力量投入戰爭，可見蓄意逃避戰爭並非謀求和平的上策。

第三、外交是達到國家目的之手段，而如何貫徹實現國家目的，則必須舉國的國民支持其政府，作全面性之奮鬪。今天，我們應堅持我們奮鬪的方向和理想，充實自己的力量，以達成我們的任務，這一點，我想不必多說。但我們必須確切體認：我們的存在，不但是基於我們本身的民族文化、歷史使命與責任，在國際政治上我們的存在，更有重要的意義與不容抹煞的價值，尤其目前美國所推展的民主政治運動當中，我們可資配合之處一定很多——今年，在國際局勢方面應是可以發展的一年，面對這個情勢，我們在外交方面應更積極、更主動，以開拓我們國家的新機運。

以上幾點淺見，純粹是供參考，報告到此結束。

七十二年二月二十八日在陽明山莊紀念週講

十一、美蘇高峯會議與世局

俄共總書記布里茲涅夫於本年五月十八日訪問波昂之後一個月，即訪問華盛頓，與尼克森總統舉行首腦會議，並將於歸途再訪法國。這是蘇俄現階段凌厲外交攻勢的開始。其主要目的，除了一般所指的：和美國商討限制攻擊性戰略武器條約的締結，拓展美蘇之間的貿易、文化關係，獲取美國的糧食、信用貸款乃至合作開發蘇俄的石油能源之外；更重要的則是要鬆弛民主國家在歐洲的防務，承認蘇俄在歐洲的既得利益，從而可以解除蘇俄東西兩面受敵的威脅，然後得以放手處理東方問題，特別是對中共的鬭爭，對中共所發動的國際反蘇統戰與尼克森的和平外交新政策予以有力反擊。對於俄共總書記此一連串的外交行動，我們與其稱之爲蘇俄的策略的運用，不如視之爲長期的戰略部署，其影響的深遠，似不祇限於在華府究竟能簽訂多少項有形的協定而已。

早在一九七一年三月，俄共第二十四次代表大會時，布里茲涅夫即已宣佈了蘇俄現階段的外交政策總路線，就是：爲實現社會主義和共產主義創造有利條件，加强社會主義國家的團結，支持民族解放運動，堅持不同社會制度國家和平共處，給予帝國主義者的侵略力量以堅決反擊。在此一總路線之下，布里茲湼夫提出的具體主張是：⑴承認歐洲現行全部國界，最後北約組織與華沙公約組織同時解體。⑵政治解決東南亞及中東問題，摒除侵略行爲。⑶締結禁止核子、化學、生物兵器的條約，召開美、英、蘇、法、中共五核子國家的裁軍會議。⑷撤銷外國軍事基地，開始大國間裁減軍費的交涉。⑸全部廢除殖民體系，拋除種族歧視主義。⑹國際合作保護環境，開發太空及海洋。

此一外交路線，復經本年四月二十六日及二十七日的俄共中央全會再度確認。同時布里茲湼夫在四月全會中更改組政治局，將指爲有民族主義傾向的蘇俄部長會議副主席 P. E. Shelest 及布會在政策上有磨擦的俄羅斯聯邦共和國部長會議主席 Ivanovich Voronov 罷黜，而將外長 Gromiko、國防部長 Grechko 及國家安全委員會主席 Andropov 提補爲政治局委員，從而構成了可以說是全黨一致的布里茲湼夫路線。這一戰略如果獲逞，那就眞如中共所說的：蘇俄是在「建立世界統治，劃分勢力範圍」，而中共也休想再擴展核武器，同時西方民主陣容的反共實力也就等於瓦解了，蘇聯當然就可以獲得不戰而勝的結果。

布里茲湼夫起程赴美之前，莫斯科電台於六月十六、十七日連續兩天，以評論方式播送同一文件，這自然就是俄共中央的正式聲明，說明布里茲湼夫的訪美，乃是依據列寧對外政策的原則觀點，爭取和平共處，爭取緩和緊張局勢。這裏所謂爭取「緩和緊張局勢」，乃是對美發動的統一戰線鬪爭。文件中特別强調中南半島進一步正常化及歐洲大陸從對抗走向合作，提供了和平的條件。暗示著蘇俄對越戰停火是有貢獻的，而布里茲涅夫上個月的波昂之行，也已經有具體的收穫。

但是蘇俄並不承認自己是修正主義者，該文件稱：資本主義制度和社會主義制度在經濟、政治以及思想領域中的階級鬬爭仍將繼續下去，因爲社會主義和資本主義的世界觀和階級目的，是對立和不可調和的。不過文件又指出：這種鬬爭的進行，是要免於戰爭威脅的，免於衝突威脅的，免於無限制軍備競賽的。這裏無異明白指出美蘇之間基本利害的矛盾衝突和鬬爭是不可避免，而蘇俄現階段的策略乃是明明白白的要以和平共處的方式來戰勝美國。

文件中特別使我們重視的另一要點，是它曾提到中共。說中共誣指美蘇限制戰略武器的協定，乃是軍備競賽的新步驟；說中共的領導人被反蘇主義所迷住，拼命誣衊蘇俄向美國發展關係的動機，乃是要建立世界統治和劃分勢力範圍。這幾句話說明了布里茲涅夫訪美的重要企圖之一，確是想在西線能解除後顧之憂，而在東方可放手施爲，對付中共。如此則中共於百萬蘇軍壓境威脅之外，又將感受到了外在形勢包圍的嚴重壓力。

前面提到的布里茲涅夫希望藉訪美之行，拓展雙方貿易關係，獲取糧食與信用貸款及科技新知與機器設備，是有根據的。俄國人希望美國幫助他解決內部經濟問題。蘇俄的農業失敗，去年向西方（主要是美國）購糧三千八百萬噸，耗資二〇億美元，蘇俄出售了黃金一百八十噸，據說今年還要出售三百噸黃金購買糧食。蘇俄工業的成長率，亦在每年下降，去年僅爲六・五%，今年則將指標更降為五．八%，是蘇俄八個五年計畫實施以來在非戰爭時期工業成長率最低的一年。因之急需引進國外資金與設備，例如與美國合作開發西伯利亞的能源，與西德合作建設現代化鋼廠等，這證明了共產主義經濟制度之根本破產，但是蘇俄所獲得的外援，根據過去美援運用的情況，可以推斷仍將用之於國防工業而不會用來改善民生工業建設。

從上面的探討，可知急於求改善美蘇關係的主要是布里茲涅夫而非尼克森，以期內求挽救經濟危機，外則可放手對付中共，美國當然應該十分明瞭。然則布里茲涅夫除了和平的誘惑及一套國際共黨所慣用的統一戰線詐騙戰術之外，究何所恃而望能贏得此一回合的勝算呢？

我們亦可列舉其他幾項布里茲涅夫想運用的資本：

(1)尼克森在連續兩年所發表的七十年代的美國外交政策中，已一再明言過去美國所擁有的壓倒性的軍事優勢，由於蘇俄武力的成長，已有改變；而二十年前美國獨力擔負武力防衛、經濟復興與政治穩定的重擔，今則必須與其他國家合力維持和平的結構；同時新時代中，各國必須撇開主義，而全神貫注於新的全球性合作關係。換言之，美國在觀念上既首先放棄了領導自由世界的責任，而在思想上更不再強調反共的鬪爭了，這與布里茲涅夫所說的團結社會主義國家，不放棄對資本主義國家經濟、政治和思想領域的階級鬪爭，恰成強烈的對照，此實為美國當前最大弱點所在。

(2)可以利用美國想採取以中共制俄而又圖同時以俄反制中共的謀略心理。

(3)美國亟欲擺脫越戰，而蘇俄提供了某種程度的承諾，同時蘇俄表示願以政治手段解決中東問題。

(4)利用美國與西歐國家間爲駐軍、防衞費用及貿易等問題所發生的衝突。

(5)美國本身由於貨幣貶值及物價高漲所帶來的財政壓力，對未來無限制競賽戰略武器，亦同感不勝負荷。

(6)美國傳統的重商心理，希圖開闢對蘇市場，去年爲七億美金，今年可超過十億美金，一九八〇年預計將超過五十億美金。

(7)尼克森內困於水門事件，頗望藉布里茲涅夫之訪美，造成外交上的另一高潮，以轉移國內人民的視線，而重振聲威。

布里茲涅夫離莫斯科時，全體政治局委員及黨政首要均至機場送行，的確是懷抱著只許成功的決心前往美國。尼克森應亦非易與之輩，當然也希望出奇制勝，抓住蘇俄的弱點，達到美國的目的。在有取有予的一週會議中，一方面是表示友誼合作的若干原則性協定的陸續出籠，如文化交流，開發太空與海洋之類，雙方均藉此以提高自己在國內與國際間的政治資本：一方面則在尖銳問題上，各不相讓，開始時叫價均高，例如布里茲涅夫指美國必須首先停止侵略性的轟炸高棉，而尼克森則科布里茲涅夫以責任，要越共遵守停戰條款，但在實質問題的交易中，似將側重在下列三點：(1)蘇俄保證以中南半島及中東問題的政治解決，換取美國承認歐洲現有國界及予蘇俄處理中共問題之自由。(2)蘇俄以西伯利亞能源包括石油與天然氣之美蘇合作開發，以換取美國提供使用貸款、糧食與機器設備與科技新知。(3)雙方同意締結限制攻擊性戰略武器條約同時促成美、蘇、英、法與中共之五國禁試核子會議，使英、法、中共之核子力量凍結在現有基礎上，不得有進一步發展。

姑不論未來之演變如何，單憑已有跡象觀察，布里茲涅夫之凌厲和平攻勢，從長遠言，對整個自由世界誠有重大損害，但這是由於尼克森給予共黨以便利，使它有隙可乘。我們應該特別提醒民主國家：對布里茲涅夫此一戰略企圖與陰謀所在，應具有最高度警覺；對重整民主陣容之反共心防與團結合作，尤其具有迫切的基礎性意義。

布里茲涅夫拓展美蘇關係，對中共已構成極爲嚴重之威脅，同時且可能加速日本田中內閣之崩潰。中共與美勾搭，原圖減輕蘇俄所予壓力並打擊我之國際地位，以緩和其內部因權力鬭爭思想紛亂所造成之危機。現美國之駐北平辦事處已設立，亦可視爲竹幕被撞開，成千的資本主義國家人士不斷進入大陸，可以說是利害參半。實惠尚未至，而蘇美關係接近，美予蘇俄以支援，使蘇俄得放手予中共以反擊，其危機之嚴重，遠比尼克森訪問大陸之前更爲增加，很可能因此而引起中共內部更大的變亂。變亂的性質與中共應變的方式，尚不可知，但我們必須密切注視此種發展。

日本方面，美日關係自越戰停火後，益見疏遠，現蘇俄又拒絕田中八月訪蘇，分明是不滿與中共之勾搭。田中在國內則受左派之聯合反對，最近民意測驗，聲望已降低到百分之十五。在內外交迫之情勢下，田中是否孤注一擲加深對中共勾搭，抑從此更一蹶不振，這是我們應該注視的。此種情勢演變，給予我們對日工作與對美外交大有可爲的機會。

由於南北韓、南北越談判；更由於美與中共接觸，中共對日勾搭與美蘇接近，加上中共對我之和談統戰所造成之國際混亂局勢，我們更應該冷靜的認清世局變化的癥結並堅定我們的信心，堅守我們的立場：

(1)中共和蘇俄均因內外交困，陷於革命低潮，所以採取間接的統一戰線戰術，圖變劣勢爲優勢，從外在形勢的突破，挽救內部的危機，證明共產主義本身已趨向崩潰，尤以中共的危機只有與日俱增，切不可被它的心戰宣傳攻勢所迷惘。

(2)民主陣營由於首先在思想上呈現缺口，反共聯防支離破碎，乃予中俄共可乘之隙，而美國現行政策，只有加速刺激國際緊張局勢之變化。

(3)在變化莫測的世局之中，我國靜如山嶽，屹立不移，基本國策不變，而努力奮鬪加强，證明是最正確的決策。我們的目標是大陸，我們的工作重點和注意力應多多投向大陸，先總統蔣公指示我們，要存戒懼之心，行冒險之實，我們當前的中心任務，都指明要導發大陸的抗暴革命，今天此一工作益見重要，這也應該是我們突破艱困，開創新局的良好契機。

六十二年六月二十日於臺北

十二、談李先念訪美及劉宜良案等

今天想就最近半年多以來所發生的，也是大家所關切的幾個問題，如劉宜良案、十信案、以及最近李先念訪美，重彈不排除以武力犯臺等事，分別作一綜合分析。

一

先談李先念在美所稱不排除以武力犯臺之事。我們都瞭解中共一直是「口喊和平而心想戰爭」。早在民國三十八年大陸淪陷之時，當年九月間中共三野司令員陳毅即出言恫嚇，謂我如不及早投降，即將「血洗臺灣」。十月二十五日凌晨，中共遂以五十餘門重砲掩護，以數萬之衆在金門古寧頭附近登陸，妄想一舉攻陷金門，血洗臺灣，當經我強大守軍英勇地予以迎頭痛擊，全部肅清。此一戰役，重挫中共氣焰，從此乃將「血洗臺灣」改爲「武裝解放臺灣」，但仍積極對我滲透，並內外兼施進行統戰。民國四十四年七月三十日，周恩來在「人大」第二次會議上說：「願意在可能的條件下，爭取用和平的方式解放臺灣……如果可能的話，中國政府願意同臺灣的負責當局，協商和平解放臺灣的具體步驟。」周恩來的這一叫囂，一方面正是中共色厲內荏的表現，而同時也是在對美國進行外交的詐術。這一年的四月周恩來在印尼的萬隆會議中曾公開聲稱：「中國政府願意坐下來同美國政府談判，特別是緩和臺灣地區的緊張局勢的問題。」這就是以後不久，美匪之間大使級華沙會談的開始。但是中共並未放棄武力犯臺的企圖，民國四十七年的八二三砲戰，一小時之內對金門密集射擊八萬餘發，激戰多日，金門落彈逾五十萬發，而仍固若金湯，因此乃又自動改爲單日打雙日停的騙人戰術。總之，中共的談和論戰，都祇是戰術上的變化，目的祇有一個，就是要消滅我中華民國。對它有利時打，不利時談。

那麼中共爲甚麼最近又重彈不排除以武力犯臺的舊調呢？其實李先念的話，主要還是講給美國人聽，講給雷根總統聽的。李先念說：一、「互尊領土主權完整，互不侵犯，互不干涉內政，平等互利，和平共處」是中共處理對美關係的五原則。二、美國對我軍售並要中共保證不對我使用武力，乃係干涉內政，且影響世界和平，中共堅決執行其獨立自主的和平外交政策並實行對外開放政策，決不受任何外力的影響而改變。三、現在對美合作關係良好，但仍有政治障礙，這個障礙就是「臺灣問題」，希望雷根總統在第二任期內，能採取明確的積極的態度，克服目前存在的障礙，加快步伐，取得更多寶貴性的發展。四、中共也正在努力取得蘇俄的合作，恢復對蘇正常關係，但這與對美合作不相干，二者不可混爲一談。五、中國是世界上最大的發展中國家，美國是世界上最大的已開發國家，雙方各有優勢，互有需要，在平等的基礎上，擴大中美之間互利互惠的合作，有利於中國經濟的發展，也給美國帶來經濟的、政治的利益。六、中國需要和平，對於如何和平解決「臺灣問題」，已有了很好的方法，就是「一國兩制」，這是照顧到各方利益的最好方法，但是作爲一個主權國家，過去從不會，現在和將來也決不會向旁的國家保證，不以武力解決「臺灣問題」。

李先念的這一套說詞，就是要雷根總統運用其影響力停止對我軍售，並出面調停，以「一國兩制」的香港模式，解決所謂「臺灣問題」。

對於中共的統戰伎倆，雷根總統已有相當認識，在李先念這次從加拿大入境美國的前一天，國務院官員卽在記者招待會中公開表示：對我軍售是執行美國國內法。（按臺灣關係法規定，美須供應我防禦性武器），並不影響美對中共的關係，美國所關心的是臺灣海峽的和平，因爲並沒有所謂「臺灣問題」，臺灣不是問題。（There is no so called "Taiwan problem", Taiwan is not a problem）接着不久，內定爲美國駐北平大使的羅德在參院作證時也說：「美國在與中共加强關係的同時，絕不背棄在臺灣的中華民國。臺灣的安全與繁榮，攸關美國利益，它又是美國的傳統老友。至於臺灣的未來，則應由海峽兩邊的中國人以和平的方式解決。」雷根總統接見李先念會談時，更斬釘截鐵指出：美國不會出面調停中共與我之間的問題：「美與中共之間在某些方面仍然有分歧，對於這些分歧既不應當置之不理，也不能允許它們影響我們在許多利益一致的領域中進行合作」。顯然此次李先念訪美，除與美簽訂貿易、科技與核能合作協定外，其他仍祇是一般性的交換意見，從雷根總統所表示的堅決態度，可以看出尙未有關於這方面的具體協議。

不過，我們必須瞭解，中共處心積慮謀我，絕不會因此中止，而任何國際形勢的變化，縱然一時對我有利也決不足恃，頂要緊還是我們自身的強固和團結。我們今日站在自由世界反共的最前線，是亞洲太平洋地區最堅强的反共堡壘，肩負着復國建國的重任，正義和眞理屬於我們，我們理直氣壯的面對一切挑戰，實無任何理由而有所動搖退縮。我們也決不會因任何橫逆之來，而放棄我們爲維護自由民主而堅決反共產奴役的原則和立場。

二

現在我們來談談，破壞金融秩序危害國計民生相當嚴重的十信弊案。本案主犯，係七十二年度獲執政黨提名當選的立法委員，其詐欺背信冒貸的金額高達數十億元，受害者除公營金融單位，民間廠商及無債權擔保之存戶亦多至千餘人，自極爲社會之所關切。案發後政府斷然下令拘押主從嫌犯及失職官員等七十餘人，交付司法審判，經濟部長與財政部長辭職照准，另有關失職事務官員十五人並經行政院核予處分，顯示政府對影響經濟紀律，破壞社會秩序的任何事件，能以不規避、不掩飾的態度，依法處理，以樹立法治的尊嚴。至於因本案的發生所暴露的種種缺點，亦正責成有關單位，切實檢討，速謀改革。當不致造成更大的傷害，現在想平實的再提出幾點意見。

第一、近年我國工商貿易發達，社會富裕繁榮，原是好現象，也是政府遷臺以來，上下一心，大家刻苦奮鬪的成果。但如祇看這表面的成果，而不知每一成果所包涵的都是辛酸血汗的結晶；只知坐享其成，也不再與時俱進作各種必要必需的改革，力求精進，而誤以爲一切都是輕而易擧，理所當然，若更存輕擧倖進之心，甚至不惜違法犯紀來追求暴利，自然就會滋生許許多多的問題。比如說幾十年前的金融業務運作管理與監督檢查方式，自然不能適應今天工商社會急速發展的需要，大家都知道必須改革，改革雖不能說完全沒有，却是緩不濟急。國塑十信弊案，原不應發生而竟然發生，金融管理監督運作之必須澈底改革，顯而易見。

第二、如再深一層觀察，由於經濟快速成長，社會發生失衡現象，如奢侈風氣瀰漫，法治觀念模糊，加上經濟紀律鬆弛，實是本案的病根之所在。擧國塑公司無擔保的債權人來說，大半的人也並非一定要靠高利存款賴以維持生活。但現在的風尚無論是食衣住行，無不講求高水準，因之家庭與個人的消費額愈來愈高，胃口也愈來愈大，單憑有限的積蓄自感無以爲繼。所以有的人就將血汗賺來的金錢不去生產而爭相存入國塑，到現在變成血本無歸，實在是十分可惜的。至於像本案主犯這類人之無視法紀，膽大妄爲，更是令人髮指。他們以投資生產事業相號召，吸收民間資金而不事正當生產却大作其投機買賣的非法勾當，且肆無忌憚，拉關係，走門路，打通關節，興風作浪，愈演愈厲，甚至到了居然想要來影響立法決策的程度。面對此種破壞經濟紀律的嚴重問題，各級有關負責主管「竟未能切實依法執行，或疏忽因循，或徇私玩法，彼此推拖，遷延時日，坐令其爲所欲爲，遂使視法律爲具文，等政令於弁髦」，這也就是本案發生的另一核心問題之所在。

第三、本案的發生誠屬不幸，但有關部門能及時予以必要之處理，並對一干人犯繩之以法，證明執政黨和政府始終是以國家與民衆的利益爲先，反特權，反投機；不掩飾，不規避，有朝氣，有擔當。本來天下也並無從來不犯錯誤的人，和十全十美的理想政府。祇要知錯能改，祇要能通過現實而達到理想，就必可坦然無懼的站在民衆的面前，和民衆在一起。現在全案猶在司法階段，相信有關單位定能痛定思痛，儘快處理，向社會有所交代。

三

最後，讓我們對有損國譽的劉宜良案作一檢討。本案發生的現場在美國，被殺害者是華裔美國公民，在司法審訊中查明：作案者是在臺灣爲害社會的竹聯幫頭目，指使者是我主管軍事情報的情報局局長，而其一切罪行，他們又是假「爲國除奸」之名行之，所以最是混淆黑白，也最易被人用來破壞中美之間的實質關係。我們知道劉宜良在舊金山寓所被殺後的第二天，中共總領事卽往劉家致悼，中共駐美大使館則公開表示關切，各地中共報刋更大肆渲染報導，對我政府極盡誣衊之能事。通常如果一個國家的政府，是被確定其係密派工作人員，往另一國家的國境內作案且殺害其國民，應屬破壞那一國家的法律與主權，爲極不友好之行爲，必然引起其朝野一致憤慨，在外交上是非常嚴重的事件，甚至可以因此而導致絕交。我們看中共對本案之發生，竟然消息如此靈通，反應如此敏捷，而必欲將純係一二人的違法瀆職事件嫁禍於我整個政府的手法，又如此之惡毒，實在値得我們加倍警惕。所幸我負責單位遵照指示，迅速主動向美方提供我在一清專案掃黑行動時，無意中搜獲嫌犯在美作案的有關資料。又同意其派員來臺與嫌犯晤談，進行瞭解，協助美方破案。但堅持被捕嫌犯必須由我依法公開審判，拒絕引渡，對違法瀆職的情報局官員亦予停職後拘押交付軍法審判，並判以重刑。美方對我依法處理本案，充份與之合作的認眞負責態度，充份瞭解且感滿意，中美實質關係遂未因此而受大的傷害。現在我們再就本案的本質及有關問題，作進一步的觀察。

一、本省幫派組織在日據時代卽甚猖獗，臺灣光復日本人撤退前，曾故意掩護其轉入地下活動，伺機作亂，「二二八事件」卽多係此輩分子所參與。迨政府在臺銳意建設，三十九年起實施地方自治，舉辦選擧，地方派系又多援引彼輩，致使暴力介入選擧，其聲勢乃更浸浸日大，而其中又以近年與起的竹聯幫爲禍最厲。去年冬政府爲安定社會，決心掃黑。竹聯幫頭目自知難逃法網，遂又搖身一變，以「愛國志士」自居，表示願協助政府在海外除奸，並聲言可進入大陸部署對敵鬪爭。適此時情報局局長到任不久，急切表功，未加深察卽予吸收，施以短期訓練卽賦予任務。迨劉宜良在舊金山被殺，竹聯幫頭目於作案後回國被捕，乃中外矚目。

二、我們知道有些國家的情報機關，爲維護其國家安全，必要時對某些特定對象採取制裁行動，實屬屢見不鮮，但均係採取最週密的部署，又施以長期訓練，在極嚴格的管制下秘密進行。例如二次世界大戰期中，我們在淪陷區的鋤奸行動以及英法等國在納粹佔領區的專案突擊等，但此皆係不得已而爲之。情報工作出死入生，而仍以鬪智爲上，在平時狀態之下，斷然不會訴諸暴力，我國政府對國家安全之維護，其各種作業早禁使用暴力，一切依法行事，自決不會容許情報人員在他國有違法犯紀之行爲，這是人所共知。我們看本案的癥結是竹聯幫頭目爲圖脫罪而設計的一連串陷穽。他以社會上奢侈腐化的交際應酬爲手段，四處結交，不察者致被其牽連；他利用情報局長的急切邀功而混入爲工作人員爭取信任；又利用國人愛國反共的心理去殺害劉宜良於案發後爭取同情。更利用其自辦的雜誌連篇累牘甚至將他描述爲忠貞愛國的英雄，還企圖利用我政府的處境艱難，誤以爲將被其所勒索而對竹聯幫的罪惡不再予追究。他作案後返臺之前，更自作錄音帶敍述全案經過留置美國，囑手下如其同臺被捕，卽向美方提供告密，以嫁禍我政府。其中且百般揑造誣指竹聯幫是政府授命組織與支持的，並有武裝訓練基地，目的是替政府蒐集情報並打擊某些人士。由他自己預留的這份錄音帶，卽可充分證明其惡性之深、無視國家民族利益，且罔顧法紀，那配稱「愛國志士」。

三、有關部門在處理本案時，遵照指示，亦如處理十信案，不掩飾，不規避；反暴力，反陰謀，公正無私，勇毅堅定。現情報局亦已改制爲軍事情報局，確定其工作特性，並任命新的負責人，作各種必要的調整，失之桑榆，收之東隅，我們應該支持這種必要的改革。

四

就最近上述各案的發生，可知無論是任何一部門的工作，自決策以至執行，都必須莊敬自强，愼謀能斷；戒愼恐懼，不斷精進。尤其是必須保持我們每一部門的單一純潔，不可稍有矛盾分裂，致爲人所乘。對於任何突發重大問題之來，任何一國的執政黨和政府均不可能事先都有縝密妥善的肆應安排，這就需要每一部門的負責人首先能沉着、堅定，以積極和敢於負責的態度來冷靜處理。要知道各部門都是在整體之內，而每一部門也都是互相關聯也是相互依存相互影響的。我們今天各部門的奮鬬，是整體奮鬬的一部份。敵人不會放過我們任何一部門的錯誤，我們也不能容許由於少數人的疏於防範或私心用事而致傷害到整體。而從這些案例的處理來觀察，我們又確信今天的首要任務，還是一切應以强固團結勇毅堅定爲先。

七十四年八月十九日於陽明山莊

十三、敬悼一位反共堅忠不屈的薩國友人

昨夜中秋，月華皎潔，我在報社辦公室看到送來的國際新聞稿，赫然出現一則驚人的消息，薩爾瓦多前任國會議長羅德里哥茲先生（Dr. Ruben Alfonso Rodriguez），遇刺身亡！據合衆國際社報導，他是在距聖薩爾瓦多五十多公里的聖安娜市附近，在座車內被共黨分子用自動武器攻擊遇難的。對於這位今年剛退休不久的薩國政要之不幸被害，內心有著無限的哀悼！他的確是一位中華民國的眞摯友人，敦睦中薩邦交，不遺餘力；曾三任國會議長，對薩國民主政治的貢獻，有口皆碑，他更是政壇上堅持反共到底，不畏强暴，不受威脅的薩國知名領袖，到最後仍然是不屈不撓犧牲在共產叛徒的血手之下，可謂求仁得仁，壯烈英勇，令人欽敬！

堅強的反共鬪士　誠摯的中國之友

四年前，羅德里哥茲議長，應我方之請，曾來我國訪問。歸國後逢人道述中國精神、中華文化以及我近年之諸般建設，擧世無匹，應爲薩爾瓦多之楷模。我去年奉使薩國，到任呈遞國書後，第一位拜訪的就是國會議長。在他的辦公室裏，我看到的是一位身材魁梧，談吐爽朗，堅毅

沉著的政治家。見面他就擁抱著我道：「大使先生，我是你們貴國最好的朋友，你們是我最好的老師。我張臂歡迎你駐節我國。請你當這兒就是你自己的家，我的門一直為你開著，歡迎你隨時光臨。」這些熱情的話，以後雖也從其他薩國友人處聽到，但是由他說出來，卻格外親切動人，頗有傾蓋如故之感。隨後他指著座位後面畫架上的一個相框裏的照片，略帶沉思而激動的語氣告訴我道：「大使先生，這是我獨子的遺照。我曾帶他訪問過臺灣，這張照片就是在立法院的貴賓室中所拍。我們訪問回來後不久，他就在一次車禍中喪生了。他是那樣的愛慕貴國，所以我將這張照片常置身旁，天天看到！」言下不勝唏噓！

三月間，薩國公布大選結果羅美樂將軍以超過對手方三十多萬票的絕對多數當選，全國歡欣鼓舞，均慶得人，獨有薩國叛亂分子，卻發動流血暴動，濫殺無辜，裹脅工人羣衆，罷工罷市，聲言要政府宣布選舉無效，當時聖薩爾瓦多市中心，日夜槍聲不斷，交通斷絕，人心惶惶。新總統依規定須七月就職，羣情未定，外則美國責難薩國政府不重人權，要斷絕軍經援助。處此情勢，堅定的政府當局，並未為暴力和外力所屈。莫里拉總統向全國呼籲，請求協助政府恢復和平，並指證這是國際共黨與薩共聯手作亂。羅德里哥茲議長當機立斷，召集國會緊急會議，一致通過授權政府宣布緊急狀態，全國戒嚴，政府乃得依法採取各種行動，避免了更大的流血動亂！

戒嚴聲中，羅德里哥茲先生約我到國會作一次特別講演。他認為中華民國是世界上反共最堅決而卓然有成的唯一國家，希望新大使能到國會向議員們講述自由中國如何和共黨鬪爭的親身經歷。我也覺得這是一個最好的機會，而且盛情難却，欣然應允。我漏夜趕稿，並得西班牙文造詣很深的張秘書冠超先生也漏夜趕譯。透過周君參事的洽商。三月二十四日就在議長主持的國會特別會議中講演。議長卽席致辭介紹道：「中華民國是我們最仰慕的友邦，他們在 國父孫逸仙博士與 總統蔣公的卓越領導之下的各種成就，都值得我們薩國全體人民效法。本人曾親自訪問過這個偉大的國家，到處所看到的各種建設，我們只要能學到做到十分之一，就算很不錯了，尤其是他們全國人民鋼鐵般的反共鬪志，更是擧世無匹。我並拜訪了嚴總統、蔣院長和倪院長，他們都一致支持給予薩爾瓦多種種援助和合作。今天請來爲我們講演的，就是代表這個偉大友邦的新任大使。」

相交在動盪之際　信心是力量泉源

我以「信心是力量的泉源」爲題，首先指出常聽薩國友人說，薩爾瓦多只是一個很小的國家，也許是說這兒的幅員不廣，所以不能和一般的所謂大國相比。但是如就我在此所親自目擊的種種情況來看，例如政府最近應變的堅忍與愼謀能斷，國會的精誠團結與處變不驚，以及全國民衆對政府的信賴與支持，處處表現了堂堂大國的立國精神，和世界上任何的大國相比，均無遜色，而且比專講霸道的所謂大國，更應當爲世人所敬重。接著敍述了我們從大陸到臺灣的奮鬪歷程，最後歸結到我們無窮的力量，來自反共必勝建國必成的信心。此一不變的信心，便是我們行動的動力。

講演後的幾天中，使館曾接到威脅的電話，報紙上也有人投書反應，外交團的一位同僚大使，善意地警告我說，講演很成功，不過我們在這兒得特別當心。後來在一次酒會中碰到羅德里哥茲議長，他緊握著我的雙手親切地說：「謝謝你的動人講演。我們相信你的話，信心是力量的泉源。你也給了我們很大的鼓勵。」

為我舉行特別會　議會永置我國旗

日子很快的到了九月間，為了籌辦雙十國慶，我們也特別邀請了國會議長副議長和幾個重要委員會的主席，到大使館晚宴。在那一段風聲鶴唳的日子，政要們夜晚都不輕易離家外出，議長先生欣然踐約並且特別先送鮮花。飯前我們隨意談談，談到我們快要到來的雙十國慶，我說我們將舉行盛大慶祝酒會，歡迎議長及全體議員們光臨。羅德里哥茲先生想了一想，忽然提高聲音回答我道：「大使先生，不但我們將參加慶祝酒會，而且我們也要在國會舉行特別會，慶祝貴國國慶，並要將貴國的國旗，與我國國旗並列，永置於國會大厦會議廳的主席台上。」為我當時翻譯的林秘書磐石，譯完這一段話，我立刻表示：「議長先生，你告訴我這一決定，證明中薩邦交何等密切，謝謝你這樣好的建議，我將立即報告我的政府，這是多麼意義深長的創舉。」以後我才知道除了中美洲和他們在同一天獨立的其他四國國旗，置於主席台，再沒有其他國家的國旗享有這種榮譽。我也相信議長先生雖然是在宴會中非正式所說的話，也一定會踐履諾言的。果然我們去年的國慶日雖恰逢週一，是國會休會的日子，但在議長的大力安排下，爲此特別召開會議，所有不住在首都的議員也都趕來出席，因爲議長已提出警告，誰不出席這次會議，就扣他一天的出席費。可見他辦事的認眞！對我國的崇敬。

國慶當天，國會大開正門，傘兵儀隊兩旁肅立，也請來了國防部的示範樂隊。我率領使館同仁在我國旗前導之下，由外委會主席陪同，隨昂步通過全體肅立的議員和觀禮僑胞等，走上主席台。我將我們的國旗雙手高擧著送給肅立等待的羅德里哥茲議長，他也兩手恭敬地將靑天白日滿地紅旗，置列在旗座之上。接著樂隊吹奏起我們的國歌，同仁們、同仁眷屬、僑胞們，都齊聲高唱，許多人感動得熱淚盈眶。跟著奏完薩國國歌，議長開始致辭。他說：「這是我們薩爾瓦多國會，對最敬愛的友邦中華民國，所表達的最高敬意，中國國旗不僅將與薩國國旗永遠並列在此，也是在我們薩國全國國民的心目中，代表著一種永遠長存的精神力量和友誼萬歲。」我接著代表我國的人民和政府簡短致辭，答謝並祝賀我們兩國之間的邦交永篤。這一切感人的情景與羅德里哥茲的聲容笑貌，今夜想來歷歷猶如昨日！

本年一月我接奉調職回國服務訓令後，忙辦各種卸任手續，又趕往國會向議長先生辭行。羅德里哥茲先生特別約邀了副議長和幾位重要負責同仁，仍是在他的辦公室裏見面，他很眞情地告訴我道：「大使先生，我很不願意聽到你要卸任回國的消息，你已經是我們很好的朋友。但這是貴國政府的命令，我們祇有祝福你的成功。今天上午外交委員會的主席的初生嬰兒急病住院，他也還是趕來了參加今天的聚會。我們永遠是你們的朋友，希望大使先生不要忘記我們。」邊說邊又同首望著座位後他兒子的照片，這段未說完的話與當時情景，也一直存在我的心中。幾天之後，他又堅邀午宴送行，並請了使館全體同仁參加。我知道他準備有韓國之行，因此一再舉杯歡迎他和他的夫人順道再訪我國。事實上我已事先得到了外交部沈部長和立法院倪院長的同意，所以很盼望能在臺北迎接他們的來訪。

志士為理想奮鬪　使後人激揚不已

今年三月薩國國會改選，羅德里哥茲先生依例退休。我曾默祝他的愉快餘年，想不到薩共分子在他退休之後，仍以暴力相加！羅德里哥茲先生任職議長期間，除了上述的各種對我友好表現外，對有關增進中薩邦交的立法，如通過在華開館預算，延長農技合作協訂並批准生效，同意接受我授勛四部長案以及同意派遣副議長等三人訪問我國等，無不全速辦理，這些當然都是他對艱苦奮鬪中的我國之崇敬以及熱愛他自己國家的一種自然流露。正像世界其他許多堅忠反共的偉大愛國之士一般，貢獻了他們的一切，爲民主自由和反共鬪爭而默默地奮鬪到底。有時更是明知其不可而爲之，但正因爲有這種不變不渝的信心和決志，故能成爲反共必勝的堅强保證。我們哀悼一位眞摯的國際友人之去世，更爲他所留下的反共奮鬪精神而激揚不已！

六十九年九月十八日夜於臺北

貳 文化思想

十四、知變到化變

一

任何一個人在一生之中，或任何一個國家社會在生存演進之中，都不知道要遭遇多少次的「變」。甚至可以說，無時無刻不是在「變」的影響範圍之內。如果處置得宜，一定是無往而不利，否則就要寸步難行。何謂「變」？「變者改也，後來改前，以漸移改，謂之變。」也就是我們時常所說的，改變的「變」，變化的「變」。「窮則變，變則通」的「變」。

試看宇宙萬物，包括人類社會，那一樣不是在晝夜不停奔流不息的變？孔子說：「逝者如斯夫，不捨晝夜。」空間時間，過眼烟雲，都在不停的變。西諺也云：「濯足長流，抽足再入，已非前水。」眞是時不我予，稍縱卽逝。印度的佛學，則更是强調「諸法無常，諸行無我」，就是說這天地之間的一切現象，都是變動不居的，決不是經常不變的。這個道理在我們中國人的思想中，更落實到「爲而不有，功成不居」做人應有的崇高美德。這裏所說的，都是「變」。

其實我們可以舉出更多更多「變」的例子。春去秋來、歲月不居，是指時序的「變」；陰晴圓缺、悲歡離合，是指自然現象與人生際遇的「變」；盛衰強弱、存亡絕續，是古往今來，多少國家之「變」；生老病死是生命之「變」；世態炎涼是人情之「變」；喜怒哀樂是情緒心理上之「變」。還有物質界的物理之「變」、化學之「變」、能源之「變」、物質之「變」等等，無一不是在「變」。不過有的「變」，是瞬息萬「變」，風雲變色，觸目驚心；有的則是無聲無息，潛移默化不知不覺的「變」。所以我們可以說：「變」是不可避免的。因爲沒有「變」就沒有生命。沒有「變」就沒有人文，沒有社會，沒有整個人類歷史的進化。試想我們的生命由何而來？又如何能綿延不斷？還不是由於男女兩性之結合，而一男一女之結合，也就是「變」。倘使男不婚，女不嫁，根本不經由結合之「變」，那又如何能有綿延的生命？無生命也就談不到人文、社會，和歷史的進化了。

二

正因爲我們置身在這千「變」萬化之中，人們往往便熟視無覩、視而未見，習以爲常，甚至將一個變的宇宙、變的世界、變的人生，看成是不變的，這就無異作繭自縛，自尋苦惱，違反自然，而且也是不可能的。常常我們看到一對多年患難相隨的夫妻，突然發生了感情方面的變化，就會相互指責對方並埋怨自己：「眞是認錯了人，他（她）居然變了。」好像本來就不會「變」，也不應該「變」的。可是我們要知道變並不一定是變壞，而變的發生却是必然的，環境在變，每一個人時時在變，對方在變，你自己也在變，周圍的人都在變，所以問題不在不變，而在要了解，要研究爲什麼變，怎樣的變，變好還是變壞，並如何使之變的合理，就能兩心相印，縱然海枯石爛，有生之年仍然是相伴相親。

但是，我們普通的人都有一種習慣性，不喜歡「變」、不願意「變」，總覺得習慣成了自然，所以多變不如少變，少變不如不變，每一種新的變化之來，總是感覺不適應，因而不敢面對現實，甚至於採取否定現實、逃避現實的態度。縱然偶爾也想來改變環境，祇因爲缺乏堅定的意志、持續的奮鬪和貫徹到底的行動決心，曇花一現，到頭來依然故我，便祇有聽從環境的支配了。其實抱定這種人生態度的人，想不變也不可能，實際上還是在變，不得不變，不過不是主動積極的「變」，不是知變而又能馭變的「變」，而是隨波逐流的「變」。因爲要能積極主動的變，必先知變，知變而後能馭變，進而化變，所謂禍兮福所倚，福兮禍所伏，化禍爲福，這是需要敏銳的觀察，愼密的思考，果決的判斷，然後加上充份的準備，適度的勇氣，很多的時候，還要有犧牲的精神，才能做到知變、馭變和化變的。

三

幸而在人類社會中，代有聖賢，導凡御物，他們具有大智大仁大勇的大道大德，站在時代的前端，奔走呼號來創導各種必需的改變，與利除弊，掀起波瀾壯濶的改革，並得志士仁人的共同參與，而後纔有人類文化和文明的創進，使得我們的社會更美好，人生更充實。宗教家、哲學家、思想家、政治家、革命家、科學家，無一不是領導時代和改造社會的先驅，也無一不是知變、馭變、化變而且是握機創變的勇者。這些偉大的改革者，也大都是在艱難困苦的環境之中來進行改革。他們苦其心志，勞其筋骨，餓其體膚，空乏其身，行拂亂其所爲，動心忍性，增益其所不能，才能當其大任。決沒有任何人是屈服於環境的，而他們一心一意所立志行之者無他，就是革心，就是力行，就是研究發展，就是爲了「增進人類全體的生活，創造宇宙繼起的生命」，而奮鬪不懈。

四

現在我們要來進一步探討，在這變動不居的人世間，究竟有沒有不變的東西，作爲人們安身立命的依靠呢？世事變化既是如此之多，又如此的不穩定，而知變、馭變、創變又如此之艱難，只有極少數賢能之士才能做到，那麼絕大多數的人豈不都成了隨波逐流者，而無法自拔自救？果眞如此，則人類社會斷然不會脫離蠻荒時代而進化到像今天這般文明昌盛的科學羣衆時代。要回答這一個問題，必須從多方面來考察。首先，我們從「變」的本身來分析，一切事物的變，光怪陸離，其實都祇是外表現象的變，套一句佛家的話來說，都是「因緣和合」的變，是構成某種現象的種種因素之變，在某些因素滙合的情況之下，呈現一種現象，而在另一些因素之下，又改變爲另一種現象，所以都是多變的，不可依靠的。如果我們拿這種變化中的現象作爲安身立命之道，作爲人生的導向，由於它本身多變，當然不足倚恃。例如有不少人想以財富爲依靠，沉醉於財富，狂熱的追求財富；也有些人認爲權勢可靠，因而不擇手段去爭奪權勢，像這樣子醉心於升官發財，那能不迷失自己？其實財富權勢又那能不變，何能依靠？然則不變的東西又在那裏？

我們中國人有句話說：「有理走遍天下，無理寸步難行」，這裏所提到的這個「理」是不變的，當然是指放之四海而皆準的眞理，所謂「理直氣壯」，而不是講異端邪說狡譎詭辯的歪理。也就是說一切事物的現象雖然時時在變、多變，但是無論怎樣錯綜複雜的現象之變，其中必有其互爲因果與相互影響的道理和它變動的軌跡。經由歷史文化的演進和世代經驗的累進，將這些因果關係和動變歷程加以歸納，就得到若干的準則，這些準則就成爲前面所說的「理」，這個「理」是不變的、公認的，所以能「有理走遍天下」。例如說月暈而風，礎潤而雨，仁者無敵，暴政必亡，所論斷的事理，就是這個理。也憑著這個理，我們能知變和馭變。所以理是不變的常數，現象是變數，掌握常數以運用變數，就有了安身立命之道了。

五

現在我們又再進一步問，既然承認有理的存在，而且理是不變的、天經地義正大光明，放之四海而皆準的，那麼這理的本身究竟又如何確立呢？總不能公說公有理，婆說婆有理，沒有一定的標準呀！要回答這一問題，說難也眞難，像我們中國，幾千年以來，都有思想家和哲學家在不斷地研究，例如周易就是三千多年以前專門闡述宇宙和人生各種變化道理的千古之作；萬世師表的孔子，他的學說也都是講如何立身處世爲學做人以及管理衆人之事的大道理，在宋朝更有一派專門的學問名之爲理學。談理確實不是件容易的事，不過如從簡易處著手，說難也並不難，否則，「理」如果成了只有少數學者專家方能明瞭的道理，又如何可能家喻戶曉，建立共識呢？

所謂從簡易處著手，主要是以我們所生活的周圍和人們本身的日常行爲範圍，取法乎天，取法於人，「執柯伐柯，其則不遠」。好在我們是歷史悠久文化深厚的民族，前人在這方面的研究成果，早經建立了相當完備的知識體系和價值體系，祇要我們肯虛心去領悟，去身體力行，更何況由於新知與技術的創新，還可以繼續予以印證或補充，來發揚光大。

六

本文不是來專門探討哲學的問題，只是討論最爲我們中國人所熟知的一些道理。我想提到的就是自然現象與生理現象中的均衡與和諧，以及我們中國人由此而領悟出來的人生的道理。

天下一切的事物，其種種變化，我們前面提到均與其周圍現象有著互爲因果或相互影響的密切關係，那麼這種關係中的最大特性是什麼呢？最重要的就是彼此均衡、和諧而並行不悖。它們看起來，好像是對立矛盾，但其中却存在著相互爲用的一種中和本能，來求均衡的發展和互不相害。就作用上來說，更是相互効力、相輔相成。擧最普通而又最與我們生活密切相關的事物爲例，天與地、水與火、山與澤、白日與黑夜、男性與女性，皆各有各的所在，各有各的特性與效能，各自呈現出不同的外相。而且從外表看起來，也似乎是相背的，相害的。然而它們眞是相背相害嗎？如果是那樣，則宇宙和人類早就毁滅了。天在上、地在下，天地位、萬物育，配合的剛好，如果變成了天翻地覆，那我們就糟了。水與火也是相互爲用，火水相濟，才能充份發揮其特性與效用，有助於人類的生存與生活，而且也配合的剛好，不能太少也不能太多。沒有水或缺水便不能生存，水太多也同樣不能活命；沒有火我們不能生活，到處烽火我們也無處安身。只有水火均衡，人類才能生生不息。說到山脈與河流，山在高，水性低，但決不是山川對立，而且正因爲有了山脈才能形成河流，沙烏地阿拉伯沒有巍巍高山，所以就不能形成一條永久性的河流。而我們的長江與黃河豈不都是發源於巴顏喀拉山？同樣的情形，有了河流雨水，才能滋潤山脈，山脈的地下有水流，山脈的上面是樹木，都不能離開河流雨水的滋潤，所謂錦繡山河，相得益彰，誰也少不了誰。至於白晝與黑夜，二十四小時，平分秋色，不差分秒。雖然一年之中，冬季夜長晝短，而到了夏季，又成了晝長夜短，所以一年之中晝夜的時間還是均衡的，中和的。說到男人與女人，更用不著講，也都是天設地造的一對，陰盛陽衰不妙，陽盛陰衰也不好，必需琴瑟調和，才能白頭偕老。這都是均衡與和諧的道理。

再就我們人的身體來說，不同的器官，不同的系統，各有各的位置，各有各的性能，無論是外表的五官四肢也好，體內的五臟六腑和內分泌也好，都必需保持均衡與調和，否則就要出毛病，不是殘廢，便要生病，決不是正常的健康人。還有人的情緒問題，喜怒哀樂，也要均衡，不能强制壓抑它不發。不發也要出毛病，但發也不能亂發，亂發就成了神經病。

像這些的道理，乃是不變的。我們根據這些道理，來適應自然，來過正常的生活，來維持生命。我們中庸一書裏對此講得很透徹，「喜怒哀樂之未發謂之中，發而皆中節謂之和，中也者天下之大本也，和也者天下之達道也。致中和、天地位焉，萬物育焉。」這就是人生最好的準則。

其次談到人生的道理，依據前面天理與生理的理，來觀察人生。我們是人，當然要重視人生的道理。人生的「生」包含兩個意義，一個是生活，一個是生命，任何人都不例外。但要注意的是生活與生命，不單是指個體的生活與生命，而是如 國父孫中山先生所說的，是指「人民的生活、社會的生存、國民的生計與羣衆的生命」，要使其各得其所，各遂其生。我們所要的也就是這個道理。這個人生的道理，我們中國人研究的最澈底，也爲我們每一個中國人都耳熟能詳。這個道理是什麼呢？簡單一句話，就是民胞物與、仁民愛物。推而廣之，做人有做人的道理，祖先教我們四維八德，做事有做事的道理，物有本末，事有終始，以及治理國家，誠正修齊治平之一貫大道，待人也有待人的道理，大學裏面所擧的推己及人的絜矩之道，更有建設理想社會天下爲公大同世界的道理。我們的祖先並且還告訴我們，照著這個道理去做，就是謙謙君子，美好社會，理想的人生。 國父和先總統 蔣公也訓示我們，照著這個道理去治理國家，那就是得道多助，仁者無敵。因為這個道理是合於天理人性的，所以也能必勝必成。否則，如果反其道而行，那就會變成盜竊亂作，殘民暴政，一定是要失敗滅亡的，歷史已寫下了鐵證。

七

既然，無論個人或國家社會都要遭變，因此必須知變、馭變和化變，所以先總統 蔣公又提出「處變不驚」的訓示，就是告訴我們要守住這個眞理，以不變的眞理，來應付多變的世局和多變的社會，堅持眞理去奮鬪，就可以有恃而無恐了。從前聆聽 蔣公訓話時所提示有關「過化存神」的四個字，一直是想著所過者化，所存者神，專指對人而言，能做到教化感化並心中自有主宰，但現在想來還可以擴大到各種事物所經歷的變化。不論是自然界的變化，或物質世界的變化，或人生的變化，「變」來之後，經過思維體驗，而瞭解其因果關係及其影響所至，而能有所準備。「存神」的「神」則是「理」，理存於心內，對於變化的諸種現象，憑著這個「理」來主宰、來處理，這也就是「寓理帥氣」，因為掌握眞理便可以理直氣壯，採取主動。

八

現在我們無疑地是處於一個劇變的亂世，整個世界，惴惴不安、充滿著各種變動，尤其我們自己的國家，三十多年以來依舊是國土分裂，大多數的同胞，火熱水深，像這樣的處境，能不改變？我想依據前面的分析，其實已經有了很肯定的答案；必需改變、能夠改變，同時我們已經有了順乎天理、應乎人情、適乎世界之潮流、切合國民之需要的中國之光明大道，作爲我們行動的指導方針。今天我們大家也正是走在這一前進的大道上，就是貫徹以三民主義統一中國。

三民主義是我們立國的主義，今天最重要的，是要讓所有同胞都能深信，三民主義乃是順乎天理，應乎人情，適乎世界潮流，合乎國民需要的眞理，然後才能凝聚全體的心力去奮鬪。比方就民族主義來說，現在我們在臺灣，最需要的就是恢復民族的自信心，強固民族的感情和民族意識，決不能拿狹隘的地域觀念或階級意識來自相分化，因爲唯有凝固親和的民族感情與民族意識，才能發揚民族的智能與文化，救亡圖存，開拓民族和國家的新機運。

國父和先總統　蔣公是這樣教導我們的，而且要我們去聯合世界上以平等待我之民族共同奮鬪，替世界打抱不平。打抱不平就是求國際社會的均衡與調和。就民權主義來說，　國父所主張的是全民的民主，民治的民主，使人民有最高最大的權力，來管理萬能的政府，權能區分，以貫徹民主憲政，可以說是最合理也最切合需要的政治原理和制度。決不能因爲我們在臺灣由於國家正值緊急危難之時，尚未依照　國父所說的建設成完全理想的民主政治，就懷疑民權主義的眞諦。談到民生主義，　國父說「民生主義以養民爲目的，資本主義以賺錢爲目的」，所以我們現在致力於均富社會的建設，使「人盡其才，地盡其力，物盡其用，貨暢其流。」從今年起我們實施新的四年經濟建設計畫，使資本密集，技術密集，更提昇我們的經濟建設，進入開發國家之林。但我們將同時透過必要的立法與社會政策，不使資本的所有權集中於少數人之手，也就是要來繼續擴大已有的均富社會的建設，均衡與調和社會的利益。

僅就這上面簡要的敍述，就可知道我們立國的三民主義，乃是　國父集中外古今人文思想之大成，以救國救世爲目的，具有不偏不倚之「中」，無私無我之「公」，成己成物之「誠」，立人達人之「仁」，與自强不息之「行」。有此五者，調和均衡，足以顯我中華民族至大至剛，允執厥中的特性。所以立國的三民主義，就是我們所秉持的不變之眞理，依據主義而產生的基本國策，也是我們所堅持的奮鬬目標。我們本著這個「理」，朝著目標去奮鬬，不管國際情勢與中共的奸謀如何多變，我們必能尅制共產主義專講矛盾、否定與鬬爭的邪說異端，也一定可以戰勝那有悖天理人性的共產暴政。

最近蔣總統經國先生期勉全國同胞，團結在「三民主義統一中國」的大目標之下達成我們的時代使命。誠哉斯言，我們都是這一時代的中國人，都負有貫徹以三民主義統一中國的時代任務，國事艱危，自不容操持不定或懷憂喪志。主義須實踐，努力莫放鬆，過化存神，處變不驚，馭變有方。讓我們堅持不變的眞理來攜手奮鬬。夜盡天明，勝利在望。

七十一年六月八日臺北

十五、謙卑又剛強

一

謙卑是我國社會所崇尚的一種美德，也可作爲一個人事業成敗的試金石。凡是卓然有成的人，必然是心胸廣濶、休休有容的謙謙君子，只有尚未成熟的人，才會顧盼自得趾高氣揚。我們看田野間金黃成熟的稻穗，都是低垂下來的。在此漫長的生命旅途中，我們也需要學習過那謙卑而又剛強的人生。

高高在上的太陽，高不易測，位於至高之處，可是太陽却因下射四方，普照寰宇，生長萬物，而益顯其光明，萬古常新。我們立足的大地，與太陽遙遙相對，位處卑下，可謂無可再低，而大地却廣容萬物，生機上昇，孕育了孳長的生命。像這樣至高者下濟而光明，卑下者上昇而亨通的自然法則，亙古以來，何曾有變？

一天之中，日出日落，日正當中所謂登峯造極之時，則不過刹那間耳。一月之內，月圓月缺，而月圓花好的時光，也是十分短暫的。這樣的日月變易，不都是「虧」盈而「益」謙麼？說到大地山河的流變，更是剝高而流低，高聳者傾變而反陷，卑下者流注而益增，滿遭損、謙受益，已成自然變化的規律。很少聽說有山崩地裂之時，高者益高；或是江河傾洩，反而流向高處，因爲它不合於自然的規律。

同樣的情形，在人文現象中，則更是明顯。細察人們的心理，也多是厭惡滿盈的、愛好謙卑的。在一般的人際關係中，幾乎沒有人想和傲慢自滿的人合作。任何人莫不願親近虛懷若谷的朋友，因其能悅納旁人的意見，其爲人處世常爲他人留餘地，所以心胸廣濶，最得人和。以此謙虛的心態辦事，也必能考慮周延，減少阻力，增加助益，亨通而無悔咎。所以易經謙卦的彖辭裏，開宗明義便說：「謙亨。天道下濟而光明，地道卑而上行。天道虧盈而益謙，地道變盈而流謙。鬼神害盈而富謙，人道惡盈而好謙」。

這一段話，係我們的祖先仔細觀察自然現象與人文現象，所歸納出來的不易之理，說明了無論天道、物性乃至人情的推演，都有著相似的歸趨，就是虧盈而益謙，滿招損、謙受益，易經將這個道理納入到六十四卦中定名爲謙卦，通常我們談到謙德，一般祇是從人生的體驗中去印證，很少就自然的法則來貫穿。易經則是將人生體驗與自然法則作有系統的整合，使經驗與理念合一，使滿招損、謙受益，不但是一種抽象的原理，而證明其乃多少世代以來通過實踐而得到的眞理，決不因時間的流轉，空間的變易，而有所改變，因此也更顯出謙德足以充實人生提昇我們生活品質的重要性。這眞是我們祖先奇妙的發現。

現在社會上常見驕狂之人與暴戾之象，其對個人的事業前途，固深受其影響，也大大阻礙了整個社會更上層樓的進步。當然我們可以經由各種的努力來糾正這種現象，例如加强法治、或以制度規範、或通過社會教育等等向外的訴求、甚至强制執行，使人知所畏懼而却步，但仍必須配合每個人自我人格的陶冶與健全發展，屈己謙抑，方更為有效。謙德是一個人經過長時期不斷的涵養而成，根植既深，就自然能發出潛德幽光，進而可促長社會謙虛揖讓之風，則暴戾之象當可舒解。時下似乎趨尚「速食」式的成功之道，講究的是自我行銷之術，在快速變化的社會中，唯恐搭不上第一班車，變成一個時代的落伍者，所以「街頭政治」與「自力救濟」等等，乃成為一種時尚。為什麼還要來發揚所謂陳舊的謙德呢？眞是不識時務的迂腐之論呀！但是當我們看了謙卦象辭裏所提示的道理，如果眞能照著萬古常新的自然法則之理去做，終必發現謙德眞是最落實可行的成功之路。

二

談到謙卦☷☶，上卦為坤，象徵地；下卦為艮，象徵山。謙卦的卦象，一望而知是地下有山。地位卑下，山位崇高，如今崇高的居於下位，而卑下的反躍居於上位；就人而言，一位道德高尚或對社會國家甚有貢獻之人，能謙抑自處，對內克制名利之心，對外尊重他人，所謂「止於內而不伐，順於外而尊人」，就是謙的本義。通常我們提到謙，習慣於使用謙卑、謙虛、謙退、謙讓、謙遜等辭，其意卽在加重語氣說明謙是「有而不居」之義。屈己尊人，平易近人，「爲而不有，功而不居，勞而不伐」，總是保持著謙下的心態，誠誠懇懇屈己接物，這就是謙。有此謙德，不自尊而受人尊敬，不居功不伐勞，而其功勞實未損分毫，所謂韜光養晦，德益光顯，其對社會國家所能發生的精神感召，愈是影響深遠。倘使有欲必競、有功必誇、甚而運用種種力量，刻意爲一己塑造良好形象，却未必能孚衆望，所謂欺世盜名，如歷史上王莽那樣的矯柔造作，「謙恭下士」，而不能安行固守，最後必然是失敗無疑。

謙卦的卦辭，開頭就說：「謙亨」，守著謙道，便是亨通的。謙以待人，得人助；謙以理事，事必成。象辭又說：「君子以裒多益寡，稱物平施」。「其意是說：一位君子涵泳謙卦的深義，減其人欲之多，而增其天理之寡，去人慾增天理，順著自然的法則去做，定可做到廓然大公，物來順應，物物皆天理。則無論親疏遠近，都可恰如其分處理得非常妥貼。這不是得道多助的成功之道麼？謙旣有如此妙用，如何始能培養謙德呢？

三

謙德的修養，著手之處首在「卑以自牧」。像野地裏的牧羊人一般，晝夜謹愼地看守羊兒，免受豺狼虎豹的侵襲。我們也必須時時刻刻注意內心的自抑，在心理上規範自己、約束自己、尊重他人，自處卑下、莫讓驕狂之心或名利之慾，充斥在我們的思想裏，而致汚染了純潔的心靈。

如此則久而久之，誠諸內而形諸外，言語行爲自然流露出謙謙君子的風範。

謙卦的第一爻初六爲陰爻，就是以柔處下，自處至謙。初是卑位，柔是謙德，以謙德而居卑位，是謙而又謙，故象辭曰「謙謙君子，卑以自牧」。能心存謙卑，謙以接物，卑以自處，卽使置身於金車玉鉉的名利場中或險象環生的坎坷境遇，也必能保持著身心的平衡，化險爲夷。因爲不熱衷名利，視富貴如浮雲，功而不矜、德而不居、勞而不伐，自然減除了無謂的爭執，而心安理得了。其實，眞正是有功而不自誇，仍不失其功，有德而不自詡，亦不失其德，自處卑下而不願以功勞名望驕人，也不致失去旁人對他的尊重。

不過要祛除好名好勝的心理，也很不容易，因爲慾望是本能的，如果不能發揮自制的力量，不鍛鍊自己、自處卑下，則極可能爲德不卒，被人譏爲僞君子。曾子曾讚美顏回：「以能問於不能，以多問於寡，有若無，實若虛，犯而不校」。像顏回這樣的賢人，謙卑成了習慣，所以能自然虛懷若谷。但是舜也曾告誡大禹，「汝惟不矜，天下莫與汝爭能，汝惟不伐，天下莫與汝爭功」，這和孔子所說「謙尊而光、卑而不可踰」是同樣的至理名言。有功德在上位的尊者，謙卑不居，愈顯其光大；卑微者有功德亦謙不自居，愈見其不可及。無論尊者卑者之謙，皆從自屈自卑開始，而光大而不可及，最後必皆能自伸於其終，所謂大丈夫能屈能伸，宜作如是解，值得深深體會。

常常我們看到人們祇爲了一句話而引發激烈的爭吵，甚至友好成仇，夫妻反目，就是「你算甚麼東西」這樣一句話。說話者也許祇是因爲單純地輕視對方，自高身價，但聽話者却會感到自尊心受到了極大的傷害，爲人所不恥，羞與爲伍，甚至不能算人，無人格之可言，淪爲較人低下的東西，而且還要算一算，評估評估，是屬於那一類低劣的東西，當然便要火冒三丈。說這話的基本心態，就是自視過高而目中無人，處處以自我利益爲中心，毫不考慮旁人的一切，所以便容易衝口而出，語言傷人。如果平日能卑以自牧，尊重他人，當決不致如此傲慢。

另一値得注意的是，謙卑的人，是適度的約束自己、克制自己，也不容許自己放縱情慾、順著自然的本性，從理智的自制行動中，經過持續歷練而成，眞正做到「博聞强識而讓，敦善行而不怠」。是經過了知行合一的心路歷程，而成爲謙謙君子。開始做並不難，人人易爲之，但要提昇到較高的境界，便需時間與耐力。要能擔當大任，當然需要磨練。更不能沒有耐心。不過謙卑的卑，並非心理學上所學的那種自卑情結，患者毫無自信之心，總覺得自己事事不如人，淺嚐卽止，毫無積極奮發之意。這樣的自卑之感屬於人格的缺陷，與謙卑的卑，屬於一種高尙的品格，不斷創造自我、肯定自我、發揮自我，期大有所爲貢獻於社會，完全是不相雷同的。

四、和順積中，勞謙君子

謙卑謙虛的人，在社會上易得人和，尤其是志同道合而又彼此以誠相與的朋友，那更是自然的彼此呼應。有謙德的人本來就是光華內斂，不尙眩耀，不會刻意求自我表現。不過和順積中，英華外發，所謂誠於中而形於外，對四周的人自然有一種親和之力，也不必故意去掩飾。謙之爲謙，並不是一味的自我壓抑，例如喜、怒、哀、樂的天性之未發，「謂之中」，不偏不倚、不多不少，不隨情慾的衝動去發洩，保持著身心舒暢與適度的平衡，這是根本的常態，都是健康的，對個人和社會都是有益的。一旦遭遇內外的情勢變化，必須有所發洩時，祇要「發而皆中節」，恰如其分、恰當其時，目的在恢復原有的和順，則其對個人和社會，也仍然是健康的、必要的。一味的壓抑不發、容忍不發、怙惡不悛，而解釋爲謙，那就是大大的錯誤了。如果只是怕被人指爲沽名釣譽，而不敢結合志同道合的同志，共起糾正社會的不義，不敢仗義直言，爲社會伸張正義，那決不是謙德，而成欺善怕惡的鄉愿了。所以謙卦第二爻的象辭說：「六二、鳴謙、貞吉」。鳴謙貞吉，因爲第二爻位居下卦之中，是中心的位置，與第三爻九三相配，又與上卦之中心六五相和故曰中心相得，不是勉強唱和，不是驕揉做作，所謂鳴而不失其正。

謙所包涵的另一深義，便是「勞」，謙卦第三爻謂「勞謙君子」，這裏所說的勞，就是任勞任怨爲社會國家服務的辛勞，是指必須行動。謙德包涵了實踐力行的行動，決不是祇講抽象的原理原則。謙卦爲五陰--一陽一之卦，陽象徵男性，陰爲女性，陽剛有力的男性，理應爲柔靜的女性服務任其勞，而一位男性同時要替五位女性服務，當然是格外的辛勞了。聰明才智愈大的人，愈是應爲多數才智平庸的人勤勞服務，社會才容易進步。勤勞的反面是怠惰，人而一旦怠惰，任何順利的環境均成逆境，所以要養成勤勞的習慣。謙謙君子並非整天逢人打躬作揖，祇是退讓無所事事。要不斷鼓起熱忱，爲人服務。「力惡其不出於身也，不必爲己」，應發揮自己的才能，多做有益於社會國家的事。但是勞謙君子注重的是勞而謙，勞而不伐、不必自我宣傳。我們常常聽到說：「沒有功勞，也有苦勞」，意思是說，勞苦是必須有代價，有所報酬的。一定的工作，理應得到一定的報酬，誠然不錯，但這是屬於制度上的規定，我們也不必去反對，說工作不應該有報酬。不過，一位勞謙君子，所想的祇是通過無私的對社會的服務，尋求自我精神的解脫，並不去計較物質的報酬，如此則更能淨化服務的品質，擁有世所欽敬的高尚人格。也可以說得到了最大的快樂。

五、撝謙舉賢，威德並著

謙卦第四爻爲六四，在九三陽爻之上，上卦之始，而又居六五謙尊之下，接近權力的中心。從形勢上說，可謂一人之下，萬人之上，偏偏六三又是陽剛之謙具有才能的賢者，如何能發揮六四的謙德？實在極費思量。通常處在這種地位，也是很危險的多事之地。照理說，介於上下皆謙之中，根本毋需積極有所作爲，即可永保無虞。不過，六四居此重要的地位，從整體看，還是應該屈己作更大的貢獻，避賢舉賢。所以這一爻的象辭曰，「無不利撝賢，不違則也」，就是避賢，並無不利，不違自然的法則。但此處所說避賢並非祇是消極的自己退避賢路，而是要積極的舉賢，主動的保舉賢能如九三，通過六四的有力引薦，使其能直接進入權力中心，成爲六五之臂助，發揮九三的才能，才是最相宜的自處之道。第一、它沒有變成九三進步的障礙，反而替它鋪造了通道；第二、它替六五延攬了人才，自處卑下，而不失其尊。我國歷史上許多名相都是最能培養人才的，如蕭何、如魏徵，近如清代的曾國藩都是如此。第二次世界大戰後，日本以戰敗之國，在盟軍佔領下，而能逐次恢復自主，安定政局、致力建設，轉趨强大，實應歸功於吉田茂對人才的培養，如岸信介、如佐籐榮作和數以百計的各部大臣，都是吉田茂當政時所訓練培養的。我們今日正在復國建國中興大業的途中，　先總統蔣公說，中興以人才爲本，當然亟需不斷培養人才而在位者又能勇於保擧人才、善用人才。

謙卦推演到了第五爻六五之尊位，以柔居中，在上而能謙，故從之者衆，而能有其鄰。得道多助，道不孤必有鄰，失道者寡助，寡助之至，親者畔之。多助之至，天下順之。以天下之所順攻親者之所畔，故君子雖有所不戰，戰則必勝。一位謙謙君子的領袖，謙柔德盛，得道多助，人心歸向，必要時是可以征伐而且也必須威武相濟，威德並著，然後能盡其宜。崇尙謙柔文德，並不排除使用威武。謙並不容忍不法和罪惡。否則，有如第六爻之上六，居於卦首，柔之至、謙之至，至柔至謙而位居至高，甚至高於謙柔之主，而未展其志，任天下之事，這時候就必須剛武自治，但宜謹愼行之。市恩與畏却，以贏取民心，有時適得其反，是謙之過也，不足爲取。

六、受教有地，取善無窮

謙卦以謙德爲出發點，詮釋人生立身處世，建立功業的基本守則，完全是積極的作爲。本卦所說，地中有山，謙謙君子以裒多益寡，稱物平施。便可知謙的中心思想，無論個人或國家，必須求得眞正平等的和平，方能安適。高山之所以爲高，亦如萬丈高樓，都是從平地築起。而山的頂點，又是地平，這就說明無論在那一層次，都要注意稱物平施，方不致有過無不及之虞。老子說：「天之道，其猶張弓與？高者抑之，下者擧之，有餘者損之，不足者補之，損有餘而補不足」。我們不應等待外力來抑之、損之、高之、補之。應主動的培養謙德，來作適度的自然的調理：屈己尊人，去人欲，存天理，損有餘，補不足，必可取善無窮。

如從現實的觀點而言，謙德亦爲受福之基。心存謙虛者，時時見得我之不足，見賢思齊；又能欣賞他人之可愛與可敬。如此則心無憒嫉，怎不受福？福由心生，一念謙虛，處處克己得宜，多見得自己不是，受教有地，取善無窮，當然是受福之基。倘如自狹其量，容不得人，自拒其福，必非遠器，縱一時因緣時會，恐亦難有所成。

七

最近我政府邁開民主自由的大步，展佈新猷，人民的自由權利得到了更多發揮的機會，這原本是推進民主憲政必經之路，值得大家慶幸。但如利用廣濶的自由天地，鑽法律漏洞、走法律邊緣，完全不顧民主精神尊重他人與訴諸理性的兩大因素，恣意爲個人的利益或政治偏見，逞強鬪狠，甚至糾衆示威，暴力相尋，那不但不是我們推行民主政治之福，反而是國家安全與社會安定之禍了。

所以我們現在亟需同時强化社會倫理的建設，以其彌補法律之不足，成爲維持社會秩序無形的力量。而這個社會倫理的重點，應是「羣己關係」和諧。在這多元化而又競爭激烈的工業社會中，羣己關係之和諧猶如機械運轉之潤滑劑。要使得羣己關係和諧，人與人之間的「謙德」，便是人際關係最好的潤滑劑和清涼劑。前面提到謙虛的人，受人歡迎，驕狂之人，遭人排斥。有謙德者行事爲人，自然順利亨通，就是這個道理。

曾國藩是我國有清一代的中興名相，其治學治世，一本謙德，充分發揮了謙謙君子卑以自牧與剛武自治的精神。他曾綜述其篤實踐履的律己之道謂：「知天之長，而吾所歷者短，則遇憂患橫逆之來，當少忍以待其定。知地之大，而所居者小，則遇榮利爭奪之境，當退讓以守其雌。知學問之多而吾所見者寡，則不敢以一得自喜，而當思擇善而約守之。知事變之多而吾所辦者少，則不敢以功名自矜而當思舉賢而共圖之。夫如是則自私自滿之見，可漸蠲除矣」。曾國藩的箴言，初看似嫌消極，只是退讓和輭弱，不適宜於弱肉强食競爭激烈的社會。但細察思量，則知其所秉持者，乃係謙德的實踐力行，合乎自然的法則。凡是合乎自然法則的行動，必是亨通的，其所產生的力量，是無可抗禦的，故爲最積極的勇者健者的表現。天下唯卑以自牧者，方能剛武自治，成爲時代的中流砥柱。謙卑的也應該是剛强的！

七六、八、於陽明山莊

十六、兩性相感　情愫相通

一、我國最重齊家之道

根據內政部的人口統計，民國七十三年臺澎金馬人口為一千九百餘萬，每平方公里達五二七人，密度之高居世界第二位，僅次於印度半島上的孟加拉國。

一般而言，大凡人口密集的地方，人世間悲歡離合的變化之多，也顯得格外的快。例如民國七十三年我們這裏結婚的有十五萬對，幾乎每三分鐘即有一對佳偶成禮；而離婚的也高達一萬八千對。平均每半小時就有一對夫婦分手，留下一個破碎的家庭。有人認為怨偶既不能相偕白首，自不如趁早離異。但夫婦本是人倫之始，我們幾千年來又最是重視「齊家之道」，且認為家齊而後國治。而現在的離婚率已如此之高，當然也會影響到整個社會的安寧，並留下許多棘手的問題，例如幼小子女的教養等，當然值得注意。

本來幸福的家庭，都是一樣，不幸福的家庭，則各有各的不幸。想想這一萬八千對原是佳侶而變成的怨偶，當初又何嘗不信誓旦旦、長相廝守永不分離，何以婚後竟又如此之多的不幸，甚至兒女成行，仍不免夫妻反目呢？此中必有其最基本的緣因，如能找出知所愼始之理，自應可減少不幸之事的發生到最低點。

對於男女兩性的結合與夫婦相處之道，我國歷代的思想家、教育家和政治家，都特別重視，或著書立說，或垂教示範，或訂之爲典章制度，數千年來已成爲我國家庭與社會生活及民族倫理文化中的最重要部份。例如兩千五百年前的易經，原是我國編寫年代最早，影響也最深遠，以專門探討人生哲學的千古之作，而其六十四卦中卽有四卦是用來深入探索甚麼樣的兩性結合，才是幸福家庭的根本，而婚前婚後又當秉持那些基本原則相適應，方能共享美滿快樂的人生。現在時代變遷，人際關係複雜，社會結構與家庭型態亦多變化，兩千多年以前的齊家之道，未必能一一吻合現時的需要。不過易經所闡述的道理，主要是從現象世界中去透視人生，而不是拘泥於一時一地的變化。所掌握者是從自然現象與人文現象變化的軌跡中所歸納出來的道理，復據此理以推論其未來可能發生的種種變化，而知所以制變馭變。因爲現象固然多變，但依據人性物性所生的變化之理則極少變易，例如同性相斥異性相引之理亘古未變。所以易經所論這一部分的變異與馭變之理，仍不失其參考價值。不過現代男女，大多祇看重外來的新的東西，而常忽略我們身邊近處的事物，尤其是古聖先賢所講的道理，總認爲是太跟不上時代，太不切實際，或者覺得太玄奧、太抽象，所以反而不去研究它、注意它。我曾留意有不少討論婚姻與家庭問題的論述，大多是從現代的心理學、社會學與倫理學的觀點立論，却很少擴大到從哲學的範圍去研究，尤其是從易經中去探究。近來細細玩味易經中咸、恒、漸與歸妹四卦中的道理，深有所感，若有所悟。現在對此略抒所見，並不是甚麼高深的研究，祇覺得此一問題之重要，提出來作爲參與討論的一種淺見。

易經六十四卦中，說到男女結合以及夫婦相處之道，祇有咸、恒、漸與歸妹四卦，四卦都是三陰爻與三陽爻的配對組合，但因各爻排列的位置與順序不同，所以各卦皆有其各自的特性與其對男女兩性結合的啓示。例如咸卦强調的是兩性相感，情愫相通；恒卦則昭示夫婦唱隨的「恒久之道」；漸卦是說「自卑而高由近迄遠」的漸進之理；歸妹更是啓導女大當嫁的自然法則與謙德是遵的居家之道。

二、兩性相感，情愫相通

易經的六十四卦分爲上下二經，上經三十卦，從乾（天）坤（地）二卦起，表示天地是萬物之始，有天地然後有萬物，有各種人文現象的變化。下經三十四卦從咸恒二卦起，是說夫婦爲人倫之始，應久於其道。咸卦的本義是感，陰陽相感以生。有感必有應，或相引，或相斥，有感有應也必有行動，心靈的或軀體的行動，有行動就是生命的象徵。就人而言，最眞切具體而明白的莫過於「我」的自身其身心所生的感應。我們的生命何自來，來自父母兩性之所感而結合以及無限過去的祖先的相感相應，而將生命綿延至我，我又與自己的配侶兩性感應組織成家庭，而後有

䷞

咸 感應 夫婦之道

艮下
兌上

咸，亨，利貞，取女吉。

生生不息的無限未來之後代。換言之，貫穿這一生命源流的，就是兩性同感，而其中又以「情感」爲起點。由情生愛，情愫相通，才是夫妻結合的基石。譬如就咸卦來說，上卦是兌卦，屬澤，是水，性柔，是喜悅的徵兆；下卦是艮卦，屬山，是土，性剛正，是止於至善的徵兆。這就是雨水和泥土的關係：水性潤下，土性受潤，都是自然的物性。當一陣輕柔的春雨，不疾不徐輕輕飄灑在溫輭的泥土之上，是那樣的融和，自然的默契而又相互滋潤著，眞正是兩性通澈，所以能滋長出有生命的萬物。如就人性而言，咸卦的上六爻是少女，與下卦的九三爻少男相感應。男女兩性相感相引，莫過於少男少女之力爲最大，而咸卦的少男又是在少女之下，表示少男受少女的感引，是很謙虛而正直的，（奇爻居奇位、當位），但却是主動的向少女去追求，依爻序是由下至上，由內至外，方合正道。所以說：「咸亨、利貞、取女吉」。抱著這樣誠懇眞摯的感情，虛心的、相宜的去追求心目中的少女，感動她的心弦，是亨通的，也是吉利的。

然後從咸卦各爻的爻辭裏，又可再得到下面的啓示：

第一、兩性結合，必須是基於自然的情意相感。彼此存著愛心而來，常懷愛心相處，比翼雙飛，在幸福甜蜜中飛翔，也能在痛苦失望中相偎相依，勝過一切的艱難和險阻。這個道理很簡單，男女兩性天生就有異性相引的本性，所以相互吸引是很自然的，吸引力到某一程度，便再也不願分離了。甚麼樣的吸引力方可達到難分難解的程度呢？它必須是出自內心，眞誠的、持續的「相感」，才能使對方也傾心「相應」，所謂「精誠所至，金石爲開」的「心心相印」。婚姻當然是美滿的。如果不是出自內心的感應，虛情假意，矯揉做作，或別有企圖，或出之於勉強，那就不是自然的相愛，縱然一時結合，也是同床異夢而貌合神離，何能算是美滿婚姻呢？所以沒有深厚的感情與眞心相愛，一開始便註定了要婚姻失敗。

例如男方祇爲了迷戀女方的容貌或因沉醉於不正常的一時情慾之中而閃電結婚，到頭來色衰愛弛，必難偕白首；而情慾則更像是一把火，隨時可以燃燒起來，也很快就容易熄滅，如此結合何能天長地久？同樣的情形，如一方或雙方都祇是爲了貪求財富或權勢，而係以婚姻爲手段，則其心目中所追求者並不是情愫相通的「人」，而只是附著於人的「物」，如金錢、如地位，或者以爲這纔是幸福家庭最可靠的保障，而其實卻是最不可靠的和最不能保障的。因爲金錢和地位是沒有生命的物，是沒有感情的，並不能與活生生的人互相感應，雙向溝通，也決不可能因人的喜怒哀樂調整來適應人們愛情的需要。我們要生活，自然不能沒有金錢；我們要獲得社會的榮譽，也需要所謂的地位和權勢，可是如果迷戀著金錢與權勢，無限的追求，不擇手段地去接近權勢的中心，欺騙朋友，甚至出賣自己的靈魂去追逐，則愈是追求愈感到不足，做了皇帝還想做神仙，到頭來賠上了所有的一切，最後却發現心靈上是一片空虛和精神上無盡的失望和痛苦，那裏會有溫馨的家庭生活？會有相知相愛的人兒與你長相厮守呢？不是家人背棄了你，而是你早已財迷心竅，利慾薰心，將親愛的家人忘懷了呀！

第二、夫婦本是同林鳥，應能各率其性，各盡所長，榮辱與共，患難相扶持。

男女兩性因爲生理與心理上的差別，天生的性向本來就不相同，男性剛强，女性柔順，咸卦中强調夫婦共同生活在一起，如能順著這種天性去發揮，各盡所長，剛柔相濟，才符合人性自然的法則。

現代社會，男女平等，但女性畢竟以發揮柔順的天性更能使家庭融洽和樂。柔順並不是弱者的表現。天下最柔順的東西莫過於水，水不與任何事物相爭，只是順著水性向下流，如果去阻止它，它還是向下流，繞道流，或是慢慢越過障礙而流。但當阻礙它的力量如果加快加大，它也更快更大，所謂抽刀斷水水更流。排山倒海似的洪流，能無堅不摧，誰能說水性是弱者的性格呢？牙齒是堅硬的，舌頭是柔輭的，老年之時，牙齒掉光，柔舌依然，這就是天下之至柔，馳騁天下之至剛。女孩兒家如能明瞭順著自然柔性的道理，用涵蓄溫婉的萬種柔情去接納所熱愛的人，一定是無往而不利，與家人相處，也必然是怡悅和樂的。如果一反女性柔順的本性，在家中頤指氣使，大發雌威，除了傷害夫妻間的感情，又有何益？

家庭原是一個小社會，即以五口之家而論，亦有多種人際關係，更不可能沒有種種人世間的變化，生老病死均在此一小社會中流轉動變。有動變才會有生滅，有生滅才能有生命，有生命才能子孫繁衍，生生不息，百世其昌。而在這小社會中順變制變的力量，主要就是靠先生的陽剛之力與太太的柔順之心，剛柔並濟，共同來擔當，則「二人同心，其力斷金」，再大的變化和困難，也可肆應設法來解決。

這夫妻關係好有一比：就像宇宙間的天與地，配合的恰到好處。天就是太陽，地就是大地。太陽居於宇宙之中，大中至正，不偏不倚，亙古至今，向大地散發出光和熱，成為力量的泉源，使萬物得以生長，生命得以綿延。大地則環繞太陽運轉並自轉，不即不離，不急不緩，並保持著一定的軌道，背負一切，不捨晝夜的奔馳，承受陽光，也承受雨露，區分晝夜，也劃分四季，使萬物得以孕育滋長。這天地的配合，一陽一陰，陽剛陰柔，剛柔相濟，順著自然之道，各盡其力，故形成宇宙的中心，萬古常新。一對夫婦要能相偕白首，也當如此效天法地。男性本來是剛強的，女性也本來是柔順的，夫妻二人各發揮著這種秉性去分工合作，家庭便會順暢，感情便能融洽，能夠順暢融洽，就沒有紛爭分裂，家和萬事興，夫妻家人之間和愛相處，父慈子孝，兄友弟恭，那裏會鬧家庭糾紛，而至夫妻反目呢？

三、剛上柔下，夫婦唱隨

恒卦的彖辭是：「恒，久也。剛上而柔下，雷風相與，巽而動，剛柔皆應。恒」。通常我們形容事物的久遠就說「恒久」，便是來自恒卦孔子所作的彖辭。意思是說，恒卦就是象徵著經常久遠的意義。代表男性的震卦在上面，代表女性的巽卦在下位，上剛下柔的位置合乎常情，所以能夠久遠穩當。震卦爲雷，巽卦爲風，雷風相與，助長聲威，這又是態勢之常。六爻的配合也都是一剛一柔，互相感應，更是數理之常。整個恒卦都是表現出常，能常即能久，所以卦名恒。

恒 恒久 恒常

巽下 震上

䷟

恒，亨，无咎，利貞，利有攸往。

上面我們已說過男女兩情相感，情愫相通，既已結成爲夫婦，就應當恒久不變，方是正道，否則今天結婚，過不久便離婚，那就不是常而是變，家庭多變，既不穩固，社會也不得安寧。所謂不變，是指已建立的夫妻關係不變，名實不變。如果僅有夫妻之名，不履行同居義務，甚而另有外遇或實際分居，這些都是變，變質的夫妻，當然不能使家庭安樂，子女也無從在正常安定的環境中成長。

如何能恒久不變，恒卦告訴我們：「利貞，久于其道」，「天地之道，恒久而不已也」，「君子以立不易方」。「恒其道，貞。婦人吉，夫子凶」。象曰：「婦人貞吉，從一而終，夫子制義，從婦凶也」。「振恒，凶」。象曰：「振恒在上，大無功也。」

根據這些提示的義理，試加以演繹而用現代話歸納為下列幾點，我想也許可供參考。

第一、常懷愛心，恒久忍耐。青年之時，「情愛」深濃，中年之時，「恩愛」逾恒，垂暮之年，老夫老妻更是格外的「互憐互愛，不忍分離」，夫婦間能始終保持著這種愛心，互敬互諒，欣賞優點，寬恕缺點，這就是利貞，久于其道，絕對可以白頭偕老，金婚銀婚而至鑽石婚，受人尊敬。此中關鍵却在恒久忍耐。一般所謂的色衰愛弛，是指女性的容貌隨著歲月催人老的生理變化，而不能青春常駐；或由於長年累月家務操勞哺育子女，所以不再能時時刻意修飾著打扮自己，一心一意為「悅己者容」，而致在先生心目中不復有當年的情愛。其實，同樣的情形，對先生們也是如此，由於家計負擔生活奔波或遭挫折不如意事，或純粹是因為生理年齡變化，再俊美的白馬王子，也會變得無復昔時的瀟灑英俊，又何嘗不使太太們感到失望呢？但是祇要常存愛心，彼此在實際生活中更多的體諒對方，也更多的關切對方，誠諸內而形諸外，那一種表露出來的眞善之美，比起一般的形體之美，更能相互吸引，也更能細細回味，感人心弦。尤其是不會受時間的影響，反而年歲愈長，恩愛愈深，眞是太好了。

第二、天眞純一，至誠無息。夫婦相待之道，最要緊是都能做到天眞純一。天眞純一就是像天道運行，晝夜四時那樣的誠誠實實自自然然的表裏如一，沒有絲毫的虛僞做作，而且如同時間一般，古往今來，不會有一分半秒的間斷，也永遠沒有停止的一天，是那樣的悠久，又是那樣的明白。太陽就是太陽，永遠自然的散發出光和熱；大地就是大地，大地能孕育著萬物，天地是這般的天眞純一，所以能天長地久。我們稱夫婦匹配爲天長地久，就是要法天效地養成這種「至誠無息」的性格。

夫婦之間共同生活一輩子，禍福與共，患難相扶持，實在是最親愛的了，如何可以互相欺騙、虛僞做作呢？但問題却就發生在這裏。往往爲了掩飾自己的缺失，隱藏某種的秘密，或是虛榮心作祟，而經常編造美麗的謊言去欺騙對方，或者彼此欺騙。甚而至於愛情走私，另有外遇。更有去幹非法勾當而刻意隱瞞的，這樣的結合，當然便不能互信共信，也就決不可能常相厮守了。一般說來，夫婦間本來應該是相互包涵，彼此諒解，不宜爲了一些細微的事去認眞追究，以免傷害到對方的自尊心和彼此的情感。同時也要尊重對方的隱私權，例如沒有得到同意，不可拆閱對方的信件或翻閱對方的日記等，同時也並非每一件事情都必須打破沙鍋問到底，祇要婚後能坦誠相待，也就不必斤斤計較了。還有時係完全替對方著想，例如遵醫囑隱藏病情，或是時機未到不宜提早告知的事，例如特殊節日贈送禮物等，這些都是善意的，不能說是不以誠相待。總之，良知良能是每個人與生俱來的，分寸之間如果捏得準，捫心自問，問心無愧，又能推己及人，發揮愛心，雖不中不遠矣。像這樣的存一分心，盡一分力，並不是用心機。一般對有心機的人，都覺得很可怕，因為這些人很可能隨時在保護自己，算計他人，虛情假意，當然不會是誠懇的。可是與家人相處，尤其是夫婦之間，應儘可能設身處地體諒對方的難處，並適度克制自己，但也並非事事遷就對方，壓抑自己。有時雖祇是舉手之勞，或者幾句發自內心的親切貼己的話語，都可以使人深深感動。這種細膩的感情，當然不是粗線條，但卻決不是有所為而為的用心機，而且久而久之，會很自然的流露。和這樣的人兒在一起生活，眞是如沐春風，如飲甘露，何來爭吵紛擾呢？

第三、守常守中，相敬如賓。家庭一切生活均宜守常，守常方能持久。守常就是合於自然的法則，異常則是違反自然，也是不能持久的。自然法則中最長最久，且亙古不變的，莫過於天地的位置。天位在上，地位在下，陽上陰下，決不可陰陽顚倒，否則那就是異常而不正常了。這種道理為甚麼引用到夫婦關係上來呢？這就是位置的問題。家庭中應該有一種男性的陽剛之力，在上面發動，主動的帶動所有的成員，就是一家之主的先生，方顯得朝氣蓬勃，充滿了活力。所謂一家之主，並不是站在上面發號施令，對太太頤指氣使，像過去的日本人那樣，先生可以隨便毆打太太，認為是理所當然；或者像韓國人那樣，太太必須跟在先生的後面走，纔是有禮貌。這種不合時宜的陋習，我國過去的社會也是如此，使太太們受盡了委屈，這是絕對不可以的。今天的先生們如果再存此守舊落伍的觀念，必然會導致家庭破裂，夫妻反目。我們說先生們應負起一家之主的責任，毋寧是說作爲一個丈夫，就應該力能維持一家的生計，並盡到對外保護妻子兒女的責任，而且在處理緊急事故時，能沉著鎮定，處處以身作則，使妻兒等感覺到既安全又溫暖，但仍必須教導子女守住待人接物、盡孝盡忠的軌範。所以一家之主是一種責任、一種義務，當然也是一種表率和榮譽，一家之中才會有重心。反之，一位男士而毫無男性的氣慨，又無責任心，事事畏縮不前，不刻苦奮鬪，祇望不勞而獲，和這種人在一起生活，當然十分痛苦。

同樣的情形，太太在家中所處的地位，猶如大地之對上天，有著柔順的德性，却同樣是家中的重要支柱。不用說生兒育女，主持家務，幾乎完全落在太太的身上。現代許多婦女還有她們自己的職業或事業，對國家社會有許多的貢獻。但是在家庭之中，值得特別强調的乃是太太們有著女性特有的爲了愛而願自苦犧牲的精神。她的體貼溫柔，她的細膩忍耐，她的美麗與智慧，以及無微不至地照顧子女，含辛茹苦，實是凝鑄家人的最大親和力。所有安樂的家庭，都有一位偉大的母親；所有事業成功的男性，後面都有一位賢淑得力的太太。她雖然事事謙遜地總是站在第二線，必要時却是十分勇敢的挺立於最前線。如果一位太太反其道而行，處處要爭著出頭，那就不但她自己痛苦一輩子，她的家庭也絕不會幸福的。因爲違反了自然的法則。

其次是談到守中。美滿婚姻是很容易破損的，所以要好好維護，努力創造，而守中則是維護幸福婚姻的另一要訣。所謂守中是守住中庸之道，主要是情緒的問題。喜、怒、哀、樂是每一個人經常都會發生的情緒反應，也是受到某種刺激後必然發生的本能反應。但人並非離羣而獨處，尤其是夫妻之間，所以情緒反應的方式與時間，乃至場合和强弱程度等，不但影響本人的言行，也必然影響到對方，造成家人之間的連鎖反應。喜、怒、哀、樂的情緒，均壓抑不發，對身心也有影響，過度的反應會同樣傷害到身體的健康。我們中國人最主張「發而皆中節」，就是恰到好處，始終保持著平和的心境：不狂喜、不遷怒，適度節制哀傷，更不要樂極生悲，這些都是容易破壞婚姻生活的。

第四、以常順變，變而不亂。一般機械論者，喜歡將事物歸納爲「常數」與「變數」，變數是變動不居的，常數則總是保持著固定不變，所以做人的標準就是要持盈保泰。不過人生並非是一成不變的常數，而且簡直是隨時隨地不斷的在變化。個人的身體生理狀態，心理現象，及一切身心行爲，都無不隨著歲月年齡的推移而變化無常。家人之間的朝夕相處，推而至於立足社會服務國家，亦連鎖產生多種多樣的複雜關係，多變而速變。這許多的變化，滙集到了家庭之中，都需要及時作適時的調處，調處得當則萬事相宜，家運亨通，家人和樂，否則便會不知所措或一變而不可收拾，這些都不能依靠外人而均應由夫婦合作來解決。更多的時候則係由一家之主的先生來承擔。既然古往今來所有家庭都是這樣變化而來的，而且在正常情況之下也都能在變化之中自然運作，代代相傳，生生不息，爲甚麼還需要再來談，像我這裏所提到的「以常順變」呢？我想正是因爲齊家順變的道理，已是我國傳統文化中最重要的部份，行之已數千年，正常的家庭世代相傳，早已習以爲「常」，而不加注意，反之，在不正常的家庭，不知以常順變，以致變化之來一時手忙脚亂，所以更有喚起注意的必要。況且比較年輕的現代青年男女，總喜愛新奇刺激，家居平淡生活總覺得乏味，要向變化中變動中追求感官的刺激。本來變動就是生命活力的象徵，陰沉沉的死水一池，處處慢動作，瞻顧徘徊；事事畏首畏尾，是很不能滿足年輕人向上向前的發展衝刺的，事業也不容易發皇的。但問題却發生在當他們依自己的計劃向前衝刺時，却往往看不到也忘記了他們本來就是置身於一個極巨大又快速的變化形勢之上。我們小家庭所作一切安排變動，要能順著這一個大變動大形勢去變去動，所謂守時不如造機，造機不如乘勢。乘勢就是順變，順變是相宜的，不會引起家庭異變的。

四、行遠自邇，循序漸進

漸卦是上巽下艮，卽山上有木，巽木在艮山之上，山勢由漸而高，樹木由漸而長，就是循序漸進的意義。

由此引申來觀察，許多家庭之所以夫婦不和，另一重要的緣因，可能就是沒有能深切領悟「循序漸進」的道理，「行遠自邇，登高自卑」，凡事都必須依循正軌，按部就班，才會遂其所願。天生萬物以養人的各種作物，雖然生長期有長短之不同，但也仍必須經歷所需的時間，否則

䷴

漸　漸進

艮下巽上

漸，女歸吉，利貞。

便不會成熟。有的半年一熟，也有數年一熟，到時自然瓜熟蒂落，絲毫勉强不得。高山之上枝葉繁茂的大樹，歷數十年、百年乃至千年的神木，仍然是有生命，經得起風霜雨雪而不倒。爲甚麼？因爲根基深厚，漸長漸高，這是需要時間的；同時它的成長也有其自然的順序，根、幹、枝、葉，由下向上，在適宜的土壤、陽光、雨水和養份中滋長。它是漸進而不是躍進。雖然有時加上一些外力，可以使生長期縮短，但畢竟有其限度。超過一定的限度，便不能成長，便會敗壞。因爲要成長到某一階段，必須具備某些的條件，條件不具備，就成不了氣候。生命的成長更是如此。所以說進步和發展，可稱之爲具有生命之物的天性，壓抑它摧殘它不讓它前進生長，固屬不可，不會有好結果，因爲這是違反天性的；相反的，硬要以人爲的力量，打破自然成長的順序，「揠苗助長」，也一定是徒勞無功，就是我們所說的欲速則不達。

天下之事進必以漸，莫過於男婚女嫁。我們的老祖宗從各種事物自然漸進的現象中歸納出一些道理，確認夫妻爲人倫之始，延續生命之根，是何等重要的大事，如何能輕率？如何能速進？家庭又爲組成社會的基礎，所以特別重視如何開始組織家庭而提出一個漸的道理。漸的意思是逐步的不停的向前自然進行，但不是銳進躍進。「漸則爲歸，速則爲奔」。女的要像柔順的和風，男的有如靜止的山岳，出嫁的女兒像和風般的，吹拂依偎到雄壯有力的男性身邊，男的更應當守住止於至善的正道去追求心目中的對象，而組織成家庭，這是多麼的自然而又怡悅。如果一反自然漸進之理，而奔向對方，那便是「私奔」，私奔在我國社會是不容易被接受的，要遭人非議的，而事實上也必定是有其不能循序漸進的緣因，所以女的不得奔向男方，而且是非正式的私奔。爲甚麼又不說男的奔向女方？通常男「嫁」女方已經是很「特別」，所以稱這種男人爲「入贅」，贅有累贅之意，好像家庭中的多餘分子，故稱「贅夫」，這贅夫之稱，已經很不雅，必須依附女方而生活，毫無男子氣慨，也沒有像正常男人那樣能負起一家之主的責任。「贅夫」而再私奔，就要被人輕視，如何能立足於社會，使家庭穩固？

因爲在觀念上如此重視家庭組織，所以對於婚姻的過程也規定得很詳細，有所謂納采、問名、納吉、納徵、請期、親迎等等的程序（六禮），而婚禮的進行更有其一定的禮數。前面所說的婚前程序，每一步驟都有其特定的意義，必須循序漸進，不可逾越。首先是納采，由男方主動，經由媒妁之言，說明男方情況，供女方父母採擇。如果有意，再請問許婚者的姓名與生辰，就是問名。然後男方將男女雙方的八字，到廟裏去卜卦請決於神明，如果卜得吉利之卦，再去向女方報告，這就是納吉。納吉之後男方就要準備聘禮，包括絲綢毛皮之類，送往女方，這便是納徵，最後纔是請期（定吉日），親迎完婚。納徵是一個關鍵，女方納徵就是婚約已成，除非萬不得已，即須履行婚約，不得反悔。像這樣的步驟就是明媒正娶，經過了仔細的調查分析，神明的鑑定，而且十分尊重女方，所備聘禮也可顯示男方的誠意以及其身分地位與經濟能力，幾千年來，所有婚姻均係經由這種「媒妁之言，父母之命」而決定，很少一見鍾情，私相受授。即使男女在偶然的機會一見鍾情，也還是要經過上述的步驟，才能被社會接受為正式的婚姻。因為男女相互吸引之力實在太大了，唯恐欲速則不達，難偕白首，所以就訂下這些的禮制。

現在時代不同，未婚男女到處可以相互認識直接接觸，比媒妁之言的間接觀察，當然更加清楚，也更加容易。說到父母之命，則以長一輩的思想觀念與取捨好惡，往往與其子女未盡相同，所以也不能再像過去一般必須絕對服從。至於求神問卦則更近荒誕，只要年齡相當，生活方式相近，也毋需再推算八字是否相冲相剋。不過，雖然不必拘泥於舊式的婚制，但循序漸進，依然十分重要。男女雙方相感相應，情愫相通，如能再經過深入瞭解和相當時期的交往，則自比閃電式的一拍即合，更能牢固永久。

五、歸妹有道，謙德是遵

現在我們來看歸妹這一卦，則更饒深義。男女之相識相悅，最終還應該是相偕走向紅氈的另一端，配對成雙，所以卦名卽稱之爲歸妹，妹爲少女，少女出嫁卽爲歸妹。

歸妹的卦象是震上兌下，由震兌兩卦所組成：震是外卦在上，屬雷；兌卦在下，屬澤。澤上有雷，雷震而澤動。物之隨動莫如水，男動於上而女從之，這是歸妹從男之象。又因爲震四爲長男，而兌三爲少女，所以是少女從長男，長男悅少女，當是美好姻緣。不過如從各爻來分析，還有幾點是很値得重視的。男女相悅固然是以婚嫁爲最後目標，不能彼此玩弄感情，甚至有了超友誼關係，一點也不負責任。但感情之事，畢竟不是露水姻緣，尤其是年輕少女，應當特別謹愼。

歸妹 婚嫁

兌下
震上

歸妹，征凶，无攸利。

歸妹的繫辭劈頭就說：歸妹，征凶，無攸利。這是說女孩兒如果採取主動，強棒出擊，一定不會有好結果的。女嫁男婚，人道之常，應該極爲順利，可是構成下體兌卦的主爻爲偶爻而居奇位；而上體震卦的主爻却爲奇爻而居偶位，爻位都不相當，且三、五、上各爻皆以陰柔駕凌陽剛之上，整個形勢不順，如果女的爲了情慾而主動出擊，那就是動非所宜，近於淫奔，被人輕視，不是淑女，男的縱然一時被其吸引，成就婚事，內心之中也不存敬愛，這種婚嫁，注定了不會持久，不會成功的，尤其是口舌之爭必多，容易破裂。從這一卦象，男的也應知所警惕：太太常常是涵蓄被動，却永遠希望聽到先生的輕言細語溫存，不要認爲既已結婚，便毋需再有讚美之辭，那就是愛情的發動機上沒有機油了。

其次，關於婚嫁的年齡，我國民法規定，男子未滿十八歲，女子未滿十六歲，不得結婚，換言之，過此下限年齡，卽可婚嫁，但上限則無規定。現在的婚齡，都比過去較遲，尤以女性接受高等教育機會很普遍，獨立謀生的力量也高，並非一定依賴男子爲生，以出嫁從夫，生兒育女爲唯一選擇。歸妹卦中亦有「愆期遲歸」，被認爲是可以接受的原則。因爲賢淑的女性，秉性幽靜，又有才德，如果沒有相宜的對象，自然不願意委以終身。這不是男性不來追求，也不是抱獨身主義排斥異性，乃係志欲有所待，待得佳配而後行，像這樣的遲婚，其實也是很合情理的。不過適婚的年齡，在生理上究竟也有一個自然的上限。男性比較具有彈性，祇要身心健康，雖屆不惑之年亦未始不可成婚。但女性則不然，到了中年期如猶未婚，則一般來說生育就十分困難了，心理上也可能有更多障礙。晚婚雖未必無理想的佳偶，但畢竟較少，因爲男女的年齡差距，最好是男大於女。歸妹强調長男少女的配對，絕不以長女少男相期許，因爲這是違反自然法則的，恐也難相偕白首。

在歸妹卦中，另有所謂「帝乙歸妹」之道，很值得重視。意思是說高貴的女子下嫁，自古皆有，其家室背景雖極高貴，但決不應以此炫耀，雖至貴之女，亦不得失柔巽之道，有驕貴之氣，宜於陰尊謙降，這便是最高的婦德，是吉利的，婚姻也是美滿的。在現代婚姻中，女方富貴，養尊處優，但祇要是情有所鍾，縱然對方再貧賤，甚至爲自己的父母所反對，也仍能勤儉持家，婚後共創事業，這也是常見的。同樣的情況，當然適用於男方，其實祇要心中不存差異觀念，出之以忠誠，則無論怎麼樣的「門不當戶不對」，祇需設身處地，體諒與體貼對方，儘量減少不必要的誤會，細心的細膩的繼續灌溉愛情的花朵，照樣可以有一個美滿的家庭。歸妹等四卦所提示給後世兒女的，不是事後補救，而是防範於未然，順乎中道，合於情理，克己復禮，大大有助於幸福人生。

七五、十、於陽明山莊

十七、堅忍不拔　養天自樂

——慶祝先總統　蔣公百年誕辰大會講——

一

今天是先總統　蔣公兼院長百年誕辰及革命實踐研究院創立卅七週年的紀念日，所有已結業離院和在院研習的研究員，皆莫不以極虔敬的心情，同申慶祝。

緬懷　蔣公所處的時代，正是人類禍患與世局變亂最劇烈的時代，也是我們國家當百難之衝，而能屹立不搖轉危為安茁長發展自救救世的大時代。

就世局言，自本世紀之初迄四十年代，貪得無饜的帝國主義者肆無忌憚的侵略野心，與同時期擁有制裁侵略者力量的國家，疏於防範，怯於行動，因而爆發為兩次世界大戰的人類浩劫。其間世界各地特別是在亞非地區，所有被帝國主義者壓迫的民族，紛紛奮起自救而掀起了波瀾壯濶爭取自由獨立的運動。戰後不幸却又為萬惡的共產邪惡勢力所乘；蘇俄處心積慮，以「輸出革命」，妄圖赤化全球；中共則更不惜犧牲我五千年歷史文化與國脈民命，供作其馬前卒，到處作亂，致造成今日世界的赤禍橫流。　蔣公處此劇變時代，先是領導對日抗戰於洶湧逆流之中，繼則是站在時代的最前端，獨樹反共大纛，搏浪奮進，而以沉着堅定的遠航舵手爲職志。

蔣公自光緒卅四年廿二歲時加入同盟會，獻身革命，追隨 國父，襄助討袁、護法與東征，迨 國父逝世，繼志承烈，領導東征、北伐、抗日與戡亂，最後奠定了反共復國成功的基礎。如此者共歷六十八載悠久奮鬪的歲月，無時不以國家興亡爲己任，置個人死生於度外。

蔣公偉大人格，崇高皎潔，超越羣倫。 蔣公的盛德豐功，昭垂百世，其對國家對世界的重大貢獻，如日月經天，江河行地，實無人可改變其在歷史上的崇高地位。

我輩研究員同志，或昔受 蔣公的耳提面命；或在院恪遵遺訓領受革命的薪火傳承，所受者深，所悟者多，今日我們在此慶祝 蔣公誕辰與院慶，每一位同志自均感責任之重大。俊才現擬就平日研讀 蔣公遺訓「堅忍不拔」與「自勉四箴」的一點心得，提出報告。

二

蔣公獻身革命，其一生眞正是爲革命而生，爲革命而活，實際上就是革命的化身，貫穿於我整個國民革命的歷程之中。爲了國家、人民和這個世界，凡是他所能給的，他都給了，凡是他能做的，他都做了，眞正是獻出了所有的一切，包括最寶貴的生命。而尤其是在他六十八年爲革命而犧牲奮鬪的過程之中，無時無處不展現出足以驚天地泣鬼神的那種「堅忍不拔」的鬪志，與不盡不竭超乎常人的毅力。六十八年之中飽歷國族患難，無端蒙辱，自履艱危，橫遭誣陷。

蔣公從不氣餒，也從不爲自己所辯護，始終是奮勵自強，堅持著追求眞理的目標，領導著我們這個多難的國家與苦難的同胞，向前奮鬪。

說到堅忍不拔的忍字，就字面看是心上插一把刀，英文的忍字 Patient 則又和病患爲同一字，可見都是說明要忍耐是很不容易做到的。必須要耐得住心靈的創傷；要忍得了喜、怒、哀、樂各種情緒的重大刺激；還有身體的病痛，暴力的打擊，惡劣環境的煎熬，乃至人格的侮辱，蒙寃受屈誘瀆叢挫等等，而猶能保持靜止，不爲所動。像這種在悲傷的時候不慟，在不幸的時候不言，在蒙受寃屈之時不爲一己有所辯護，在各種痛苦來臨時，如果允許我們減輕痛苦，能不用哭泣與叫喊來宣洩，一切以鎭靜沉着形之於外，是非常困難的，非一般人之所能忍，但還不是最難做到的。可是有一種情形，是在打擊之下無所畏懼，照常繼續工作，精神極度痛苦，仍然勉力盡職。不是在床上靜止不動，而是支撑著勉力向前奔跑，將一切的悲痛，轉化爲力量，加倍的工作，抱著愛心幫助別人，毫不動搖地朝著標竿繼續向前邁進。這樣的忍，才是「堅忍不拔」的忍，就是「荒漠甘泉」作者考門夫人所說的「基督的忍」，亦卽孟子所說：「天將降大任於是人也，必先苦其心志，勞其筋骨，餓其體膚，空乏其身，行拂亂其所爲，所以動心忍性，增益其所不能」的忍。堅忍不是一時一刻，幾天幾夜的忍，而是恒久的經年累月的忍。也不是消極頹唐無所事事守株待兎的忍，而是積極奮發更有作爲的忍；不是自怨自艾怨天尤人的忍，而是在不斷檢討改進日新又新的忍。這是知「生於憂患死於安樂」戒愼恐懼的忍。

蔣公一生的奮鬥，就是這樣的忍，在精神上始終是抱著孤臣孽子的襟懷，堅苦卓絕堅忍不拔的勇往邁進。幼小之時，九歲喪父，一門孤苦，太夫人堅貞自信，獨以一身任之。「當時呑聲飲泣，枕上淚痕，荼孽孤苦，竈間暈厥之慘狀，髣髴目前。」蔣公秉此劬勞聖善之母教，推而廣之，以身許國，「俾人世無復有強凌衆暴之慘史」。迄自弱冠加入同盟會，獻身革命，至 國父崩逝，繼志承烈，「載馳載驅，操危慮患，生死以之」，更無時不是以堅忍不拔之毅力，戰勝強敵，雖屢遭挫敗而越戰越勇。我們現在恭讀 蔣公日記，隨處可以看到有關此類的惕勵，例如民國卅三年至卅八年之間，日寇、匪共與俄帝等於是聯手內外夾擊必欲消滅我中華民國，是最危急最黑暗的時候，亦卽集中加壓力於 蔣公一人之身，其所感受的重壓勞瘁與悲傷哀痛，誠非一般的語言文字所能形容。但 蔣公一心以國家安危爲念，負責到底，從未稍懈。環境愈惡劣，自我惕勉愈嚴格。現在引述數段日記於次：

「既決心與惡勢力奮鬥到底，則生死成敗在所不顧，何況區區之譭譽與榮辱乎」？

「國內共匪，圖謀陷害余者已十九年，國外倭寇與我惡戰者亦有十三年之久。余實已心瘁精疲，幾乎不能久持。而今竟又遭黨內如此之凌辱，與國內如此之諷刺；此種橫逆與恥辱之來，實爲自生以來未有之困窘。然余於此，如不積極奮鬥，將何以對已死之先烈乎」？

「去年下半年飽經艱危，而得堅忍不拔，安然度過者，實得力荒漠甘泉一書不少也」。

「今天黑暗重重，危險艱苦，但我憑著一線光明的希望，及我對 總理的忠貞，我一定要不屈不撓地奮鬪下去。」

「當此疑懼驚憾存亡危急之秋，唯有堅忍持重，自強不息，以止、定、靜、安四字爲處世立身之道，不慌不忙，勿忘勿助，若不自動搖，未有能動搖者」。

「甚歎我國處境，一面受俄國侵略，一面美國對我又如此輕率，若不求自強，何以爲人，何以立國」？

「今日國家危急，已至千鈞一髮之時，何忍見危不救，避嫌卸職？只有正大光明，決心復行視事爲不二之道，至於成敗利鈍，在所不計」。

蔣公以國家興亡爲己任，置個人死生於度外，爲此不斷自我要求，不斷自我鞭策，乃能發揮沛然莫之能禦的奮鬪毅力、實踐力與領導力。

三

各位先生，蔣公具此崇高皎潔的偉大人格，係經長時期的治身修爲，更進而治世，而民國卅九年十月廿五日親書「自勉四箴」，集我古聖先賢垂訓的精華，提示自樂、自修、自強與自安之道，將中國的道統思想，發揮無遺，實在是爲我們精神修養立下了聖善的典範。現在再根據個人研讀蔣公四箴的遺訓，提出幾點粗淺心得，一併請各位指教。

「自勉四箴」係於五十二年八月在陽明山第四次訂正「中庸要旨」講辭時，作爲附錄發表。

計養天自樂，畏天自修，法天自强，事天自安共四目三十二條，每條四字，共一二八字，是 蔣公精研我國道統思想與陽明之學，篤信力行，所歸納出來的垂訓箴言。 蔣公大德，自謙為「自勉四箴」，其最大特色有四。第一，確定以「天」為唯一的價值標準。但所指的「天」不是頭上天空之「天」，而乃指天然、天理、天性、天道之「天」，亦卽指宇宙間無形的自然規律。所以每一箴都是以「天」為準則，提出養天、畏天、法天與事天。第二，選擇以自我為開端，期勉我們要不斷自我省察，自我鞭策，自我約束，自我創造，自我發揮。四箴的每一箴均從自身方寸之處做起，雖匹夫匹婦均知、均能，而及於極致，則為成聖成賢之道。第三，均注重實踐的「行」，不是空談。四箴的四目，開始第一個字，都是動辭，如養、畏、法、事，這是 蔣公行的哲學的貫通，亦卽陽明知行合一，卽知卽行的體認。第四，四箴的每一目，均包涵著極深的哲理，却又指明下手之處的關鍵所在。例如第一目强調涵養天性，亦卽「吾善養吾浩然之氣」，下手處是澹泊名利，勿忘勿助。第二目，重在順乎天理，下手處是自反愼獨。第三目以中和為主宰，下手處是行事為人皆應大中至正。第四目是順承天命，下手處是至誠無息。以此四箴自勉自修，實在是我們治身治世，成己成物，可以做到堅苦卓絕堅忍不拔的典範。現在試再加研析：

第一箴，養天自樂：「澹泊冲漠，本然自得，浩浩淵淵，鳶飛魚躍。優遊涵泳，活活潑潑，勿忘勿助，時時體察」。

這一箴是修養的起點，要我們涵養天性，亦卽孟子所說「吾善養吾浩然之氣」，至大至剛的正氣。正氣是人人生而有之。不待外求，但必須「以直養而無害」，不要去傷害它。我們能澹泊名利，外不為物慾所染，內不為情慾所害，清心寡慾，恬靜虛無，將一切世俗的、有限的、外在的聲色犬馬之樂的誘惑擺脫，自然安祥的向內心至深至虛至微之處去時時涵泳體察，就會感覺到有一股浩然正氣，充塞於自我的各部份。這股正氣是那樣的浩浩淵淵，活活潑潑，無窒無礙，如鳶飛在天，魚躍於淵，旣廣濶，又深靜，眞是海濶天空，是多麼的悠然自得，而至忘我的境地。

正氣能增强精神力量，正氣能驅除一切邪惡，正氣能使人超凡入聖，正氣也能使人健康長壽。因為一個人如只是貪求物質享受，追逐聲色名利，則其所有的體力、精力與時間，都消耗於向外的訴求或感官一時的快樂。但是外界任何物質的滿足或情慾一時的放縱，都不可能眞正充實我們的心靈，給我們永久的快樂。因為當我們向外追逐這種自私的、有形的、短暫的假象快樂時，焉能不苦心焦思，形容枯槁；焉能不耗盡一切的體力精神，又那裏還記得我們本乎自然的清淨德性與浩然之氣呢？世俗的富貴榮華，費盡心計求之，未必能得，卽使求到了，亦未必能永久保持；一刹那短時過後，那些榮華富貴，那些聲色犬馬，一如過眼雲煙，飄忽縱逝，只賸下空虛的回憶，徒令傷感。

正氣可以幫助我們衝破物慾與情慾的束縛，得到心靈上的昇華與解脫，也就是清淨自樂的自由。我們不必再自以心為形役，不做物慾的奴隸，患得患失，焦思憂慮，自然便可享受精神上的快樂了。不過，這份清淨自然的恬淡與浩然之氣，却不是幾天幾夜加速加工製造出來的，它必須長期的涵養，自然的滋長，在那恬靜寡欲虛無自在的心田中，積久自成，綿延不竭。第二箴，畏天自修「不睹不聞，愼獨誠意，戰戰兢兢，莫見莫顯，研幾窮理，體仁集義，自反守約，克己復禮」。

前面說我們要養天，就是要時時勿忘培養至大至剛的正氣，而後便能從物慾情慾中解脫，獲得精神上至高無上的快樂；若問如何養天？ 蔣公告訴我們，應該畏天自修，而自修的起點在愼獨。甚麼叫做畏天，畏天者敬畏天命也。天命是甚麼？就是自然的規律，是從自然現象人文現象中所歸納演繹出來的不變之理與因果歷程。例如月暈而風，礎潤而雨，同性相斥，異性相引，仁者無敵，暴政必亡，因果循環等，顚撲不破的眞理。好像看不見也聽不到，「不睹不聞」，但是心田上一念之善惡是非，任何人皆可以體察得到。「洋洋乎如在其上，如在其左右」。因此我們在修養上，就要從「不睹不聞」，幽暗之中，細微之事，人所不知唯己獨知的地方愼獨着手。所謂獨行不愧影，獨寢不愧衾，仰不愧天，俯不怍人。去人欲，存天理，這樣久而久之，自然人格光明正大。這樣一位人格光明正大的人，在無人看到無人聽到的地方行事爲人，都是戰戰兢兢，特別謹愼而不敢有絲毫苟且放肆之心，唯恐有錯。因爲天下再沒有比最隱密之處而更顯現彰明的了。「莫見乎隱，莫顯乎微」，再隱密也瞞不過自己的良知呀！做了壞事的人，一輩子也不得心安，爲甚麼？因爲旁人不知，而他自己知道呀！所以 蔣公接下來又告訴我們，如何判定善惡是非知所取捨的方法，那就是「窮理於事物始生之處，研幾於心意初動之時」。換言之，祇須徹底研究一件事物最初發生的整個內容與相互關係，如此便可求得眞理。而在每個人心意初動的時候，定靜安祥的來省審一番，便可明白自己的動機是否光明正大抑或卑鄙齷齪，而知有所取捨，不患德之不立了。經過了這番愼獨體察的功夫，然後更進一步，積極的「體仁集義」，亦卽行善集德，不斷的自省自反，自我檢討，自我約束，「克己復禮」，謙讓利他，與人爲善。這樣子便可問心無愧，卽使橫逆加諸身，也可處之泰然，自然能「堅忍不拔」了。在這裏我們還要特別注意的，就是以治身的道理來治世，從事革命工作的時候，蔣公在遺訓中一再叮囑不可放過通常被認爲是細微末節而爲一般人所忽略的地方。因爲我們的理想和目標，講起來大家都知道，可是如何達成理想，達到目標，却要從最不爲人所注意的地方下手，而失敗往往就在這些地方。所謂察微知著。有一次考試軍官，蔣公說，主考官問牛站起來的時候先站那隻脚？又問剛剛進門走過的石級有幾級，竟沒有一人能答出，因爲大家都不去注意。牛站起來是後面兩脚先起立，不過無人注意罷了。主席兼主任也在一次講話中提到，過去匪幹潛伏在我們部隊中，在機關裏發生極大破壞作用的，並非身居要位的人，而是做部隊的伙夫、機關的門房，由此證明我們太不注意細微之處。

第三箴，法天自強：「中和位育，乾陽坤陰，無聲無臭，主宰虛靈，天地合德，日月合明，主敬立極，大中至正」。

這第三箴是將個人的人格修養，從養氣、愼獨提昇到取法乎天，自立自强的更高境界。照我們一般的瞭解，宇宙中最大最强的力量，莫過於天（太陽、恒星），居宇宙之中，在至高之處，有無窮無盡的能源，提供光與熱，萬物賴以生長，位置亦亙古不變，萬物賴以定位。與天相配對者爲（地，地球），環繞太陽，不卽不離，公轉並自轉。蘊藏萬物也生長萬物，區分四季也晝分晝夜，永動而從不休止，但却動而不亂，與太陽遙遙相對，從地心所發出的引力，使萬物向它親和接近。但這天地自然的運作，如此井然有序，顯然是有一無形、無聲、無臭的超然之力在主宰，使一切均不會發生過而不及的反常現象，無以名之，我們稱之爲中和之力。「中也者天下之大本也，和也者天下之達道也，致中和，天地位焉，萬物育焉」。所以蔣公開始便說，有此「中和」主宰，天地便能定位，萬物便能孕育。

再進一步研究，如何能做到「中和」。原來天地間一切物質的構成，離不開陰與陽。天爲陽，地爲陰，有天必有地。日爲陽，月爲陰，有日必有月。人類之生，父爲陽，母爲陰，有父必有母，其他有生之物均如此。以時序言，春夏爲陽，秋冬爲陰，有春夏必有秋冬。以物質的構成言，更有陰電子與陽電子，而萬物之成必定是陰陽相依相抱，陰陽之力相交流。這調和陰陽的力量便是「中和」力。中和之力看不見，摸不到，在虛無之中，却主宰著宇宙萬物。

以此再觀察萬物之靈的人，無論是生理的構造，精神的狀態，都必須能保持「中和」，方能保持生理正常、情緒平衡、神志清明、健康良好。中庸謂：「喜怒哀樂之未發，謂之中，發而皆中節謂之和」。是說人性中喜怒哀樂之情未發出的時候，是正常的、不偏不倚的、平和的，在寧靜虛靈的當中，也自然有一種調和的力量存在，作爲身心的主宰。但有必發之情時，却不可抑制而勉强不發，應該是該喜的喜，該怒的怒，應悲時悲，當樂時樂。不過發出喜怒哀樂之情時，應有適當的節制。如果能做到「發而皆中節」，恰到好處，那就可恢復爲寧靜的中和。

蔣公又昭示我們要法天效地。天是高明的，地是博厚的。天是崇高的，地是謙卑的。天是剛健的，地是柔順的。天是莊嚴的，地是慈祥的，我們要能做到高明又博厚，崇高又謙卑，剛健又柔順，莊嚴又慈祥。這便是天地合德。就導凡御物指引方向而言，白晝陽光普照，無遠弗屆，無窮無盡，萬古常新，夜晚則明月在天，慈光引領，使人人感受到遠離黑暗之苦，是那樣的慈愛皎潔與溫馨，這便是日月合其明。只要我們內心存誠主一，精神貫注，對外臨事莊敬，毫不苟且，屹立不搖，擇善固執，便是主敬立極，大中至正了。

第四箴，事天自安：「存心養性，寓理帥氣，盡性知命，物我一體，不憂不懼，樂道順天，至誠無息，於穆不已」。

這裏所說的「天」是指自然的天理，「事」是指順承不違背，我們能順承不違自然的天理，就能精神上恒久安泰。

蔣公這一箴，主要是闡述存心養性之道。孟子說：「存其心，養其性，所以事天也。」存是操而不捨，養是順而不害，事是順承不違。所以存心養性是要我們操持本然自得的道心，培養生而有之的德性，這樣便可以抵抗外誘之私，可以祛除私慾之蔽。祇要覺察出有一絲一毫的私慾與起，便立刻祛除之，那麼我們就可以使精神經常保持在一個合乎天理的環境中（寓理），而充滿了至大至剛的正氣（帥氣）。說到「盡性知命」，便是充份發揮自我，創造生生不息的生命，亦如自然運行的天理，便能洞達因果法則的必然之理。人類萬物的生滅推演，都是依循同一的因果法則，所以說是物我一體，推而為民胞物與，仁民愛物的胸懷。我們有了精神上的安泰與這樣「居仁由義」「集義成勇」的胸懷與涵養，所謂替天行道，又復何憂何懼呢？以上這個順承天理的大道，我們明瞭了，得到了，也能實行了，那眞是何等的珍貴，何等的快樂啊！「朝聞道，夕死可也」，正是這個意思。

以上四箴的最後兩句，即 蔣公說「至誠無息，於穆不已」，無息與於穆，都是表示悠久不斷深遠無疆的意思，而至誠則最爲重要，因係實踐養天、畏天、法天與事天的根本起點。如果不能實踐，有何意義呢？所以 蔣公指示我們必定要從實踐「至誠」做根本。所謂至誠，簡單的說，卽依循天性，修心修身，在人所不見之處，求其不疚不自欺而已。換言之，就是對人不矜不伐，不誇不妄，澹、簡、溫、微，不求人知。凡事只要其能求諸己，存於內，則其存於中者，必形於外，亦不患人之不已知了。

際此黨國艱危，我們正肩負著反共復國重責大任的緊要時刻，亟需我輩均能堅苦卓絕，堅忍不拔，以實際的行動與持續的奮鬥，來率先實踐 蔣公的遺訓，勇敢的擔負起我們自己應負的責任，使復國建國的最後勝利能早日到來。謹以此慶祝　院長百年誕辰與紀念本院院慶，並請與諸君相共勉。

民國七十五年十月卅一日陽明山莊

十八、法天效地　實踐力行

——敬悼　蔣故總統經國先生——

一

蔣故總統經國先生，大業未竟，於七十七年一月十三日與世長辭，全國悲慟，舉世震驚。俊才感懷眷遇，內心之傷痛，尤非語言所能表達於萬一。今（卅日）爲經國先生奉厝之日，不盡哀思，謹就個人體悟經國先生一生高潔人格之所操持，綜抒所感，并以此文，敬表悼念之微忱。

我們瞭解現代歷史研究的方法，雖不偏重於以領袖人物作爲一個國家，一個時代的主體，但是歷史學者却很重視一位偉大的領袖，對於他所處的時代，所能發生的深遠影響。例如　國父和先總統　蔣公在我國現代史上決定性的重要地位，乃是任何歷史學者所不能否認的。因爲一位偉大的領袖，必定能憑其眞知灼見，掌握一個時代的特質，進而導引那個時代的思想，鑄造那一時代的精神，所謂握機造勢，使同時代的人均能風起雲湧，朝著共同的目標努力奮鬬，故能成就千秋萬世的功業。　國父和先總統　蔣公兩位革命的導師，便是如此偉大的時代巨人。

先總統　蔣公於民國六十四年崩逝，故總統經國先生於六十七年經國民大會之選擧就任爲第六任總統，四年前又連選連任為第七任總統，前後近十年之間，領導國人踏上了一個新的奮鬥歷程，是一個新時代的開始，而成就非凡。事實也證明經國先生是海內外同胞之所仰賴，為大陸中共所最畏懼，又為舉世所稱譽的堅強民主領袖。經國先生曾為國家服務五十餘年，在國人和世人心目中，的確具備了許多卓越的條件。

經國先生對先總統　蔣公的德行志業，體認最為深切，尤能即知即行，是以孝於親，忠於國，有民胞物與之心，捨己為羣之志。

經國先生睿智沉勇，謀定後動，料敵察變，洞燭機先。對敵人的陰謀統戰，能揭隱知微，制馭在握，使其鬼蜮伎倆，無所施展。

經國先生高瞻遠矚，遇事獨見其大，對促進建設，改善民生，為其主政抱負，具有無比的信念和決心，且不顧一切困難，全力以赴。近十年來面對外來衝擊與克服能源危機，增進工農生產，擴展對外貿易，使我國的經濟成長與外滙存底累積，成為亞洲的奇蹟，為舉世所稱譽。

經國先生親民勤政的作風和民主開放的襟度，發乎至誠，行乎自然，更具過人的智慧與大勇擔當。前年十月決定儘速制訂國家安全法、撤消戒嚴；修改非常時期人民團體組織法，以利政治結社之自由，皆為劃時代的前瞻性決策，其對我國民主憲政的加速發展，更是影響深遠。

僅舉此犖犖大者，已可知經國先生能忍人之所不能忍，為人之所不敢為。因此能集結國民心志，發揮民族潛能，指引革命行動，發為無比的力量，獲致非凡的成就。但是他卻常告訴國人，今天所做的一切，都祇是盡心盡力盡其應盡的職責，談不到有甚麼個人的成就，更不是眞正的成功。祇有解救了大陸同胞，重光了大陸國土之時，纔是大家的最後的勝利與成功，經國先生的弘毅、謙德，實在是我們最好的楷模。

二

我國中庸一書謂「君子之道，費而隱」，是說君子之道，用處很廣大，而其精神修養的實體則極精微。可是要探索其精微深奧的源頭，則極不容易。在經國先生爲國爲民的奮鬪偉業中，其艱苦與百忍的鬪志之不盡不竭遠超於常人者，自有其不同於常人的自勵苦行歷程與「眞積力久」的精微之所在。經國先生嘗期勉國人，要效法先總統　蔣公以親愛精誠團結同胞、堅苦卓絕以克服困難，刻苦耐勞來鞭策自己，並以自强不息的精神，從事復國建國的事業，這些都是用處廣大的君子之道、革命之道。至於如何方能具此精神化爲行動的那個微妙源頭，俊才確曾試作各種探索。直到前年春天在一次會議中聆聽了經國先生所講「天下沒有衝不破的風浪」的講話之後，方若有所悟。

在這篇講話中，曾特別提到有一次先總統　蔣公乘坐軍艦，從馬祖往基隆，途中遇到了十級以上的狂風巨浪，而不得不改航馬公，風浪中坐艦的主桅也吹倒折斷了，可見風浪的險惡。經國先生於當天傍晚，從臺北飛馬公去恭迎　蔣公，等到坐艦靠岸，見到　蔣公安祥。　蔣公說途中風浪很大，但是天下沒有衝不過的風浪。經國先生又去問艦長是如何脫險的。艦長說：「因爲領袖在艦上，所以特別感到責任重大。大風浪中，我握緊了方向盤，站穩了位置，看準了方向，向前航行，就是這樣脫險了。」因此經國先生期勉我們，天下沒有衝不過的風浪，祇要我們站穩位置、看準方向，鎭定沉著，持續不斷地去努力，就必能衝破風浪，誕登彼岸。實際上這種站穩位置、看準方向的操持，正就是經國先生歷盡艱危，「眞積力久」，精神修養的精微之所在，也就是他艱苦力行的寫照。

那麼我們要問如何纔能做到站穩位置，看準方向呢？俊才不敏，想卽就此將個人所領悟的一點初步心得，提出來加以說明。

我們知道，任何事物存在的地方，就是位置。物有物的位置，人有人的位置，國家也有國家的位置。拿物質來說，小至原子核子，大至高山大川，均各有其位置。就人而言，不分性別年齡，只要能立足於社會，亦必有其得以存在的條件，而能取得其適當的位置。至於一個國家要在國際社會中站穩位置，就必須先要有自立自强的國民與獨立自主的國格和燦然可觀的建設，而後能獲得其他國家的尊重，參與國際的活動，積極有所貢獻。否則若其國民皆貧病愚弱，尚不足以自保，自然爲世所輕，毫無國際地位可言。但縱然是富强之國，如行黷武主義，採强權政治，爲禍於世界，也同樣不爲他國所尊重，更無永久强盛之理。

研究這些位置的原理及其運用之道，可以說在我們中國開始得最早，而且成就卓越，也促進了人類文明的進步，並提昇了增進人類全體生活的理想。現在我們不妨分兩部份來探討，第一、是國家在國際社會中如何站穩位置以實現大同社會的崇高理想；第二、是個人在羣體生活中如何站穩位置以善盡其應盡的職責。

三

談到一個國家在國際社會中的地位，以及今日我如何在國際社會中站穩位置，應從理論與實際兩部份來探討，以證明我所崇尚之王道精神，具有充分的時代性與適應性，此不僅為我在國際社會中站穩位置之主要憑藉，亦且發揚光大，而能為明日之國際社會起導向作用。

我國與國際社會的政治交往，當以周成王六年（西元前一一一〇年）中越交通之始開其端，距今已逾三千年。在此數千年中，我與越南及太平洋區各國的關係，基本上始終係本「存亡繼絕，濟弱扶傾」的仁愛之心，行己立立人，己達達人的忠恕之道。或相依共保，或助其獨立自存，並隨其國情民俗，各展其文化之所長。其願內附於我者，我亦不過保持其名義上的宗主關係而已。對於他們從未有過經濟的剝削，亦從不曾無故用兵，一本敦睦邦鄰，濟弱扶傾的王道精神，助其能共享太平。國父孫中山先生曾經在民族主義第四講中提到民國前三年行抵暹羅與其外交次長的一段正式談話記載：「我有一次在暹羅的外交部和外交次長談話，所談的是東亞問題。那位外交次長說，如果中國的革命變成國富民強，我們暹羅情願還是歸附中國，做中國的一行省。我和他談話的地點，是在暹羅政府的公署裏，他又是外交次長，所以他這種說法，不只是代表他個人的意見，也是代表暹羅全國人民的意見，由此可知那個時候，還是很尊重中國。」一國父所記載的這一段史實，固然反映出暹羅自立國以來素所表現的現實多變外交作風，隨時看風轉舵，但同時也說明了他們內心之中對我非帝國主義侵略作風的王道精神的崇敬。

我國在國際社會中所秉持的這種傳統精神，實際就是孔子的政治理想，亦卽禮運大同篇所揭櫫的大同世界的藍圖，孔子說：「大道之行也，天下爲公。選賢與能，講信修睦。故人不獨親其親，子其子。使老有所終，壯有所用，幼有所長，矜寡孤獨廢疾者皆有所養。男有分，女有歸。貨惡其棄於地也，不必藏諸己；力惡其不出於身也，不必爲己。是故謀閉而不興，盜竊亂賊而不作，故外戶而不閉，是謂大同。」

這大同之治所强調的政治理想，其實不單是指國內政治建設的目標，也是爲國際社會樹立一個理想的標準。簡單的說：在這樣的國際社會之中，其所追求的乃是天下一家的理想，每一國家均信守條約的義務，採取睦鄰政策，開發所有資源，充份運用人力，同爲建設一個安和樂利的人類社會而奮鬪。同時透過各種國際組織和國際活動，共同致力於互通有無的合作事業。力量强大的國家，多爲國際造福，力量較小的國家，也能卓然自立。至於天然災害，疾病痛苦，年老無依，家庭破碎，需要各種救助者，也可經由國際救助的力量，不分種族，不分國別，同樣獲得妥善的照顧。像這樣美好的人類社會，豈不是最值得我們去奮鬪實踐的理想麼？然而要實現這種理想，首先就需要強大的國家來示範，並且由它的國內建設開始，力行仁政，善待鄰邦，在國際間濟弱扶傾，存亡繼絕，主持國際正義，更擁有制裁侵略者的力量和決心。那麼像這樣的國家，當然在國際社會中一定能站穩位置，更無人可否定或取代其位置。

這樣崇高的政治理想的確令人嚮往，能夠實現嗎？中國人鼓吹了幾千年，迄未實現，但歷史的答案却是肯定的。我們歷代的政治家和思想家，不但是一直在鼓吹歌頌，從不曾放棄其所追求的理想，而且視本身力量之可能而率先實踐。歷史的事實可以作證。一爲明代睦鄰外交政策的實施，使東南亞地區享有長期的和平安定；一爲對日抗戰期間；先總統 蔣公對鄰邦所發揚的仁愛精神：「濟弱扶傾，存亡繼絕」。我之所以列舉這兩個事例爲證，在於說明我國在國際社會上，一向都是站穩在王道精神的位置上，實踐力行，並擁有極高的國際地位。否則，我在明初國力鼎盛，尤以鄭和七下南洋之時，揚大漢聲威，宣中華文化，如採黷武主義的征服政策，則不待西方勢力之進入，中國早已囊括了整個東南亞。然而我們却是強而不暴，己立立人。不但沒有滅亡任何一個國家，而且使得當時整個東南亞地區的大小諸邦皆和平昌盛。而在我對日抗戰期間，我國本身正爲著民族的生存作殊死戰，實無能力爲他國謀，然而 蔣公在開羅會議中爲朝鮮爭獨立；在訪問印度時向英國政府力爭印度的自由；在中國戰區使緬甸與越南從日軍鐵蹄下解救，而於抗戰勝利之時，更宣佈對日本以德報怨放棄賠償，以上均未附有任何利我的政治條件，像這樣的仁者襟懷在他們的國民心目中，在他們的現代歷史內，對我國所留下的深刻印象和崇高地位，絕不會是少數利慾熏心的現實政客，所可能矇蔽，所可能抹殺和改變的。

猶憶日本田中角榮背信忘義向中共投靠之時，我斷然與之斷交，故總統經國先生秉持　蔣公以德報怨的精神激勵同胞更要加強與廣大日本民間反共力量的聯繫，而絕未對日採取強力報復手段。其後美國卡特政府與中共勾搭，對我斷交，經國先生則力促同胞堅忍圖存，而始終仍以中美之間長期的反侵略合作邦誼爲念，促美醒悟。此與我國傳統的外交精神「言忠信行篤敬」，正是一以貫之。也記得俊才於出使薩爾瓦多之前，經國先生於監誓後囑勉，應盡我可能協助該國朝野，致力反共心防與農工建設，具見無時不以友邦之富國利民爲念。此次　蔣故總統經國先生奉厝之日，美國雷根總統特派其至友前司法部部長史密斯率領包括參眾兩院議員的特使團爲「美國最特別的友人」經國先生，來華致祭。日本亦派由前首相福田赳夫所率領的七十三人龐大特使團前來追悼，具見美日兩國朝野對經國先生之景仰崇敬。其他各國組團來祭者凡二十三國，僑胞專誠返國致祭者多逾千人，仁澤長流，令人感動。

四

現在我們再來談談個人在羣體生活中的位置，必先有自立自強的國民，而後始能有獨立自主的國家，我們要國家能站穩位置，當然也還是要從個人在羣體生活中做起。由於位置與每個人的存在有關，所以隨時隨地都可意識到、聽到、看到、接觸到各式各種不同的位置。有關這方面最有系統的研究，莫過於我國的易經。易經就是研究天地人三者位置之道的千古之作。屬於這些現象和變化的推究，自然是屬於專家的範圍，但在一個崇禮守法井然有序的社會中，即使是一般人，也都能瞭解某些位置的意義及其補位換位應循的軌跡與進退之道。

一般說來，在一個家庭、社會和國家之中，如其組成分子，多能各安其位、各遂其生、稱職稱位、井然有序並循序漸進，那麼必然是一個相當美滿的家庭，一個祥和進步的社會，一個安和樂利的國家。否則便可能是散漫零亂、無秩序、無組織、野蠻落後、動亂不安、家不成家、國不成國了。

我們不妨再進一步來觀察，既然有這許多的位置而其變化又如此錯綜複雜，究竟有沒有永恒不變的位置；或者變化雖然極大極多且極快却能變而不亂的位置呢？如果有，那麼此二者定能提供我們最正確的啓示，使我們在人羣社會中，站穩位置、看準方向、克盡應盡的職責。

要回答這一問題，說它深奧也的確是深奧，自有人類以來，恐怕到現在尚無人能憑已有的知識和求知工具，而能完全透澈瞭解並能說出這其中的道理。但是說它簡單也的確是簡單，因爲它是人人天天都可以看到的，稍明事理的人，也都能回答的問題。

問題的簡單答案是：永恒不變其位置的是太陽，通稱爲天；位置變動最大最多且最快，但却變而不亂的是地球，通稱爲地。我們生活在這天地之間，舉頭見天，低頭是地，誰不知天地？天的位置在宇宙系統中亙古不變、萬古常新、不偏不倚、大中至正。天更發射光和熱，普照萬方，正大光明，照路邊小草，也照山間大樹，照窮人也照富人，大公無私。因爲天的位置不變，萬物乃得以定時定位；因爲天永無窮盡的發射光和熱，人類才得以生生不息，萬物也賴以滋長。

至於地的位置，不僅是年年在變、天天在變，而且是每分每秒的變，其變動之大之多之快，遠非我們所能想像。地球環繞太陽公轉，年分春夏秋冬，自轉廿四小時，又平分爲晝夜，無論其爲公轉抑自轉，那麼巨大的位置變動，却絲毫不亂，總是循著一定的軌道，環繞著太陽，不卽不離；保持著一定的速度，而少有變。何曾聽說過大地脫線出軌？位置停滯不前？地的基礎又是那麼深厚廣濶，永遠承受著無窮的壓力，永遠背負著無量數的重載，也永遠懷抱著庇護著一切，不捨晝夜的健行不息。

我們生存在這天地之間，天覆地載，所受天地的恩澤，實在是太多太多了。

我們處此殷憂變亂的時代，要站穩位置，所以最好是法天效地，實踐力行。在這裏我提供幾點意見，以顯現總統經國先生的操持與人格的高潔。

第一、大中至正，不偏不倚，法天自立。天的位置之所以能亙古不變，就因爲天是大中至正，不偏不倚居於宇宙之中。我們要站穩位置，首先就要站在正中，站得正直，無所偏頗；如果有所偏，有所不正，一定是不能均衡，不均衡就不能站穩。嬰孩在沒有出生以前，醫生最注意的就是要檢查胎位，胎位正，生產一定順利；胎位不正，生產時就有麻煩、有危險，要動大手術。軍隊訓練士兵的基本動作，第一也是要「立正」，而不是「立歪」，因爲立歪了便站不正，站不正便不能穩。同樣的道理，一個人在社會上行事爲人，首先也就是要正直，而以無私無我爲起點。說到經國先生的無私無我，他一生之中，爲了我們的國家，爲了同胞的福祉，眞是不避任何的艱險，不計個人的安危，到最危險的地方，擔負最困難的工作，無不勇往直前，奮鬪到底，數十年如一日，豈止「無我」，已是到了「忘我」的境界。經國先生長年的辛勞，日夜不停的工作，而致積勞成疾，而猶抱病從公。我們都知道，他的心臟承受了太多的壓力，而不得不裝配有體內心律調整器，他的雙眼，經過了兩度手術之後而視力減弱，他的足疾迫使他不得不改坐輪椅。然而經國先生並未因此而稍減操勞。反而是更加力疾從公。逝世前一天，照常到總統府辦公，當天並準備到中央黨部主持中央常會。他是如此的以國家興亡爲己任，置個人健康和生死於度外！世人誰不珍惜自己的生命？但經國先生卻是將他生命中所有的心血，最後的心血，都貫注到復興基地這一片國土之上、灌注到我們所有同胞的身上，而支撐到最後一秒鐘，這不是像亙古不變的太陽一般的無私無我麼？

第二、發光發熱，服務人羣。我們每一個人都需要光和熱，靠著太陽所放射出來的無窮無盡的光和熱，我們的生命，方得以綿延不斷，生生不息。同時在我們的日常生活之中，在失望、無助、痛苦、煎熬的迷惘之時，更渴望能得到精神上的一種光明指引與愛心的溫暖，來安慰我們、鼓舞我們。所幸一代又一代的思想家、宗教家、政治家與革命家，他們像太陽一般，以悲天憫人的胸懷，燃燒自己，不斷的發出光和熱，以服務人羣，造福人類，乃能引導一個時代的精神，共同致力於羣衆生活的增進。又像大地一般，背負著無窮的重擔而毫無怨尤，祇知一心突破艱難險阻，朝著理想，不停的向前奔跑。所謂「志士仁人決志行之」，乃能興邦建國，成就革命的偉業。而這些偉大人物在艱苦卓絕從事各種奮鬪時，不但常常是「苦其心志、勞其筋骨、餓其體膚、空乏其身、行弗亂其所爲」，甚而至於一直是顚沛流離，而從不氣餒與退縮。這些法天效地的人物，他們不但是在當時人們心目中的崇高地位，牢不可拔；而且不斷提昇；更在千秋萬世的歷史上，萬古流芳，受人所景仰。

總統經國先生在我們民衆的心目之中，一直是一位勤政愛民、發光發熱、燃燒自己、照亮同胞的領導者。例如每一次調整電價、或公務人員之待遇，總統總是再三指示務必嘉惠低收入者。在行政院長任內，每在農曆除夕之夜，都不忘去監獄探問受刑人，或正在値勤中的警衛。像這一類的事蹟，盡人皆知。又記得有一年俊才往美國參加一次國際會議，行前請示有何交辦之事。總統當時指示了一些基本原則後，在辦公桌的抽屜裏找出來一小瓶的人參精，交給我說「這是一位朋友帶來送我的，聽說很好，請你帶往舊金山，送給胡佛研究所的張嘉璈先生，並替我問好」。說話時自然流露出來的那一份念老尊賢之情眞使人感動。事實上，我相信各位都知道，經國先生無時無刻不是在爲了國家的利益、民衆的福祉殫精竭慮、苦心焦思。在日常生活中他也是世界上自奉最簡，休息最少，而犧牲最多，奉獻最多的領袖。我記得有兩次眼疾動手術前，報載都是在星期三主持中央常會之後，逕往榮民總醫院就醫，而在有一次的例行體檢中，醫師報告說他食物的營養不夠，亦可概見他生活的儉樸了。

第三、堅苦卓絕，自強不息。我們要站穩位置，並非是停滯不前，不但要在安定中求進步，而且要在進步中求安定。人類的思想都是要向前發展的，時代也是進步的，各種新的知識和整個社會更是在不斷進步的。一個代表時代精神的革命政黨，更應該站在時代的前端，吸收進步的力量，突破困難前進。孔子說「革之時大矣哉」，拿現代的話來說，就是教我們自強不息創新發展和進步。倘以為站在原地不動，抱殘守闕，或者專門破壞他人、阻礙他人進步；或者粉飾太平、諱疾忌醫，用「和稀泥」的辦法來保護自己，就以為是站穩了位置，那纔是絕對錯誤，會被時代無情的淘汰。

故總統經國先生領導國人從事復興基地各項重大建設，無一不是秉持著蓽路藍縷以啓山林的創業精神，鍥而不捨以底於成的堅強意志和一往無前的奮鬪不懈的勇氣而完成的。例如在國防部長任內，奉　蔣公指示發展國防科技，而當時無經費、無人才、無實驗室、無任何國防科技，可以說是一無所有，連中科院的院址，也是借用石門水庫的宿舍。可是到今天我們的國防科技如飛機、雷達、飛彈，都有突破性的發展和成就。就因為秉持著堅苦卓絕的革命精神，一往無前的奮鬪勇氣一步一步的訓練羅致人才，購置研究設備，建築所需房舍，並進行縝密具有前瞻性的整體規劃，而有現在的規模。又如親率工程人員，為修築東西橫貫公路，攀山越嶺，穿過原始叢林，勘測地形；又毅然決策投資總金額高達貳仟餘億元，從事十項浩大工程，並親自督辦，如期完成。經國先生更主持退除役官兵輔導會及青年反共救國團，為萬千榮民提供就業、就醫、就學與就養的機會，舉世稱道。還爲了鍛鍊青年身心與意志，舉辦各種技能活動與訓練。前年又斷然決策撤銷戒嚴與開放組黨，以加速民主政治的建設。其中那一項不是展現出堅苦卓絕自强不息的操持？正因爲如此，使得我們國家的地位在國際間得以大大提昇。經國先生受全國國民的愛戴及其在我現代史中的地位，也是絕對受到肯定的。

第四、博厚高明，可大可久。我們要站穩位置，一定得博厚高明。宇宙間最博厚高明莫過於天地。天地之道，博也、厚也，高也、明也，唯其博厚高明，故能悠久無疆，可大可久。先總統曾昭示我們，要法天效地，因爲天是高明的，地是博厚的。天是崇高的，地是謙卑的。天是剛强的，地是柔順的。天是莊嚴的，地是慈祥的。我們治事治學、帶兵帶人，能做到既高明、又博厚，既崇高、又謙卑，既剛强、又慈祥，眞所謂爲天地之合其德、日月之合其明，自然能屹立不搖，可大可久。故總統經國先生之襟懷風範，在我們同志同胞心中的形象，就是這樣的自然親切、會自然高明、自然偉大，因而會贏得忠心的擁戴。

五

綜上所述，故總統經國先生的操持，一言以蔽之，可以說就是法天效地、實踐力行。而我們如何來效法如何來學習？也就是要牢牢記住經國先生的指示站穩位置、看準方向、全力以赴。

七十七年一月卅日臺北

十九、大同之治與富而好禮

——十四屆中日「中國大陸問題研討會」講——

主席、桑園壽二團長、邵玉銘團長、各位貴賓、各位出席大會的學者和專家先生：

謝謝貴會的邀請並畀以貴賓身份，使俊才得以前來東京，參與本屆中日「中國大陸問題」研討會，並向此間老友們問好，深覺十分榮幸。回想俊才在臺北主持第一屆大會，已經有了十五年，「逝者如斯夫」，眞不勝今昔之感！

就個人所知，最初籌劃此一研討會的目的，主要是爲了合作研究中國大陸問題並促進中日文化的交流。換言之，就是爲了建設一個更美好更和諧的進步社會而奮鬪。十餘年來，中日兩國在這方面的顯著成就，燦然可觀，而中國大陸社會在中共暴政之下，依然是禍亂頻仍而且每況愈下。這本是過去我們研究時的預判，而今却已成爲不爭的事實，再無人可加以否認。

俊才還想在此向各位簡要報告，中華民國在臺灣的各項建設，近一年來更有突破性與前瞻性的發展。朝野各方正以空前的勇氣與魄力，爲建設三民主義的、大同之治的富而好禮社會而奮進。將來在建設完成後的這樣一個社會之中，眞正達到「選賢與能，講信修睦。幼有所長，壯有所用，老有所終，鰥寡孤獨廢疾者皆有所養。力惡其不出於身也，不必爲己；貨惡其棄於地也，不必藏諸己。謀閉而不興，盜竊亂賊而不作，外戶而不閉。」的境界，不但是一個民主的、法治的，更是一個均富好禮，天下爲公大同之治的福利社會，豈不是我們大家所最嚮往的麼？而這樣的社會也必然是根絕共產暴政最可靠的憑藉。

在兩千五百年以前，孔子就提出「大同之治」的構想，他作「春秋」，制「禮儀」，育樂菁莪，成爲中國有史以來最偉大的思想家、政治家和教育家。「大同之治」就是孔子描繪的政治理想，它不僅是中國的，而且是世界的。

大家都知道，民主政治是從十七世紀英國的「光榮革命」發軔，經過了二三百年，從歐洲發展到美洲，然後傳到了亞洲，中國是第一個建立民主共和政體的亞洲國家。民主政治不同於君主政治的，是以法治代替人治。歐美先進國家，無不以法律爲推行政策事務、維護社會秩序和保障人民權利的唯一準繩。在民主政治中，一切都是少數服從多數，同時也尊重少數；他們相信法律的權威，法律之前，人人平等，而且徹底實行法治。

不過，我們深一層觀察，民主法治究竟只是一種手段，一個過程，一個階梯，它本身並不就是最後的目的。而且民主和法治並沒有放之四海而皆準的固定形式。中華民國肇建之初，　孫中山先生在他手倡的「三民主義」裏說過：「我們有我們的社會，歐美有歐美的社會。彼此人情風土各不相同。我們能夠照自己社會的情形，迎合世界潮流做去，社會才可以改良，國家才可以進步。如果不照自己社會的情形，迎合世界的潮流去做，國家便要退化，民族便要危險。」其實，今天任何國家如果不顧其實際的情形，只是摹倣歐美式的民主法治，則對其國家的利益和民衆福祉，都可能有所損害。

假使民主法治只是作爲建設國家的一種手段，而不是最後的目的，那麼我們的社會究竟應該建設成什麼樣的社會？這是值得全世界的政治思想家探討深思的一個問題。

我國的至聖先師孔子在兩千五百年前，卽已爲我們找到了答案。以現代的眼光來看，一個理想的社會是，兼顧國家的利益、社會的安寧和人民的福祉。在這樣的社會中，經由若干公平的制度，人人習慣於以國家的利益爲重，使國家更繁榮、更強大，國民也皆能享有免於恐懼之自由，免於匱乏之自由，並以自己的國家爲榮。其次是社會得到了很好的保障。所謂路不拾遺，夜不閉戶，謀閉不興，盜竊亂賊而不作。社會的每一成員，從他所表現的言論和行爲中，皆能以造福羣衆爲出發點，自然獲得精神上的安慰與充實。因此之故，當大家都能自動自發努力於羣衆福祉之時，這個社會便顯得更加的不虞匱乏，且洋溢著溫暖。終至法律的規定，並非用來防範或強制來從事某種的工作。所以並不發生逃避義務的事。例如「嚴以律己，寬以待人」；「規過私室」、「隱惡揚善」；「非禮勿言，非禮勿視」；「克勤克儉」、「忠孝傳家」；以及將教育子女的責任，視爲終生的義務等等，都是超越法律規定之外，而其積極的效果與影響，確又比法律的消極限制更爲有效。

這樣的社會，也許就是我們中國人幾千年來所憧憬的，歐美國家至今尚未能實現的最進步的，富而好禮的社會。也就是 孫中山先生所說，我們要迎頭趕上歐美國家，建設一個比歐美社會更好的社會。那麼什麼叫做富而好禮？爲什麼以前不能實現？今天就具備有足夠的條件嗎？富而好禮的社會，其內涵是什麼？如何能實現？這一些的問題，都是我們要來作進一步研究討論的問題。

富而好禮的社會，也就是在一個富裕的社會之中，人人都依照一套共同的行爲準則，來實現其淑世拯人的抱負和理想。行爲準則是一般所指的禮俗儀文，可以幫助人走向健康幸福生活之路。可是禮俗儀文是從外到內，反映一個社會的情況和需要，是可以隨時隨地而有所不同。淑世拯人的理想，出自每個人的健全心理而表現出來的合理行爲，是從內到外，是基於至情至性之所發，並可由個人的小我，擴充到社會國家的大我，是不變的，但可無限提升的。單單只有禮俗儀文，而沒有淑世拯人的理想，那就是毫無內涵的繁文縟節，根本無助於理想社會的建立，甚至會變成社會進步的障礙。正如同生吞活剝弄來一套民主法治的制度，而沒有把握民主法治的眞精神，甚至藉民主以破壞法治，作自私自利的打算，這樣的民主，對社會的進步毫無補益，只有徒然製造社會的混亂而已。不過如果空懷淑世拯人的理想，却不能見諸實踐，也一樣的沒有意義。所以必須是那可變的禮俗儀文加上淑世拯人的理想，才是我們所說的富而好禮社會的呈現。

描繪富而好禮的社會情狀最詳盡的，莫過於中國的「禮記」。說到禮記這部書雖然只是中國儒家經典的一部份，可是它却包涵了古代的禮俗儀文和理想的建國制度等等，也包括每個人的生活起居、日常行爲、做人處世、人際關係、治學治事，以及婚喪喜慶、祭祀安葬，大而至於治國平天下等等，皆無不有其一定的準則，而一切的目標也可以說是爲了一個富而好禮的理想社會的建立。我們中國人不單是從文字的記載背誦學習，而且幾千年來許多的教育家、思想家，以他們的身教來影響我們這個社會。許多的家庭也都接受了這樣一個行爲模式和奮鬪理想。所以中國人常常自稱也同時被人稱爲是禮義之邦。實際上東方有些國家的社會，今天還知道忠孝傳家，尊奉四維八德，也都是受傳統儒家禮教的影響，絕不是從西方民主法治的思想所移植過來的。

富而好禮的社會我們說是一個理想社會，當然不是很容易建設成功的。所以孔子說：「貧而好樂，富而好禮，衆而以寧者，天下其幾矣。」也就是說貧窮而能自樂其樂，富有而能謙恭好禮，家口衆多而能相安度日，像這樣的人，世界上怕不會很多吧。不過孔子當時所說的是指二千五百多年以前的中國社會，那個時候一般的民智未開，而更談不到富足，並且對於富而好禮的槪念在那個時候的人民生活中還是沒有經過考驗的一種想法而已。現在中華民國在臺灣的建設，却已具備了前所未有的富而好禮社會所必須具備的先決條件。在這裏，恕我冒昧以陳：

第一、中華民國的教育非常發達。以一九八四年爲例，各級學校達六、〇六三所，在學人數已有四百四十餘萬人，佔臺澎地區總人口的四分之一，其中包括接受九年國民義務教育的學生三百三十餘萬，就學率已達適齡學童百分之九十八。中學生六十萬，以及大專院校學生四十餘萬，較之一九四六年光復初期國民義務教育學生不過九十萬人，而大專院校在學學生只有六千餘人，眞不可同日而語。

第二、經濟發展十分快速，一九五二年的國民平均所得不過一百美元，到了一九八四年就已超過三千美元，而今年預計可超過四千美元。外滙存底在一九五一年不到五千萬美元，而今年已超過五百億美元。就財富的平均來看，我們也是世界上國民所得差距最小的國家，百分之二十的高所得者與百分之二十的低所得者之間的差距只有四•二倍。美國的差距是九倍，日本是六倍。我們又知道教育普遍發達的國家，一般來說，也必然是社會安定的國家，而經濟發達且又接近均富的社會，其人民愈是有機會接受良好的教育，因而有助於社會品質的提高。衣食足而知榮辱，倉廩實而知禮義。二者相輔相成，實在是建設富而好禮的社會最有力的條件。而且我們中國社會以儒家思想爲中心的倫理關係，早已成爲家庭與社會中不可分割的重要部份。雖然西方的物質生活與現代文明曾經帶來很大的衝擊，但是，儒家思想深厚的影響力仍然是牢不可拔的。所以說如果我們能繼續在這一基礎上朝著一定的目標努力去做，必定能夠實現富而好禮的理想社會。

那麼所謂富而好禮的社會，在我國傳統的教育中，又是如何來培養一般國民的思想行爲呢？我不妨引述禮記裏面若干的片段，而事實上儒家的經典裏面到處都是敎人敦品勵行的行爲準則。

禮記曲禮載：「夫禮者所以定親疏，決嫌疑，別同異，明是非也。」又說：「禮，不妄說人，不辭費。禮，不踰節，不侵侮，不好狎。修身踐言，謂之善行。行修言道，禮之質也。」就是說：「禮是用來制定人與人關係上的親疏，判斷事情的嫌疑，分辨物類的同異，明白道理的是非。」又說：「依禮不可以隨便批評別人，不可說些不必要的話，依禮行為不可越軌，不侵犯侮慢別人，不作荒唐淫佚之事。自己時常警惕振作，實踐自己說過的話，這可稱為完美的品行。修養道德而言行一致，那就是禮的實質。」每個人都必須學習而且實踐，才是有教養的，受人尊重的，能替社會國家服務的人士。否則便是野蠻的，被人所看不起的狂夫俗子。比方說：「毋不敬，儼若思，安定辭。安民哉！」這是要每個人一切行為準則皆以「敬」為基礎，態度要端莊持重而若有所思的樣子，說話也要安祥而確定。這樣才能使人信服啊。行事為人，則「傲不可長，欲不可從，志不可滿，樂不可極。」「賢者狎而敬之，畏而愛之。愛而知其惡，憎而知其善。積而能散，安安而能遷。」就是說：「不可起傲慢的念頭，不可受欲望的支配。求善的志向不可自滿，享樂的行為則要適可而止。」「比我善良而能幹的人要跟他親密而且敬重他，畏服而又愛慕他。對於自己所愛的人要能分辨出他的短處，對於嫌惡的人，亦要能看出他的好處。能積聚財富就要能分派財富以造福於全民。雖然適應於安樂顯榮的地位，但亦能適應不同的地位。」能夠做到這些，就是社會所尊重的人。

待人接物，「太上貴德，其次貴施報。禮尚往來。往而不來，非禮也；來而不往，亦非禮也。人有禮則安，無禮則危。故曰，禮者不可不學也。」就是說：「上古時代，凡事想做就做，本乎自然，沒有甚麼準則，到了後來文明進步，講究行為效果，凡是受到別人的恩惠就要報答，不報答便不合禮。受到報答而沒有恩惠給人，亦是不合於禮。有了這種作用的禮，於是人與人的關係，始能得平衡安定。反之，就要發生傾危。所以說行爲準則是不可以不學習的。像這樣不厭其煩的規定，聽起來很麻煩，做起來也很不自在，但就是在這種合理而稍微嚴格的日常生活訓練中，從小培養出一個人的克己復禮的習慣，所以說治國平天下，從修身齊家做起，實在是很有道理的。

各位先生，時代在變，潮流在變，我們許多的生活習慣也跟隨在變，過去舊社會中的許多禮教，也不能不變。不過，人類社會周圍的生活環境雖然在變，可是生活的意義和生命的目的，其中的道理應該是沒有變而且也不會變。我們要建設一個富而好禮的社會，就是要改進我們全體的生活，使明天比今天更好；並創造繼起的生命，使全人類的生命，得到更大安全的保障。事實證明，合理的行爲準則加上淑世拯人的理想，是幫助我們建設富而好禮社會不可缺少的兩大支柱。我們可以經由教育方式，來造就每個人健全的心理與合理的行爲，以提升我們社會的品質，以達到富而好禮的境界，在那種境界之中，各式各樣的犯罪就不會發生，也不會誤以爲暴民政治、放任的自由與奪權鬭爭及私利的追逐，就是民主，而獨裁專制便是法治。中華民國的人民，三十多年來刻苦耐勞，克勤克儉，克己復禮，精益求精的精神，曾經幫助我們建設了均富的社會，將必更能成爲富而好禮社會中大家所崇尙的價值標準，而漸進於此一理想社會中。我們的近鄰日本，在戰後人民的發奮圖强，經過了三十多年的努力，從廢墟中建立起世界經濟大國，絕非偶然，凡此都是具備建設富而好禮的社會的先決條件，而貴國人民崇尙禮節的傳統習性，更能加速邁向此一理想社會。

以上幾點粗淺的意見，提供本次大會各位先生參考指正。俊才相信中日兩國在這一方面必能相互借鏡，彼此効力。最後敬祝大會成功，各位先生健康愉快。謝謝！

七十六年四月三日在東京「中日中國大陸問題研討會」第十四屆大會講

附記：第十四屆中、日「中國大陸問題」研討會，於本年四月三日在東京舉行。俊才忝爲此一研討會之創始人，並會在臺北主持第一屆大會，此次被邀爲貴賓，前往參加，並於開幕式中發表特別演講。邇來，深感民主自由固爲時代之潮流，然若能漸進於「大同之治富而好禮」的社會，並懸以爲奮鬪之理想，豈不更佳？因卽以此爲題，加以申論。

二十、做什麼？爲什麼？

公路局最近有很多新的發展，充滿一片朝氣，個人覺得非常的欽佩。

各位今天參加這個會，是從各地方來，暫時放下原有的工作，而能利用這一天的時間，共同來研究討論有關的問題，是非常有意義的。

兄弟承邀來參加各位的研討會，我想提出一個問題來和各位談談。我要談的就是「做什麼？爲什麼？」

我們今天到這裏來，若問「做什麼？爲什麼？」簡單的答案是我們來就有關的工作進行討論、研究、求進一步的發展。可是要是再深一層的問，爲什麼要「研究發展」？當然是爲了加強大家的工作。那麼爲什麼要加強工作？因爲我們國家有積極的需要，需要我們努力的去工作。若使再問我們所做的究竟是些什麼？是不是切合需要？做得對與不對？未來的方向又如何？這一連串的話一直問下去，問到最後，恐怕不是一般同志很容易就能答覆的。

談到工作，通常我們一個人每個禮拜工作六天，或五天半，然後休息一天，在休息的這一天或一天半，就會感覺到非常的舒服，因爲經過了幾天的辛苦工作以後，可以得到一天休息的時間。反過來說，假如一個禮拜內休息六天只工作一天，也許頭一個禮拜感覺到蠻舒服，可以得到這麼多的休息時間。可是如果一個月之中，在每個禮拜裏面六天都在休息而只有一天工作，或者一年三百六十五天都在休息，到了這個時候，你就會感覺到非常的痛苦；會感覺到在有工作的時候，精神非常好，而且當你發現你所做的工作，已經把力量貢獻出來了，自己的理想能夠實現了，計畫能夠貫徹了，一定會感覺到特別的愉快，覺得如果能再有多一點時間給我工作就好。因為太多時間在休息，而沒有工作可做，是一種痛苦，有工作可做的時候，才是一種快樂。

我們再進一步說，假如我們都有工作，一年之中，不但是白天工作，晚上也要工作，但是工作的性質，是自己所不願意擔任的，是被強迫的工作，也不能共享這個工作的成果，在這樣一個狀況下，這一個社會，這一個團體，乃至這個家庭或個人，可以說整年都是在精神壓力與痛苦之中。所以說當我們有工作可做的時候，當我們能發揮力量，貢獻於國家和社會的時候，乃是我們精神最快樂的時候；而沒有工作可做或被強迫而工作，那是人生最痛苦的時候。我們在家庭裏面，對兩三歲的小孩當然不會規定他們要工作，因為年齡太小了，給他們什麼工作呢？可是一個兩三歲的小孩子，却是不停的在工作，從早上起床開始，只要他是健康的，他就不停地在工作，如果身體不舒服，他就躺著不動，他身體舒服了，就從床上到床下，到客廳，到處跳，到處跑，不斷地叫，不斷地鬧，不斷的講話，一直到精疲力盡，到了晚上休息了，躺在母親懷裏睡覺。他是不是在工作呢？他是在工作，他在不停地跳跳蹦蹦，叫叫鬧鬧之中，來學習人生的經驗，學習生活的方式，每天不斷的進步，這就是一種工作。而年紀老的人，有些先生們到了快退休的時候，身體仍然很好，可是一退休下來就感到不舒服了，這裏不對勁，那裏也酸痛，平日在家裏要講講話，或者是去看看朋友；子侄輩覺得這個老頭有休息的時間而不休息，還在到處走來走去，好像是不應該。但是他們不知道，這是因為年老的人，一旦退休下來，他沒有適當的排遣，沒有適當的工作，在精神上感到有一種苦悶。各位同志，談到這裏，我想大家都有這種經驗，那就是我們愈能發揮自己的力量，對我們週圍的環境，對我們服務的團體，能多做一份工作的時候，就感覺是心裏最舒服的時候；不一定說是因此而薪水拿得多，薪水拿得多，當然快樂，但還不是眞正的快樂。唯有你對你的朋友，對你的同志，對你的環境，對你所在的辦公室裏，如果大家都感覺到你替大家多做了一份好的工作的時候，你心裏的感受纔是充滿了快樂，那種快樂也是無法形容的。

我們要做工作，做什麼呢？為什麼而做呢？比方說：在一千九百多年以前，基督教的耶穌，他被釘死在十字架上，聖經上記載著說，當他被釘在十字架上的時候，他最後的祈禱說：「父呀！請你原諒他們，寬恕他們，因為他們所做的，他們並不知道」。那些人要把他釘死在十字架上，而他還在說要原諒他們，因為他們所做的，他們「不知道」。這句話，當然是代表一位宗教家的一種寬恕博愛的精神，可以說是千古的名言。在這位偉大的宗教家腦海裏當時他所想到的，是那些要釘死他的人，以為他們在這樣做的時候，對社會是有貢獻的，是實現了他們的理想；卻不知道他們所作所爲恰恰相反，是危害了社會，對國家是有害的，只是他們不知道。所以說我們分析一件事情的動機、經過、後果、演變，都不是幾句簡單的話可以回答的，要很仔細的體察，才能夠了解。在同一個時期，與耶穌差不多同時的一位哲學家保羅，他在他的記載裏說：「我感覺很痛苦，我想到應該做的事情，我不去做，我覺得不應該做的事情，我偏去做」。這就說明他心理上的矛盾。這種情況，我想每個人都可能遭遇到，有的事情，自己明明知道應該去做，但是不能挺身去做，原因是沒有勇氣，沒有力量，或是欠缺這方面的知識。不應該做的事情，偏偏去做，做了以後，產生了不良的後果而後悔。假如我們在從事一件工作的時候，知道我們是在做什麼，爲什麼而做，這就成了。就怕並不知道是在做什麼，爲什麼做，那就非常危險。

追求共同的理想

有一位日本教授桑原壽二先生，他經常到臺灣來訪問，是我們北大的畢業生，年紀快七十歲了，對我國的文化有相當的了解。他每一次來，我都與他見面談一談。他說他每次到臺北來，都有很深的感觸；在街上所看到的人、碰到的朋友，大家都是面帶笑容，大家都在努力工作，問他爲什麼而工作，他會很快的，不需要太多思索，便能說出來。不但一個人能如此答覆，大多數人的答覆也都相同。他的意思是說生活在中華民國的人，都有一個共同工作的目的，而很愉快的爲達到這個目的在奮鬭；在公路，或是在鐵路，在航空，或是在工廠服務的人，或者是學校的師生，都有一個共同的了解，所以能克服許多的困難。他又說：日本人就不是如此，通常日本人也是很努力工作，工作的勤奮和我們差不多，也很徹底，交待一件工作，不必多談什麼理論，只要告訴他這件工作怎麼做，他就做到底，一直做下去。但是有一點，為什麼而工作？他却講不出來，勉强來說，現在的日本人，也有一個共同的看法，就是賺錢；無論是在商社也好，在政府機關也好，在那一部門工作也好，一年到頭去拼命工作，唯一的目的，是賺錢，希望賺更多的錢，每年到了年底，分到許多紅利，拿到一筆錢以後，到臺灣來觀光，遊覽一番，或到其他地方去玩，錢花光了，再回去拼命工作；白天工作以後，晚上喝酒，喝得醉醺醺的回去，然後倒下睡了，第二天起來再工作。他們工作，是為賺錢而工作；而日本政府的政策，也是指導各部門在那裏拼命的賺錢，賺更多的錢。照這樣說，日本人生活改善了，錢也賺了，他們應該很舒服、很快樂，但事實上不是這樣，他們日本人的內心很空虛，並不快樂。因為沒有一個更高的理想，沒有一個追求的崇高目標，所以一個個板起臉孔；凡是到日本去過的人都常常看到，在東京或其他地方，那些日本人臉孔都是板起的，拼命在趕路，看不到一個人的臉上有笑容，他們緊張、繁忙、疲勞。他說他們是缺乏一個精神上共同的更高的追求的目標。

我們要想一想，譬如在座的各位，我們是在做什麼？為什麼而做呢？綜括來講，所有中華民國的人，凡是能工作的，都是在參加國家的各項建設，為儲備我們的力量，來復國建國，這就是我們的目標。除了他本身的養家活眷與私人的職業性質以外，他對於這個時代，這麼大的重要工作，他覺得他是參加了，將來告訴他的兒孫，告訴下一代，這個偉大的工作，他是親身參與的，貢獻了力量的，他會覺得驕傲，很舒服，很愉快。這就是因爲大家有一個共同的了解。

我們要做的是什麼？

我們再仔細的把問題分析一下，今天我們究竟在做什麼？我們不做什麼？我想這一點，各位都明瞭、清楚。擺在我們前面的是一個大的目標，「參加國家建設，爲復國建國而貢獻力量」。這是我們共同的一個工作。再細分下來，在這個目標之下，那幾項重點工作，是我們全國同胞都在努力做的？那幾項是我們政策上所不做的？這個，我們應該回答得出來，這是一個很重要的觀念；各位有很多的朋友，有很多的親戚，有很多的同事，在討論、談到有關問題的時候，我們應該很清楚的了解到今天在努力做的，有那幾項重點工作，又有那些工作是我們不做的。我們今天大家所努力做的有四項重點工作：第一是鞏固國防。第二是發展經濟。第三是安定社會。第四是改善民生。當然這是依照我們最高的政法理想，是在三民主義原則之下努力以赴的。

國防要不要鞏固？假若不應該鞏固，那就毋需努力；假如國防應該鞏固，那不管說者說得如何天花亂墜，我們也要貫徹既定政策。譬如中美共同防禦條約，要依照原來美國總統所決定的從明年一月一日起終止，雖然美國聯邦地方法院有法官裁定說卡特的這一個決定是不合法，應該得到國會的同意，才能宣佈廢約，但是我們了解到，他這個決定，恐怕也不會因此而改變。那麼有人擔心了，這個條約終止了以後，明年開始，是不是中共的軍事力量會來侵犯臺灣呢？它們的力量有多大？我們復興基地的安全是不是有危險呢？這是大家都很關心的。

我們為什麼要鞏固國防，有兩個目的：一個是保護我們基地的安全，一個是我們要支援接應大陸上發生的反共革命。照眼前來說，中共有形的兵力確是比我們多。然而它比我們多多少呢？中共有形的軍事力量，在數量上大約是七倍到十倍於我們。這樣大的一個力量，用來攻擊我們，那麼我們這個復興基地能夠保全嗎？過去因有中美共同防禦條約，所以它不敢來攻擊我們，今年過去以後，沒有什麼防禦條約，它就可以來攻擊我們，在這樣大的壓力之下，能承受得了嗎？這一點，我一說明，各位就可以了解。我們所能動員的力量，與中共可能動員來攻擊我們的力量兩相對比，我們的力量遠勝過中共的力量。為什麼？因為它不能動員所有的力量來攻擊我們；它是備多力分，我們則可以集中所有的力量來反擊它。何況，中共如果膽敢發動攻擊，那也就是我們裏應外合反攻大陸戰爭的開始。如此說來，我們可以不要鞏固國防了，不是的，我們要不斷的更新我們的裝備，不斷的訓練我們的部隊，因為我們國防的目的，不但在求自保，而且要支援大陸隨時可能發生的反共革命。這種計畫、部署和準備，是根據我們的國防政策來推動，來貫徹，但不是我們每個人的眼睛所能看得到的。我們國民所應該做的，就是支持這個政策，來鞏固我們的國防。

發展經濟，當然也是應該的，經濟在發展過程中，會遭遇到困難，但可以克服，這些話，各位聽得很多，我不必多講。經濟有了發展，社會才能安定，一個不安定的社會，大家生活都不好，家庭亦不安全。社會安定了，民生當然能得到改善。前面所說的四個目標：鞏固國防、發展經濟、改善民生、安定社會。是我們的政策，也是我們努力的重點工作。

我們不做的是什麼？

有些工作是我們所不做的。那些是我們不做的呢？中共要跟我們接觸，這個我們不做。為什麼不能與它接觸呢？接觸和不接觸，本身就是一種戰術，它來和你接觸，是要達到它的目的，我不和它接觸，我就擊破了它的陰謀。這個戰術，可以用來打人，也可以反擊。它要來和我們接觸，就等於它拿這個戰術來打我們，我不和它接觸，就使它的戰術不發生作用，不發生效果。這句話，大家聽了，可以再進一步思考。

我們辦選舉，不止辦一次，已經辦了很多次了，還要辦很多次。辦選舉的目的是什麼？辦選舉的目的是推行三民主義的民主憲政，來擴大人民參與政治的機會，使我們的民主政治更進步。而不是利用這個選舉把社會搞亂，把政府推翻。辦選舉的目的是使更多的人透過選舉來為國家服務，是擴大民主政治的功能，而不是把已有的基礎打碎、砸爛。假如選舉是為達成我們的民主政治這個目的，當然我們辦，假如要利用這個選舉，把我們民主政治破壞，當然不辦。這一點，我不知道說得清不清楚，譬如去年的選舉，為什麼要停止？是因為有人要利用中美斷交那個時期危害我們的國家，搞亂我們的社會，要使我們爛得一團糟。在那個時候，我們把選舉停辦了。今後要不要辦，當然要辦，什麼時候辦？自然是選擇對國家社會有利無害的時候辦。

有人說社會在進步，因為時代的需要，人民的參與要擴大，民意機構也要擴大。對，應該擴大。用什麼方式擴大？當然值得研究。但必須要有一個基本體認：假如因這個民意機構的功能擴大到損害了我們憲法的話，這是不對的。如能在憲法的原則之下，來擴大，我們是贊成的。就是說在憲政體制之下，來擴大我們國會的功能，而不是藉口擴大國會的功能，來破壞這個憲法，搗亂這個憲政體制。

有人說我們要成立多幾個政黨，如反對黨之類。各位知道，政黨就是一羣人為實現政治理想而組成的政治團體。這種團體，就是政黨。譬如在座各位為實現三民主義而參加國民黨，國民黨就是一個政黨。政黨的作用何在？是為了實現政治理想。我們大家參加了中國國民黨，都是為了實現共同的政治理想而奮鬭而努力。不是說，只是為了反對甚麼人而成立一個政黨。一個政黨透過選舉而執政的，叫執政黨，其他不執政的，叫在野黨；在野黨可以是一個，也可以多幾個；我們現在就有兩個在野黨。執政黨的政策是對國家有利的，你就不能反對，為反對而反對，人民絕不會支持的。如果執政黨的政策是錯誤的，當然可以反對，也應該反對；但不能說連所有對國家有利的政策都反對，這就不是正常的政黨政治。國民黨的態度很光明磊落，今天我們國家的政策是反對共產主義，是要復國建國，在這個目標之下，願意參加這個工作的，都一律受歡迎。如要反對這個政策，我們不能苟同。說我們反共，你反對，你要親共、迎共，這個我們不能同意。你是為了反共而努力從事政治的工作，那我們可以合作，可以贊成。

我前面提出的幾點，就是說，國民黨所做的，是「鞏固國防、發展經濟、安定社會、改善民生」，這是我們所努力的重點工作。我們所不做的，是不和中共接觸。你若只是為了反對而搞反對黨，大家不會盲從。我們主張國會可以擴大功能，但是要遵守憲法，如果要破壞憲法的話，我們不能做，也不應該做。

第二個問題要談到的是另有一部分人，他們在做什麼？為什麼？國內有若干對政治有特別興趣的人，年來他們也做很多的事，他們努力工作，白天工作，晚上也工作，在國內工作，在國外也工作，他們不斷的演講，不斷的寫文章，不斷的集會；他們這樣披星戴月，忙來忙去，他們是為什麼？我們前面談到的，如果他們是為「鞏固國防，發展經濟，安定社會，改善民生。」我們人人都歡迎，那是應該的。我相信他們之中的大多數人，也都是本於愛國救國的動機，朝此目標奮鬬的。但是如果其中有少數的人是蓄意要破壞國防，破壞經濟，使我們的社會紊亂，使我們的民生不安，這個我們老百姓便不能苟同。那末他們究竟在做什麼呢？是在破壞？還是在建設呢？他們的最後的目的又是什麼呢？他們做的是對的、還是錯的？他們做的對國家有沒有好處，對人民有沒有幫助，大家都明瞭。可是有一件事，我今天要特別提出來告訴大家，他們之中有人想要挖根，要根本否定我們立國的主義。

我們的根是三民主義、五權憲法。他們反對，不是在表面上來反對三民主義、反對五權憲法；而是說：今天這個社會是由許多不同生活方式的個人及不同利益的團體所組成，因爲利益不同、興趣不同、教育不同、職業不同……，所以不能由一個單一的政治思想來支配這個社會。換句話說，今天我們是以憲法裏面所明定的三民主義，作我們的政治理想，我們立國的根本思想，祇有一個。憲法裏並沒有說我們中華民國實行資本主義，更沒有說可以實行共產主義，憲法裏面說：「中華民國基於三民主義，爲民有、民治、民享之民主共和國。」但是他們却說這個社會是五花八門的各種思想所共同滙積的，不能拿一個政治思想來約束所有的人，必須准許其他的政治思想也可以拿出來，其他的主義也可用上，這才是眞正自由民主的社會。假使大家接受了這樣一個觀念的話，那末，不但資本主義可以拿出來，各式各樣的主義也都可以拿出來。換言之，大家努力的目標，就不是朝著三民主義的方向了。這是不是在挖中華民國的根呢？所謂崇尚多元而不是一元者，問題在此。我們的政策是保障社會的多元利益，但是我們堅持三民主義爲唯一的政治理想，建設三民主義的統一的中國，是我們不變的目標。

大陸同胞在做什麼？為什麼？

其次我想談談最近大陸的情形，最近有兩位先生，上個月到大陸去看過，他們在國外擔任大學的教授，幾十年沒有回過大陸，因此他們回去看看在「那邊」的親友，事後經過臺北。他們提到大陸上有幾種普遍的情形，他們說中共表面上宣稱沒有什麽階級，但事實上，他們的階級是分得非常的嚴。兩位教授在廣州坐火車，火車就分了等級，有一級叫特優級，是有彈簧床，可以睡覺的，這一種的車廂，出售特優票，只有外國人和僑胞及武職師級以上幹部和文職處長以上的幹部，可以購票，其他的老百姓，或者是師級以下的武職幹部、處長以下的文職幹部，都不能購票。如果普通人去買這種票，幹部要來追查，你是屬那一級的，爲什麽買這種票，不但是票買不到，而且一直要查到底，家庭經濟的情形，在此以前是幹什麽，是不是有特別的企圖等等，所謂沒有「階級」，這是謊言——眞正的「無產階級」反而買不到這種特優級的票。另有一種情況，他們看到，在大陸上人很多，到處都是人，很擠，而這些人很奇怪，好像沒有太緊張的工作情緒。這兩位教授，其中一位的弟弟在工廠裏工作，另一位的嫂嫂在公務機關做事，看他們好像都不像我們平常所想的很認眞的努力在工作。於是就問他們：「你們過去不是『挑燈夜戰』嗎？晚上還要打起燈籠工作嗎？爲什麽你們現在工作或上班都是很鬆懈？」在工廠工作的人回答道：「我們拼命做也是這個樣子，不做的話，還是這個樣子，像我現在上午到一到，下午到一到，也是這個樣子，大半的人都是這樣子。」再問他：「爲什麽你們都是這個樣子？」他回答說：「他們搞『現代化』了，新的機器，還沒有來，舊的機器擺在這地方，有的機器不能用，有的原料也不夠，廠裏沒有多少事，只有看看報紙，就回去了。」「那你這個樣子，工廠會不會把你開除？」他說：「這倒不會，因爲他們對工人階級，不能隨便開除。」至於在公務機關上班的情形，亦復如此，工作不起勁，大家慢慢地拖，等待情況的變化，這是一種現象。同時他們也發現，大陸同胞現在人人都覺得很空虛，總想找個什麼東西，使自己心靈有一個主，有所依賴。每個人都是這樣。過去，或者說他是「四人幫」的，相信毛澤東的，相信林彪的，也許是跟鄧小平的，跟那一個的，他心裏有個主在那個地方，同時有一個所謂共產主義社會建設帶動大家向前跑，雖然很差，但總算有一個目標，可是現在沒有了。這一個人靠不住，那一個當然也靠不住，靠人，都靠不住，靠組織，組織靠不住，靠思想，共產主義搞了這許多年也沒有搞出什麼名堂來，他們心裏沒有主，總想有個主，有所依賴。他們在大陸從南到北，看到的人，心中無主，希望得到一個精神上的依賴，但總是得不到，人人處於一個心靈空虛的狀態。他們又看到大陸一般幹部們對臺灣情形興趣很濃厚，有的公開打聽，有的偷偷的打聽。他們知道臺灣的情形很好，究竟好到怎麼樣？農村情形怎麼樣，一般家庭生活怎麼樣，小孩上學怎麼樣等等，對臺灣非常嚮往。這種嚮往，當然是有兩個原因引起的，一個是經過鄧小平批准放了幾部有關介紹臺灣的電影讓大家看，引發了他們內心的懷疑，我們能不能改善？他們爲什麼過得那麼好？爲什麼那樣有錢？另一個原因是因最近幾年來，他們的情況十分惡劣，從西方國家進去的人，外人、僑胞、旅遊者的口中知道大陸原來如此落後，希望有所改善。歸納兩位教授對大陸的觀感：第一、過去那種狂熱的要實行什麼共產主義的情形，到現在完全沒有了，他們對共產主義是徹底失望了。第二、他們今天心靈上很空虛，而等待有一個精神上的力量。第三、他們以一種冷淡、消極、怠工的方式，在與匪僞政權作消極的抵抗。由此可知，我們是在愉快而有目的的工作，他們是在痛苦、消極、無所依賴的怠工的狀態。

各位是在做研究發展這一部分的工作，是有所爲而爲，爲實現三民主義的理想而團結奮鬪。研究發展工作是多方面的，我只能貢獻各位的就是這六個字，多想想「做什麼？爲什麼？」謝謝各位！

六十八年十一月在公路局講

二十一、三民主義的民主憲政

一、前　言

民國五十八年十二月二十五日先總統　蔣公在行憲大會中致辭，曾一再提示：「只有三民主義的憲政，纔是最完美最健全的憲政」。其後，蔣總統經國先生於民國六十八年行憲紀念大會中又特別强調：「中華民國基於三民主義而立國，因此我們要貫徹三民主義的民主憲政。」這當然是一項非常重要的政策性宣告。

溯自　國父創立興中會，九十多年以來，我們一直是爲國家之自由平等而奮鬥，推翻滿清，掃除軍閥，打倒帝國主義，現在又致力於反對共產主義，消滅匪僞政權的偉業，亦卽無一不是爲了鞏固國權，保障民權，貫徹三民主義的民主憲政。

從前西歐國家如英、法等國，他們是從君主專制下，經過長時期的犧牲奮鬥，才奠定了民主政治的基礎，所要打倒的敵人只有一種，就是專制的君主。以後美國人打敗了英國的殖民統治而後建立合衆政府，那時美國人所遭遇的敵人也只有一種，就是英國的殖民地政府。到了第二次世界大戰以後，所有由殖民地贏得自由獨立的國家，所曾面對的敵人，還是只有一種，就是壓迫他們的帝國主義者。如今猶在共產暴政下被奴役的國家，仍然是面對共產極權統治者一種的敵人。可是我們在建設三民主義民主憲政的過程中，却連續遭遇到四種不同的敵人，而且大半的時候，是在這四種敵人的圍攻之下，包括專制的君主、禍國殃民的軍閥、一心想要瓜分與消滅我國的列强和萬惡的共產黨。因此我們的奮鬪比任何民主國家都要艱苦，所以也格外珍貴。我們曾在亞洲創立了第一個民主共和國，並在打倒軍閥戰勝日本帝國主義者之後，又制訂了中華民國憲法，行憲政之治。這些鐵的事實，充分證明了我們始終是站在捍衞民主自由的最前線，從不氣餒，也從未動搖；沒有後退，也不容有任何的破壞。

二、必須堅持三民主義民主憲政正確方向

爲甚麼說貫徹的是三民主義的民主憲政，而不是實行歐美的民主政治呢？國父在民國十三年於廣州講演三民主義的時候，早就告訴過我們：要切記「歐美有歐美的社會，我們有我們的社會。彼此人情風土各不相同。我們能夠照自己社會的情形，迎合世界潮流做去，社會才可以改良，國家才可以進步。如果不照自己社會的情形，迎合世界的潮流去做，國家便要退化，民族便要危險。」國父當時說這一番話，就是針對歐美政治的弊病，剴切指示全國同胞，一定要照着三民主義五權憲法的原理，依據我國的國情，改進西方民主政治的缺點，來建立我們自己的三民

主義民主憲政。從此本黨第一次全國代表大會及以後歷次大會的決議和宣言，政綱和政策，一直到今天，都是恪遵　國父遺訓，在先總統　蔣公及現在蔣總統的相繼領導之下，一以貫之的。顯然我們並不是走西方民主政治之路，要開創國家的新機運，更必須堅持三民主義民主憲政的正確方針。

數年前行政院聘來十位外籍顧問，其中的一位馬丁博士，在考察了我國高等教育的實際情況之後，曾坦率批評我國的大學「太過美國化」。他說：「臺灣不是美國，臺灣的教授應致力本身的目標及問題，不應把一個外國學術文化移植在這片土地之上，這種構想是不可能成功的，因為基本上就不應該這樣做。」這位顧問的話雖然有些以偏概全，但是我們的大學裏，確有若干的教授，全心全意的講授歐美的政治學說、理論和制度，就像他們在國外所學到的一樣，甚至連美國大學裏所用的教科書也不改，可是對於我們自己的政治理論與制度、國情背景與社會情形等，却很少同時也作深入的比較研究和講解，似此情形，如何能使青年獲得應有的完備知識，不能不說是一種缺點。

國內經常有人熱心鼓吹西方的民主政治，或根據西方民主政治的理論和制度，來解釋我們政府的政策或有關措施。其實我們所走的乃是三民主義的民主憲政之路，而並非照抄西方民主政治的理論和制度；我們是遵照　國父和先總統　蔣公所指示的，是根據「中國文化一向即有的民本思想，將倫理與科學相結合、倫理與民主相結合的傳統精神，化為現代的民主制度，使道德、理性與法治同受重視」。

三、西方民主政治的缺點以及我們所遭遇的實際困難

提到西方民主政治的基本的理論，簡單的說就是他們所主張的天賦人權與制衡原理。他們認爲人民的權利是天生的，人類在先國家的自然狀態中，就有了自由平等的權利，而組織國家卽爲了保衞個人的天賦人權，所以必須想盡方法來約束政府；而其最有效的方法，莫過於使政府的權力分散、相互制衡、受到限制，這便是以後三權分立的由來。究竟有沒有天賦人權呢？國父在民權主義中指出，依照歷史來看，任何社會中均無天賦人權的存在，人民的權利根本不是天生的，所謂天賦人權不過是一種虛枉的假設。因爲人權乃是時勢和潮流所造就出來的，是人類奮鬪的結果，是由神權社會而君權社會而民權社會逐步發展出來的。民權乃是現代社會的產物。既然根本就沒有所謂天賦人權而只有時勢和潮流造出來的革命民權，那麼這種民權，應該只有國民與支持民國之人才能享受。凡是反對民國，出賣民國利益之人，不論其爲個人或團體的成員，就不得享受。

我們也知道，西方的民主政治特別强調個人自由。因爲他們過去在專制壓迫之下，旣無個人的基本自由，更無政治的自由，所以拼死爭自由，所謂不自由毋寧死，爭得自由之後，便用盡一切方法來保護它。但是在我們中國社會裏，過去君主專制時代，缺乏政治自由，却不缺乏個人的

基本自由，而且是浪蕩不羈，簡直是太自由太放任了。一般外國人譏諷我們為一盤散沙，不能團結。我們不重視國家的自由，所以我們的國際地位低落，受他人的壓迫。因此 國父主張我們中國社會除了要發揚民權，同時要爭國家的自由；為了爭國家的自由，尤其是在國家危急存亡的時候，更不能不犧牲一點個人的自由，以確保國家的自由。

依照中華民國憲法的規定，對於國民的基本自由與政治自由都有充分的保障。事實上現在我們生活在自由中國社會裏的每一國民，只要不是作奸犯科，依法都享有充分的自由平等權利。為了珍惜這分自由，我們便不能不重視法律的尊嚴與國家的安全，以保衛我們大家的自由。

祇是我們中國大陸現在是被共產暴政所統治，其專制的程度，遠比過去君主專制的時代要嚴酷厲害得多，完全扼殺了人民的基本自由，當然也談不到絲毫的政治自由，整個大陸就像一個大監獄。這種情形當然不是 國父在世的時候所能預料的。今天，他們所要努力的，就是把奴役大陸同胞的共產政權推翻，讓所有中國同胞都能享受三民主義憲政下的民主自由生活。有一些西方國家的人士，對我國大陸同胞毫無自由可言的情形，好像是熟視無覩，也忘記了他們所崇尚的自由平等之說，反而為了自私的、短視的利益，去助長中共政權的兇焰，這又證明今天他們仍然是欺善怕惡的帝國主義作風。如果我們還有人想要這些外國人來幫助我們發展民主政治，豈不是痴人說夢？試問自十五世紀末葉以來，有那一個西方列強，眞心誠意地幫助了旁的國家，建立過眞正的民主政治？這個道理很簡單，一個民權充分發達的國家之內，是決不可能容許外來的帝國主義者存在的。

其次，讓我們看看他們的政治制度，以今天的美國爲例，行政部門公開干預司法部門，例如國務院可以影響司法部，必須依照外交決策而不是依照法律來處理涉外的案件；但是國會却又常常杯葛總統所提出的法案。這無非是把政府的權力加以分散而使之彼此制衡，使其不能發揮萬能政府的效率，像這樣的制度，唯恐政府有能，又如何能應付今日共產集權國家的挑戰？我們又知道，所有共產侵略者，在對付民主國家時，不是祇注意有形的軍事戰爭，而是重視思想的、心理的、政治和經濟的先戰之戰，如果說一定要等到兵臨城下的緊急危難時刻，才授權政府採取非常的措施，使人民和國家均遭受了極大的損害，又何不在平時讓政府有能，早作各種必要的防範？舉此一端，卽可知道歐美民主政治制度下的政府之無能，實在是需要改革的。至於人民的權利，美其名是受到了保障，實則仍是操縱在代議士的手裏。他們的人民只有一個選舉權，對於不稱職的官吏，並不能直接罷免；對於代議士所制訂的法律，也沒有妥善處置的辦法。壞的法律不能廢止，好的法律也不能創制，一切都祇有由代議士的隨心所欲。我們的國父當時看到了這種弊病，因此發明權能區分、五權憲法的原理和制度。使人民享有四種政權，政府掌有五種治權。人民對官吏能選舉也能罷免，對法律能創制也能複決，能收能放，運用自如。政府則受人民的信託，掌管立法、司法、行政、考試與監察，像一般公司的股東管理經理一般，股東有權，經理有能，充分發揮人民有權、政府有能的萬能政府功效。這種制度在中央由國民大會行使間接民權，在地方則行使直接民權，可以說是最進步的政治原理，這就是三民主義的憲政。本來，民主政治並無放之天下而皆準的一個唯一標準，祇要是適合一個國家的社會情形，而又是迎合世界民主潮流的制度，那就是切合需要的民主制度，這就是我們的基本看法。

不過，我們現在的憲法，可惜還沒有徹底遵照 國父的原理制訂，這是因爲抗戰勝利後制訂憲法時，被中共百般阻擾破壞，並且受到當時政治協商會議的影響；所以我們要繼續努力，以求貫徹三民主義的憲政，將來國家情勢恢復常態，相信我們也必能再作適當的修正與調整。

另一個目前我們所遭遇到的現實困難，卽我國於抗戰後開始實施憲政之時，國家卽處於非常時期。大陸淪陷，政府播遷，自由地區亦受到了滲透顚覆的威脅。因此國民大會乃不得不通過於憲法中增列動員戡亂時期臨時條款，以資肆應。比如說中央民意代表便不能在法定任期內全部改選，祇能隨自然的凋謝並按人口的增加，逐步增補，以期保持民意機關的活力與代表性。這些都是不得已的措施。一般西方民主國家處於危難時期，也同樣採取非常的措施，不過時間較短而已。所以我們所應當努力的乃是集中一切智慧力量，早日光復大陸，使國家儘速恢復常態，則一切問題都將迎刃而解。

四、為甚麼需要革命民主政黨及其特性

與此聯帶有關的一個重要問題，就是在三民主義的民主憲政的體制下執政的中國國民黨究竟

居於甚麼樣的地位，要盡甚麼樣的責任。

究竟本黨是不是一個普通的民主政黨呢？民國四十一年本黨第七次全國代表大會，曾修改黨章，確定本黨爲革命民主政黨，而非一個普通的民主政黨。本黨的宗旨，在於創建民國，建立三民主義的民主憲政，所以本質上當然是民主的。但是我們今天是在帝國主義侵略和共產暴政壓迫之下，如果不用革命手段，還有甚麼方法可以救國救民，來挽救危急的國家，維護民主政治呢？在這國家危急存亡時期，不用革命的手段，何有革命精神，何能克服危險，完成復國建國的使命！

舉例言之，一個普通的政黨，祇要能透過選舉，掌握政權，憑藉政權執行政策，即已善盡其政黨的責任。但是今天我們除了要一面在復興基地致力建設，儲備國力，確保國家的安全，還要在大陸戰場、海外戰場同時從事反共的鬪爭。我們的黨在大陸敵後，在廣大的海外地區，擁有衆多的黨員與組織的深厚潛力，但是政府則格於形勢，在敵後、在海外，尤其是在無邦交國家之內，確無法順利展開反共鬪爭的工作，而一般大陸同胞與僑胞，又由於缺乏組織與指導，所以許多的工作，都有賴本黨同志透過黨的組織冒險犯難，挺身來擔當。我們要深入敵後、遍佈海外、運用組織、結合羣衆，來負責執行各種的任務。即以臺澎金馬復興基地而論，我們擁有兩百多萬的黨員，都是信仰三民主義的愛國同胞與革命青年，也需要由黨的不斷的教育訓練組織動員起來，使成爲宣傳主義、服務社會、並參與各項建設的生力軍，這都不是一個普通政黨所能勝任的。如果我們現在僅以一個普通民主政黨自居，那麼就等於是說我們放棄革命的任務，放棄三民主義的理想，放棄革命的精神，要從海外與大陸戰場撤退並停止基地上本黨的大部分工作。如果這樣做，其對復國建國大業的損害，實在無法估計，這是誰都可以想像得到的，同時一個普通的政黨，決不能要求其黨員以國家興亡爲己任，置個人死生於度外，作國民的表率，奉獻犧牲，義無反顧；更不能交付黨員艱巨的任務去和險惡的共黨敵人作殊死戰。如果眞是變成了這樣，敵人便可兵不血刃，輕而易擧，達到摧毁我們民族復興基地的目的了。

先總統　蔣公因此在七全大會時，激勵本黨同志們痛下決心，把革命事業從頭做起，並且從本黨內部開始；徹底肅淸失敗主義的毒素，痛切悔改派系傾軋的惡習，切實剷除官僚主義的作風，同時積極充實基層組織，建立幹部制度，確立黨政關係，實施敎育訓練，建立反共心防，展開民衆運動，擧辦社會調查，進行設計研究，强化大陸工作，拓展海外工作，執行紀律考核，劍及履及，纔使我們的黨顯出了新的活力與動力，因而帶動了這些年來的政治革新，經濟發展與社會進步，創造了歷史性的轉機。

難道眞以爲現在危機已過，就忘記了大陸淪陷前的大失敗，忘記民國初年「民國成立，革命黨消」的敎訓麼？只有中共要本黨喪失革命性，退化成普通的政黨，這樣他就可以瓦解我們的組織，顚覆我們的政府。國際政客自然也希望本黨喪失其革命性，拋棄自己的主義和信仰，一擧一動，專爲他們的利益而效命。這些人的妄想，是絕對不可能實現的。

依照中國國民黨黨章規定，革命民主的本黨，具有下述的重要特性：

——中國國民黨係以「三民主義五權憲法為黨綱」，所以反對共產主義。

——「本黨負有完成國民革命的使命，要建設中華民國為統一的、自由的、安和樂利的三民主義共和國」，因此要團結全民力量，消滅中共政權。

——黨員在組織生活中，「個人服從組織，少數服從多數。在決議之前，自由討論，一經決議，須一致服從，以實現有組織的民主，有紀律的自由。」

——本黨係「結合全國信仰三民主義之革命青年及愛國同胞為構成分子」，因此排除共產分子與漢奸走狗。

——黨的領導方式是「以主義結合同志、以政策領導政治、以實踐達成任務、以檢討促成進步、以激勵參與、激發獻身熱忱、以意見溝通、促成合成心力。」

——我們的黨政關係是「依主義制訂政策、以政策決定人事、以組織管理黨員，黨之決策，從政黨員必須貫徹實施。」

——所有志願加入本黨，照章申請並經許可成為本黨的黨員，都有「參加對敵鬪爭工作，努力為民服務，介紹優秀分子入黨」的義務。

——本黨設主席、綜攬全黨黨務。黨章規定「黨員須服從　總理、　總裁之指導以努力於主義之推行」，本此精神，黨員自亦服從主席之指導，以強化革命之領導中心。

以上所舉，有的是承緒革命的光榮傳統，有的是因應當前情勢之所必需，經過黨的最高權力機關全國代表大會所一致確認，並明載於黨章之中。

五、徹底革命、以竟全功

民國十三年一月二十三日　國父在討論第一次全國代表大會宣言時，曾對出席同志有一段非常重要的講話。國父說：「我們從前革命，均未收到好結果，就是因爲革命沒有徹底成功。其原因大都是我們同志擔負責任，沒有始終如一，所以不能貫徹主義。前幾次革命，均因半途上與軍閥官僚妥協調和，以致革命成功之後，仍不免於失敗。此次我們通過宣言，就是從新擔負革命責任，就是計畫徹底的革命；終要把軍閥來推倒，把受壓迫的人民完全來解放。這是關於對內的責任。至於對外的責任，是要反抗帝國侵略主義，將世界受帝國主義所壓迫的人民，來聯絡一致，共同動作，互相扶助，將全世界受壓迫的人民都來解放；決不能又蹈從前的覆轍，做到中間，又來妥協。以後應當把妥協調和的手段一概打消，並且要知道妥協是我們做徹底革命的大錯。」

國父當年的指示，是內不要和軍閥官僚妥協，外不和帝國主義者調和，才能做到徹底革命的成功。今天，我們面對當前險惡的世局，尤應本此精神，堅守蔣主席再三宣示的堅定立場，決不與中共談和也決不妥協；對外我們也不與侵略我們的帝國主義者調和妥協。

今年是建國七十五年，現在正值貫徹以三民主義統一中國的艱苦時會，我們必須昂揚革命的精神，以行動來顯示我們革命民主政黨的特性，尤當依照蔣主席的指導與我國同胞攜手合作，精誠團結，貫徹三民主義的民主憲政，徹底革命，以竟全功。

七十六年十月三十一日中央日報

二十二、信心是力量的泉源

議長，各位議員先生：

本人奉使貴國，呈遞國書後，特來拜訪國會，代表敝國人民和政府，向各位問候致意。承議長先生今天安排了這次特別會，要本人演講，深感榮幸。這不只是對我個人的殊榮，更顯示了貴我兩國關係之密切。中薩兩國在地理位置上，看來相距頗遠，但由於相互了解，都是爲了建設一個安和樂利的社會，爲了維護民主自由的制度而努力奮鬪，並且在對抗國際共黨的挑戰中，又早有良好的合作基礎，所以也可以說是「天涯若比鄰」。

本人來到貴國的首都祇有一個多月，已經享受到溫馨的友情，我已寫信告訴國內的朋友們，這裏眞是一個美麗可愛的好地方，風景如畫，氣候宜人，看到的人們都是這樣友善可親，都是在勤奮地工作，就如同我回到了自己的家鄉一般。

在我和接觸到的貴國人士談話中，我不止一次地聽說：「薩爾瓦多只是一個很小的國家」。這句話的含義，似乎是在提醒我：貴國的幅員不廣，所以不能和一般的大國相比。如果單從有形的數據來看，也許是對的，但如果就貴國所表現的立國精神來說，我覺得貴國確實爲堂堂大國，和世界上任何其他所謂的大國相比，均無遜色，而且比有些專講霸道的所謂大國，更應當爲世人所尊重。

自然我毋需描述從書本上所看到的貴國自開國以來的光榮奮鬬史，我只是根據最近一個多月以來所親自看到的事實作見證。貴國在本年二月大選前後，國際共黨份子，用盡了一切手段，要來破壞貴國的一切，包括採取了流血暴亂的手段，企圖動搖貴國的國本。他們的陰謀，他們假冒爲善的誇大宣傳，以及在那段時間中所作的一切，也許能夠欺騙或煽動少數對共黨認識不清的人們，但是絕對欺騙不了堅決反共的貴國政府，欺騙不了愛國的議員先生，也欺騙不了絕大多數貴國的選民。

所以在貴國政府堅忍和堅決的行動之下，在國會精誠團結的大力支持之下，在全國民衆羣起譴責的壓力之下，他們的陰謀被揭穿了，他們的暴亂失敗了，不到一個星期，他們的頭目也夾著狐狸尾巴逃之夭夭了。這一個事實，說明了貴國人民在危難中信賴政府；貴國的國會能「處變不驚」，在緊要關頭使用了憲法所賦予的權力，支持政府採取果決的行動。而貴國政府在忠實執行任務時，也眞能「愼謀能斷」，使薩爾瓦多的京城，很快又恢復了往日的寧靜。這所有的一切：國民精誠團結，國會處變不驚，政府愼謀能斷，乃是十足大國的風範。我們中華民國也是憑著這種精神一次又一次接受敵人挑戰而能屹立不搖的。

本人並不是要在此故意向各位說好聽的言辭，而只是以一個對國際關係曾有多年研究的大學教授，以及就我自己國家過去遭受共黨迫害的慘痛經驗中得到的認識，來爲一個單純的事實作見證，爲貴國作見證，我相信各位也是同意的。

說到這裏，我想在此提到一些我們國家的情形，也許可供各位的參考。我們國家的中央政府，目前是在我國的臺灣省，本人這次也就是從臺灣來。我們的臺灣省，面積是三萬六千方公里，人口一千六百萬，所以也有人說，中華民國也是一個小國。顯然這是忘記了臺灣省只是我國的一省，整個中華民國擁有一千一百四十餘萬方公里的土地，八億以上的人口，不過目前大部份的領土和同胞，是在中共叛亂政權的盤踞與壓迫之下。我在這裏所要提到的，不是就數目字上來看國家的大小，而是要簡單說明我們從大陸撤退到臺灣省以後，以有限的人力和物力是如何戰勝了國際共黨的種種打擊，今天又是如何在準備擊敗敵人，完成復國建國的工作。

各位必定知道二次世界大戰之後，中國大陸被淪入共產鐵幕，是我國歷史的悲劇，也是戰後亞洲大陸及整個世界戰亂不安的主要原因。由於中國大陸被中共所佔據，我們大陸的同胞固然是過著地獄般的生活，國際間也從此干戈擾攘禍亂不已，韓戰、越戰跟著發生，美洲也出現了古巴的卡斯楚政權，不斷向鄰近國家輸出革命。這都是大家所知道的事。難怪當時全世界的共黨份子都與高彩烈誇耀他們世界革命驚人的收穫，可是國際間却誤認爲這是中共所代表的進步和成就，却不知道中國大陸淪入鐵幕乃是世界禍亂的火種。

領導我國贏得抗戰勝利的 蔣總統中正先生，早就看淸了這一點。儘管旁的國家聽信共黨宣傳對我們百般誣衊，我們毅然決定退守臺灣，和共黨奮鬪到底。我們中央政府撤退抵臺之初，只有極少數的武裝部隊，只有戰後受砲火破壞的少數工廠，國庫中祇存有不到五千萬美元的外滙，當時也沒有一個國家的大使隨同我們遷移到臺灣，可以說是完全孤立無助的。但是我們却帶著中華民國的憲法，帶著我們 國父 孫中山先生所手創的三民主義以及我們復國建國的決心和信心。在臺灣經過了二十八年的艱苦奮鬪之後，今天我們已擁有六十萬精壯的常備部隊，二百三十萬的後備軍，我們工農業生產所創造的對外貿易去年已達到一百五十六億美元，國民平均所得是八百美元，國庫外滙存底達到了三十六億美元，與我有實質經濟貿易關係國家，超過了一百一十多國。我們已成了世界反共鬪爭的堅强堡壘。

看一看與我們隔海相峙的敵人，又是甚麼情形呢？雖然它們盤踞了我國絕大部份的土地和人民，但是在共產制度的奴役迫害之下，沒有一個人能享有個人的自由，沒有一個家庭可以享受飽食暖衣的生活，也沒有一個軍、公、教人員可以免於被鬪爭的命運，更沒有一個人可以相信他週圍的任何人，包括家人父子在內。像這樣牛馬不如的地獄生活，赤裸裸地揭穿了共產黨是爲人民謀福利的謊言，因此所統治的人民愈多，其潛在的敵人也愈多，反抗的力量也愈大。中共統治階級的本身，更是互相鬪爭，日夜鬪爭，自相殘殺。毛澤東剛死，他的妻子就成了被鬪爭的對象，像這樣的局面，如何能夠持久？毫無疑問，是提供了我們復國建國的最好機會。但是我們準備愈多，穩操勝券愈大。現在我們是在作最後階段的準備。我們是怎樣渡過黑暗的長夜，進入到現在光明勝利的境地呢？

簡單地說：信心是力量的泉源。我們無窮的力量來自反共必勝建國必成的信心。在這一信心的鼓舞之下，我們跟著我們的領袖偉大的蔣總統奮勇前進。雖然蔣總統已於前年不幸逝世，但是中華民國依憲法已經產生新的國家領導人，遵照蔣總統的遺命，繼續推進復國建國的大業。我們的信心從來不曾動搖，這種信心包括下面的要點：

我們深信：違反人性的共產主義和迫害人民的共產暴政，是絕對要被消滅的，不管它一時控制了多麼大的暴力，而且由於它自相殘殺，因此，所擁有的暴力愈大，失敗也就愈快。

我們深信：發揚人性尊重人權的仁政，必能獲得最後的勝利，不管前途是如何的艱難險阻。

我們深信：我國國父孫中山先生所指示我們的三民主義，是救國的主義，是國家一切方針的根本。那就是民族必須獨立，民權必須普遍，民生必須發展，也就是建設一個民有、民治、民享的社會，乃是我們奮鬪的目標。

我們決心為拯救大陸自己的同胞，誓死奮鬪。

我們決心要消滅中國大陸的共產政權，根除亞洲和世界的禍源。我們認為民主自由的國家終必和我們站在一起，但是我們必須克盡自己的責任，自救而後才能救人。

我們了解國際共黨和我們的敵人的一切陰謀鬼計，因此我們決不與敵人妥協，決不和敵人談和。

我們也深知國際環境多變，我們堅守民主的陣營，我們爭取國際的了解和同情，但是從不依賴他國，我們發揮了自主自立的外交精神。

以上所舉就是我們不變的信心，也是我們行動的動力，不僅少數人是這樣相信，而且全國人民也都這樣相信，所以才能產生巨大的潛力，創造了在旁人看來的奇蹟。

貴國和我們有許多類似之處，也同樣遭受到不少的困難，在我們兩國政府和人民致力國家建設達成國家目標的途程中，可以互相借鏡，互相效力之處甚多。本人奉使來貴國，自然應該對此作最大的努力。深願此後多多與貴國朝野增加聯繫，在這一任務上提供微薄的貢獻。

六十七年三月二十四日對薩爾瓦多國會特別會講

二十三、「革命」的價值標準

一、革命的意義

國父在遺敎中講革命的道理時，常提到革命是「順乎天而應乎人」的，這句話確切的涵義是什麼，我過去並沒有進一步思考，總覺得理所當然。這幾年來偶爾也聽到有人說：今天我們還在談革命，是不是不合時宜?!海峽對岸，中共更是在不斷喊革命，旣然海峽兩岸都談革命，有什麼不同呢?由於這些問題，引發我想對革命的意義，求深一層的瞭解。國父曾說：「余之謀中國革命，其所持主義，有因襲吾國固有之思想者……」，那麼「順乎天而應乎人」的話，在我們中國固有思想中有沒有人講過，如果有，出自何處，在甚麼時候，是不是還有更多的解釋?因爲這句話很重要，是　國父爲「革命」所定的價值標準。

首先查考我們對「革命」一辭一般所作的解釋，普通的說法是：「天子受命於天，天子易姓，謂之革命」。因爲君主時代，認爲天子是天之子，天子之所以能治理天下，係受命於天。一旦天子改朝換姓，例如唐朝天子姓李，宋朝天子改姓了趙，這表示天命已改，所以稱爲革命。換言之，祇要是政權轉移，便稱為革命。很顯然這不是　國父所講的革命之道。這幾個月以來，我又查閱了　國父和先總統　蔣公有關革命的遺教遺訓，其中闡釋革命的意義之處甚多，例如　國父說：「革命究竟是什麼事呢？是求進步的事。」又說：「要人類進步，便不能不除去反對進步的障礙物，除去障礙物，便是革命。」但是仍然沒有找到「順乎天而應乎人」的進一步註解。後來我想到，這革命的「革」字，本來就是革除、更改和變易的意思，那麼我國的易經，不是專門闡述宇宙人生變易之理的千古之作麼？會不會在易經中有這樣的話呢？可是我對易經沒有研究，眞是書到用時方恨少，不得不來開始研讀。每天早晨看一卦，覺得很吃力，却十分有興趣。當我看到第四十九卦，孔子在革卦彖辭中的一段話，其中竟然就有我想要找的，國父所說：「湯武革命，順乎天而應乎人」的這一句，眞是喜出望外。而且從這一些的閱讀中，發現我們通常使用的一些成語，如剝極必復，否極泰來，鼎革以還，天行健君子以自強不息等等，均來自易經，可見易經的道理深入了我們中國人的腦海之中。還有我們所取的名字，有很多也取自易經，如先總統　蔣公「中正」就取自易經的大中至正，還有像單名的亨、通、元、泰、師、復、渙等等。易經的影響實在很大。

易經革卦彖辭，不但兩千五百多年以前就明白提出了「革命」一辭，而且還賦予以價值標準，指明湯武型的革命，才是「順乎天而應乎人」，這當然是很重要的。革卦的彖辭並將革命分為六個層次，極富啓發性。現在就想以個人所瞭解的一點粗淺心得，同時又參閱了俄國人尼察也夫（Nechayev）所寫革命者的問答一書，來比較 國父所領導而為本黨所決志行之的革命，和共產黨的革命究竟有何不同。

二、順乎天應乎人

革卦彖辭原文為：「革，水火相息，二女同居，其志不相得曰革。己日乃孚，革而信之，文明以說，大亨以正。革而當，其悔乃亡。天地革而四時成。湯武革命，順乎天而應乎人，革之時大矣哉。」

這一段話不過六十三個字，就宇宙中之物性、人性、人文現象、自然現象的種種變化，經由系統分析，歸納出其中的變易之理，然後憑著這個理來演繹，推斷政治革命之「順乎天而應乎人」者的必然性與必成性。遠比西方學者如盧梭在一個虛構的天賦人權的基礎之上來談自由平等之說，無論就理論和事實來印證，更顯出孔子的學說更為深入而合理。

這一段文字，我想試一試用現代話來加以解釋，也祇能說是一知半解、要請讀者們多加指正。彖辭的意思是說：就革卦排列組合所呈現的現象來觀察，是水下有火，火上有水，正醞釀著必然的變化。因為革卦是由兌卦與離卦所組成䷰。兌卦☱是外卦，在上面，它是地上有缺口，象徵沼澤，屬水。離卦☲是內卦，在下面，兩陽之中夾一陰，特別明顯，象徵著火、美麗與光明。所以從卦形來看乃是水火相息，水下有火，火上有水，雖然表面一時還沒有變化，但正醞釀著變化，因爲水性向下，火性向上，上水下火，如果不是水淹滅火，必然是火燒乾水，所以是到了非改變不可的時候。這是從物性來觀察。同時兌卦在上六爻是陰，象徵著少女，位居九五陽爻之上，和九五的男性是很親近的；而離卦的六二爻也屬陰，象徵著次女，也與九五的陽爻相呼應，也是屬意於九五的。如此兩女同居一處，且皆傾心於九五陽爻，當然是各不相讓，早晚非起變化不可。這是從人性來觀察。我們依此類推，觀察各種事物和人文的現象，如果已經到了大家都認爲不得不有所改變的時候，而有人出來奔走呼號、倡導改革，便會爲天下人所共信所贊同。倘使所推動的改革，從理論到實踐，更能爲大家所信服，能一新耳目，佈文明於天下，爲大家所悅納，那麼這樣的改革，一定是前途光明，正正當當，決不會有後悔。宇宙之中，最大的變化，莫過於天地的運行，一年四季而且是晝夜廿四小時不斷地在變化。正因爲有這些變化，才能形成春夏秋冬之分，也才能有白晝與黑夜，而且變化得恰到好處，所以萬物才能生長，人類方能生存。像這種的變革就是天道的變革，也是合於人情的變革。我們歷史上，夏桀無道，民不聊生，商湯出來討伐他，放逐他，革他的命，到了商朝的紂王，又是荒淫暴虐，殘民以逞，周武王便出來號召天下，起兵伐紂，將他誅殺。像湯武這樣以仁易暴的革命，眞正是救民於水火，是順乎天道也適應人民需要的。總結這宇宙人生變革的道理，時機是最重要的，必須要把握良機，不能過早，早則操之過急，敗象未露，準備未周，是不易成功的。但也不能太遲，遲則人民受害太深，生機斲喪，那便是坐失良機，事倍功半了。

從這一段話我們體會到自孔子以來我國正統的儒家思想，早確認唯有順乎天而應乎人的湯武型革命，才是值得擁戴而且必能成功的革命，且一直為後世所接受，而到了近代由我 國父所發揚光大。所以 國父說他所倡導的革命是順乎天而應乎人的。

現在有些研究政治學的人，談到革命，可能祇是想到十七世紀英國的光榮革命，十八世紀美國的獨立革命和法國推翻路易十四暴政的革命，乃至本世紀初期俄國共產黨的革命。說到民權的見解，總是談盧梭等人的理論，這些對近代民權運動的發展，自然有極大的影響，但也不過是最近兩三百年間的事。所以 國父在民權主義中，一再强調中國的民權思想早在兩千多年以前就已經有了。

三、革命時機的六個層次

其次我們來看看革卦中所顯示的革命時機的六個層次。革卦整個的形象乃是醞釀中的革命，問題是在那一時機發動最相宜，從內到外我們由第一爻開始來分析。初九為陽爻，它代表理念，已經看到了必須改變的環境，有了改革的初步動機，就人而言，有陽剛之才，但地位很低，起勢的內部準備不夠，勢單力薄，外面又無外援，與他呼應的是第四爻，如為陰爻，陰陽配合才能動。才有變。陰又代表了事實，代表經驗，有了事實經驗的印證，方為很好的呼應。現在是陽爻，兩陽相拒，不宜行動，所以說沒有外援。處於這種形勢之下，是不宜於貿然發動革命的，必須堅忍圖存，否則便會失敗。由初九進到了六二的階段，這時候的形勢就有了大的變化了。六二是在離卦的中間，是說必須改革的事實，大家都已經有目共覩，離卦本身代表光明，六二是陰爻當位，就人而言，具有文明之才，而且柔順中正，上面與九五陽爻又恰好呼應。正可以說是得其才，得其位，是可以發動革命的形勢了。不過六二在整個形勢中，還不是最好的領導，因爲它上面還有九五陽爻，才是革卦的重心，剛毅中正，領袖羣倫，除非迫不得已，最好還是接受九五領導共策進行爲宜。再進到了第三階段，爲九三又是陽爻，而且是在離卦的最頂點，可以說是到了革命最不能再忍耐而最容易冒進的時刻，得其位，得其才，並有上六的陰爻相呼應，但却仍不是最佳的時刻，如果發動革命，必然不利，應該三思而行，要多注重輿論的反應和外面的形勢，是不是爲大家所同情和支持。由第三階段發展到了第四階段，革命的形勢由代表火的離卦最高點進入到了代表水的兌卦最深處，可以說人民的痛苦已經到水深火熱的時候，而這一爻第四爻是陽爻，得其位，得其時，且在九五大中至正領導者的下面，又得其才，如伊尹、太公之於湯、武，當然可以高擧義旗，發動革命了。不過在發動之前，還是應該深加考慮。因爲在整個革命形勢中，他的上面就是九五的領導中心，爲天下人所信服，所以祇宜以元輔的地位來輔助支持，不可以輕動。由第四階段進入到第五階段，便是九五陽爻，到了這個時候已然經過了前面四個時期的醞釀與充份準備，九五以陽剛中正之才德，得全國人民的擁戴與賢能輔佐之元輔，還有六二的響應，而爲順天應人的革命，拯生民於水火，所謂大人虎變，宇宙爲之一新，有如湯武革命，必勝必成可知。這便是革命的最好時期。過此便進入到革命完成階段，也就是上六爻。這個時候革命已成，天命維新，便應該與民休養生息，撫輯流亡，休兵罷戰，致力於建設。倘使不守其改革之命，而別有新圖，或繼續再採黷武主義，以暴易暴，那就是很危險的了。

其實，除了革命以外，其他任何重大的黨政改革，期其必勝必成，都需如此，它必須是順乎天而應乎人，勢所必然，有充份的醞釀與準備，得多數的支持與强有力的領導而決志行之。

四、違背天理的共產黨式革命

最後，我們來看共產黨式的革命。在世界近代史中叫囂革命最厲、爲禍世界最深的，便是以俄國共產黨爲首的國際共產黨。俄共的所謂革命導師是列寧，在革命的理論上列寧師承了馬克思，而關於革命職業家黨的思想，則師承於尼察也夫(Nechayev)。尼察也夫是巴枯寧的學生，他在所著「革命者問答書」中對共產黨的革命目的，共產黨黨員的黨性與應採的革命手段，均有很明白的規定。列寧完全接受了這種思想並加以具體化實踐，以後毛共又將列寧這一套作爲它武裝叛亂爲禍中國的張本。

尼察也夫說：共產黨的目的祇有一個，就是「最迅速最可靠地毀滅這個所謂文明世界及其一切法律、禮節、慣例和道德。」

「革命者是自我獻身的人，他沒有自己的利益，自己的事務，自己的感情，自己的愛好，自己的財產，甚至沒有自己的名字。他的一切都融滙在唯一僅有的利益，唯一的思想，唯一的激情——革命之中。」「他鄙視和憎恨目前社會道德的一切動機和表現。凡是促進革命勝利的東西，都是合乎道德的，凡是阻礙革命勝利的東西，都是不道德的罪惡的。他對自己是嚴酷的，對別人也應該嚴酷。一切親屬、友誼、愛情、感激與溫情脆弱的感情，都應該被唯一的革命事業的激情抑制下去。他日日夜夜只應該有一個思想、一個目的，無情地破壞。爲了達到無情的破壞的目的，革命者可以而且常常應該假裝成與他的本來面目完全不同的人生活在社會上。革命者應該滲透入一切地方，一切上等階級和中等階級、小店鋪、教會、貴族家庭、官僚界、軍界、工藝界、情治單位，甚至潛入皇宮。」

「革命者應該把這個醜惡的社會分成五類人。第一類人是對革命組織特別有害的人，以及突然橫死會突然引起政府最大恐懼的人，或使政府失去聰明而有毅力的活動家，從而動搖它的力量，這些人應該立卽處死，由革命組織決定處決次序，按名單執行。

「第二類是祇能暫時讓他們活著，以便讓他們惡貫滿盈，迫使人民必然發起暴動的人。

「第三類是爲數衆多而身居高位者，擁有財富、社會關係或其他聲望的人。必須掌握他們的秘密，把他們制服，使他們糊塗，然後用一切可能的手段，使他們的財富、社會關係和聲望，變成爲共產黨取之不盡的力量。

「第四類是沽名釣譽者和形形色色的自由主義者，可以按照他們的方式，表面上假裝跟著他們走，並予以吹捧，擴大其影響，實際上則是掌握他們的秘密，完全支配他們，如果他們竟然不就範——就公佈其秘密，使其身敗名裂，不得善終。

「第五類是在小團體內空談革命的空想者，要不斷拖他們，推他們實際革命，其中大半將無聲無息地死去，少數人則鍛鍊成眞正的革命者。至於婦女則比照上面幾種方式像男子一樣的加以處理，要好好利用他們。」

我們看了尼察也夫的這些主張，印證俄共在革命時期，特別是中共在武裝叛亂時期的暴行，和其竊據大陸以後罄竹難書的罪行，就知道共產黨的所謂革命，乃是澈底毀滅這一個文明世界。共產黨對其黨徒的要求是完全違背人性的，而對全體的人民都拿他們當作犧牲的工具，其違背天理又很顯然的。像這樣的所謂革命與革命組織，更是有背我國順乎天而應乎人的傳統革命思想，也與歐美的民權革命背道而馳，怎麼能與本黨的革命相提並論呢？

五、結　論

以上祇是一點個人讀書心得的感想，其中有關易經革卦部份的解釋，更可以說是班門弄斧。易經各卦從所設定的符號，代表宇宙、人生、陰陽、動靜、剛柔、時空、理念與經驗，過去與現在，因果及歷程，就其種種錯綜複雜的現象變化之中，歸納出其必然之理，然後憑這一個變易之理，又推斷其未來可能的各種演變及如何應變制變之道。現代的科學家，發展全般系統學以貫通自然、社會與人文科學，這種研究與我國易經的道理，甚爲吻合。如果從這一角度來衡量，那麼易經革卦象辭對革命所作的解釋，尤其是所定下的價值標準，經過兩千五百年來的傳承驗證，和國父的發揚光大，實在已成爲我國政治哲學思想中的重要部份，所以不揣淺陋，提出一點看法，謹供讀者參考。

七十三年十二月卅日中央日報

二十四、革命精神的時代意義

一

我們來探討革命精神，首先要問何謂革命；在這民主憲政的時代，是否還需要革命，誰革誰的命？

曾聽到有人說：我們「推翻滿清，打倒軍閥」的革命時期早已過去，現在大家要的是自由民主，不是要革命。如果再強調革命與革命精神，在國際間將不易被人所瞭解，而致喪失同情，內則易被指為違反民主自由的潮流，失去羣衆的支持。更何況現在高唱繼續革命的，祇要海峽對岸的中共匪黨，已使人人厭惡，為什麼我們還要再強調落伍與不合時宜的革命老調呢？

其實研究革命之道，倡導革命的精神，不但不是落伍的思想，而且是極合時宜，更是我們身在復興基地的臺灣所迫切需要的。試舉美國為例，因為一般人大多推崇美國是最民主自由進步的社會。在美國有一個國際間極負盛名的學術研究機構，就是史丹福大學的胡佛研究所，收藏有有關現代各國革命及共產黨活動等最豐富的第一手資料，許多世界第一流的學者在此從事研究工作。這個研究所的全名，就是「研究革命、戰爭與和平的胡佛研究所」（Hoaver Institution on Revolution, war and Peace）。這個研究所的現任所長卡培爾博士（Dr. Campbell）和所裏面的許多高級研究員，而且是美國執政的共和黨，尤其是美國雷根總統的顧問和智囊。並沒有聽說過這個研究所因爲標明是研究革命、戰爭與和平而被認爲是落伍的，不合需要的。去年雷根總統向美國國會所提出的國情咨文，更是一再呼籲要美國人民重振美國獨立戰爭時代的開國革命精神。他在咨文中提出了「第二次革命」的口號，要求美國人民要與兩百零六年以前獨立戰爭時的第一次革命並駕齊驅。他說當人類的自由陷入困境時，美國必須推動第二次革命，將機會、希望、技術進步與對自由和平的保障，從美國帶到全世界。爲什麼雷根總統要發動美國的第二次革命，要美國人民重振美國的革命精神呢？因爲這是符合美國國家利益的，也切合時代的需要，並沒有聽說有人指爲是不合時宜的陳腔濫調。

我們今天身在彈丸之地的臺灣，隔海相望，大陸國土未復，大陸同胞猶在共匪暴政之下，民不聊生，竊據大陸的中共政權，更無時不在企圖消滅我中華民國。我們怎能坐以待斃，不奮發我們順天應人，救人救世的革命襟懷與豪情壯志，來推翻萬惡不赦的中共僞政權呢？所以，我們要用三民主義革共產主義之命，用我們民主自由的制度去革專制獨裁制度的命，用我們行仁政的政府，去革中共暴虐政權的命，這是符合我們國家民族的利益，也是我們奮起自救責無旁貸的神聖使命。

至於中共叫囂的革命，無論就其動機、性質，與所使用的手段都與我們的革命截然不同。大家都知道在世界現代歷史中，叫囂革命最厲的，就是國際共產黨。但是共產黨徒自稱其革命的目的是「要消滅所有的傳統、所有的階級和國家的組織，就是要徹底毀滅這個文明世界」。所以中共革命的動機是起於恨，起於階級鬥爭，而我們的革命動機，是起於愛，求民族獨立，求人類的和平。就革命的性質來說，共產黨是階級革命，要用無產階級專政來消滅所有其他階級。而中國國民黨的革命性質上是全民革命，是所有被壓迫的民衆起來推翻共黨獨裁者的暴政。而在革命的方法上，他們是用階級鬥爭、用奪取民衆和武裝暴動造成整個社會的分裂和流血殘殺，我們則是統一全民族的力量以仁制暴，打倒暴君，救民於水火。而且在此革命奮鬪之際，我們仍然堅決實施民主憲政。因爲革命是我們確保民主的責任，而民主則是我們始終一貫生死以之的目的。也可以說，在我們民主進程中，需要革命的精神，在革命進程中，需要民主的理念。我們是爲民主而革命，也是爲鞏固國權保障民權而繼續革命的。所以實在沒有理由不被人所認同，我們保民權、行仁政，絕對不是法西斯，更何可與中共的殘民暴政，居然美其名爲「革命」的那種反革命相提並論。

更有一值得特別注意的問題，就是不要認爲身在復興基地，看不到中共僞政權，便沒有革命的對象。老實說，中共敵人是無孔不入的，愈是民主開放自由的社會，愈是共黨分子容易活動的處所；祇要有社會利益不相調和的時候，必然會有共黨分子處心積慮來插上一手。祇要是可以製造社會動亂，敗壞倫常綱紀，阻撓進步發展的事，他們會用各種方法，不遺餘力的參與，因為「從敵人內部來瓦解敵人」，這是他們慣用的策略。任何理想的社會，包括臺灣的社會在內，不能說絕對沒有可以導發動亂的基因，當然也不能一概而論說這些基因都是共黨分子在釀造。不過，共黨分子想要來利用、來擴大、來提供觸媒，那是可以肯定的。

兩年多前，中共「中央統戰部副部長」張執一，編印了「在敵人心臟裏」的一份所謂「革命史資料」，詳細敍述在大陸淪陷之前，中共如何運用「社會賢達」、「洪門龍頭」、「基督教徒」、「佛教善士」等以「民主」口號反對國民黨；如何滲透美國總領事館及美國新聞處製造「消息」欺騙華府；如何以大學、醫院、錢莊、化工廠、藥房作為潛伏場所；如何混入政府機關及工會等機構進行叛亂活動等歷歷如目。中共靠這些地下活動的另一戰場之猖獗，加上公開的武裝叛亂，就這樣竊取了整個大陸。我們現在只剩下一個臺灣，還能再不知警惕麼？大陸淪陷前政府為了貫徹政策，維護國家的安全，照理可以運用並動員一切的力量，肅清中共的不法活動，然而事實却不然。因為我們崇尚民主自由，政府的每一行動，都不能損害到「民主」與「自由」，而中共的每一破壞活動，又皆無一不可借「民主」與「自由」來掩護。因之政府動輒得咎，而中共的魔手却無往而不利。這是大時代血的教訓。

二

國父說革命是掃除進步的障礙、是順天應人的，那麼甚麼是革命精神的內涵呢？先總統　蔣公曾說：「要從事統一中國的革命事業，必須發揮主義的力量；要表現主義的力量，必須發揚革命的精神。」可見革命精神乃是實踐主義，統一中國的原動力。

記得辛亥革命那一年的十二月二十五日，　國父從美國經歐洲取道日本回到上海，當時我們革命最需要大量的軍費，所以中外各報便盛傳　國父帶有巨款回國，以供當時革命軍的迫切需要。就有記者去問　國父，　國父回答說：「予不名一錢也，所帶回者，革命之精神耳。」可見革命的精神，絕非指可用數目字來計算的金錢，而其所發生的力量則又遠比金錢為大。民國二十五年八月二十九日先總統　蔣公在廣州對準備出兵廣西執行革命任務的部隊講話時說：「我們革命黨要統一國家，不是靠武力，用軍隊來統一的；而是完全要靠革命的主義，要用革命的精神來統一的。」可見革命的精神又決不是單指軍隊的武力，也更比武力為重要。那麼革命的精神究何所指呢？說起來很簡單，就是先總統　蔣公指示我們的；刻苦耐勞犧牲奮鬪的精神；克己復禮親愛精誠的精神；以及勞心勞力自強不息的精神。何以說具備這種精神就是革命的精神呢？因為革命的歷史告訴我們，我們的革命事業，就是革命志士以這種精神所完成的，反之被我們所推翻的革命對象，就因為沒有這種精神而致被我們革命黨所消滅。這革命的精神，說起來很容易，聽起來也明白，做起來更不難，但是如果喪失了這種精神，一個人想要成家立業尚且不容易，更何況要成就革命維新與邦建國的偉大事業呢？

國父當年在黃埔軍校開學的時候，曾經訓勉當時的學生說：革命軍一定要有革命的基礎。就是要有革命先烈那樣不要身家性命，一心一意爲國家爲人民而奮鬥的行爲和犧牲的精神。所以那個時候黃埔革命軍的口號是：「不怕死，不怕餓，不怕渴，不怕苦，不怕熱，不怕凍。」尤其是一般當上級長官的更能身先士卒，刻苦耐勞犧牲奮鬥，並用盡一切的方法來愛護一般的士兵和民衆，使他們能夠減少痛苦減少疾病減少犧牲。有了這種精神，所以我們就能掃除那些怕死、怕餓、怕渴、怕苦、怕熱、怕凍不能刻苦耐勞，不能犧牲奮鬥，不能以身作則，乃至不顧民衆死活，墮落腐敗的軍閥與貪官汚吏。現在我們在臺灣已有各種物質的生活享受，改善了物質生活，自然沒有甚麼不好，但是太好的物質享受，以及一味貪圖物質享受，也容易使人驕奢淫佚灰心喪志，不自覺的變成爲被革命的對象，又如何能振作革命的精神肩負起艱苦卓絕的革命重擔？以往三十多年以來，國家花了無數的金錢，民衆流了多少的血汗，才造成現在這一點成就，如果由於我們的不能刻苦奮鬥，而敗壞在我們的手裏，一切付之東流，那將是何等慘痛的事。

其次，要重振革命精神，除了剛纔所講的先要恢復刻苦耐勞奮鬥犧牲的精神之外，先總統指示我們更要恢復克己復禮，親愛精誠的精神。現在我們常常討論反制敵人統戰的問題，其實如能切實做到强固內部團結，並保持組織的單一與純潔，不再存有任何的矛盾和衝突，以免爲敵人所利用，就是反制統戰的最有效辦法。而克己復禮就是要從我們自己首先來做起。凡事不佔上風不貪便宜，有功勞讓給人家；有義務有責任，以及一切吃虧受苦危險困難的事情，由我們自己來擔任，就能做到彼此親愛精誠。換言之，具有革命精神一定能夠自重自強，而不是自尊、自大。因爲自重自強完全是克己復禮在行爲中表現出來，亦卽自愛自治的功夫；反之自尊自大，就是驕人驕物！結果必致變成自暴自棄，當然不能從事革命的事業。我們無論對同志、對朋友，都不可以心存欺騙，更不可貪別人之功爲己功，或者佔同志們的便宜，佔同事們的一分錢光。這種事看來或許是小事，但却影響彼此間的親愛精誠，也影響組織內部的團結。中共在挑撥離間分化我們的時候，往往就是利用一個人的名利之心的弱點，來擴大我們的矛盾，傷害彼此的感情，演發成爲嚴重的衝突與鬬爭。所以我們要重振革命精神，還應該特別注意克己復禮的修養。

第三我們恢復革命精神，還需要有勞心勞力自強不息的精神。世界上無論什麼東西什麼事業都是不進則退。我們要做好一件事物，成功一個事業，必須以自強不息的精神，不斷的研究改進精益求精。平常我們稱呼一個機關的主管爲「首腦」，意思是說做主管的一定是有很好的腦筋，有很高的智慧，而且願意動腦筋，用智慧，想方法，來不斷研究改進這個機關的工作。如果不去動腦筋、想方法，不去苦心焦思，謀求問題的解決勞心勞力的去做，那就不能克服困難，走向成功之路。所以一個革命者，能夠勞心勞力不斷精進，無論什麼危險都可以打破，無論什麼缺點都可補救，無論什麼强的敵人都可以戰勝。精神是愈用愈出，智慧愈苦而愈明。從前　蔣公在江西剿匪的時候，每每吃虧都是在下午四點鐘的時候，　蔣公苦思多日，就找出來吃虧的原因。因爲部隊行軍到下午四點鐘時最疲倦，所以中共就在這時出來突擊，這是孫子兵法所講「擊、其、隋、歸」的戰術，以後　蔣公規定下午二點鐘以後不行軍，二點鐘以前必須到達宿營的地點，中共便無所用其狡計了。

上面所談刻苦耐勞犧牲奮鬥，克己復禮親愛精誠，與勞心勞力不斷精進的這種革命精神，就是我們革命事業成功關鍵之所在，也正是我們今天所迫切需要的。

七十六年三月二十七日在交通部講

二十五、析論中共的思想方法與工作方法

一

自從中共於民國十年成立以來，對我們最具破壞性的攻擊，就是經由「矛盾」經「否定」而至「質變」的思想方法，所演化出來的各種陰謀詭計。民國卅八年我整個大陸為其竊據，失敗的關鍵，可以說幾乎也都是由此而致。

最近以來，中共對外大肆叫囂所謂「一國兩制」、「香港模式」、「愛國統一」，更對我政府詆譭醜化無所不用其極；而在大陸內部經濟上則採取所謂「城市經濟體制改革」，政治上決定所謂「第二期的整黨工作」，以及批評馬克思主義不合時宜。還說要為我們 國父孫中山先生在北平建立銅像，為黃埔軍校校友編印紀念册。又提倡工廠工人穿西裝，吃飯改用刀叉等怪論，究竟中共在搞甚麼，為甚麼會這樣？以後還要搞些甚麼花樣？我想對中共伎倆稍有認識的人士，對此也許會說這無非都是他們所慣用的統戰伎倆，而其對內的所謂整黨與改革，也祇不過是內部權力鬭爭，實在不必重視，也毋需再深加研究。至於對中共毫無認識的人，則難免更要認為中共

已發現過去那一套不通人情、不合常理與反科學的想法與作法，已經行不通了，所以便改採溫和的、適合時代需要的、甚至說是「資本主義的」方法。可是中共的統戰與權力鬬爭，如果眞是如此簡單而不值一顧，那麼幾十年來他們何以屢用不鮮，近且變本加厲，而我們又屢爲所惑未知防範呢？

探究這其中主要的緣因，可能正就是我們一般人，平日不太注意中共思想方法，尤其沒有深究它並且已落實到工作方法上去。就我們而言，古聖先賢對於治學治事的思想方法乃至立身處世之道的嘉言良謨，可以說是應有盡有。但是我們所採取的教導方式，總是强調諄諄善誘與潛移默化，並不是像中共那樣的强制規定，一切都要照著想，照著做，如果不這樣想不這樣做，就要被批鬬整肅。相反的，大家却忽略了凡是中共黨徒，自被吸收爲黨員起，終其一生，即嚴格規定其必須要照著規定的思想方法去想，而且要依循指示的方針去做，如有違反，便要被制裁。所以如果我們依照著我們的思想方法去看中共，一定會發生錯誤。簡單地說，他們是把人都看成爲物，人性亦如物性，認爲都是對立矛盾的，然後他們便來分析其矛盾利害之所在，擴大它，利用它，使其被否定，達到最後質變被中共「統一」的目的。

因此我們除了對中共現在這一套，必須時時提高警覺，嚴加防範，還應該仔細研究它爲甚麼這樣做的思想方法，也就是共產分子所講的矛盾律、否定律與質變律。而其中最根本的便是矛盾律。然後方能瞭解它的工作方法之所自來，並可從根本上做到防微杜漸。至於認爲中共分子已根本改變其思想方法，恐怕只是一廂情願的幻想，至少目前是如此。

二

共產黨徒一直强調要毀滅這一個文明世界，又認爲將資本主義世界改造成共產主義世界，要有一定的方法，而且必須依照這一定的方法去做。方法不對，便不能達到改變世界的目的。他們所指的方法是包括工作方法與思想方法兩種，但是思想是一切工作的指導方針，所以思想方法更必須嚴格的遵守。

共產黨的思想方法，就是唯物辯證法，如果我們把唯物辯證法，單純的作爲一種方法論來探討，並不難瞭解，但是面臨中共根據這套思想方法而對我們採取行動時，我們却又常常忘記或者忽略了它所依據的這套思想方法，而習慣於用我們自己的思想方法來衡量它的行動，所以便一再的錯誤，以致誤入中共的圈套，造成自己的失敗。現在我們不妨將共黨的思想方法大致歸納爲下面幾個根本觀點：

第一、自然界或人類社會的萬事萬物，它的內在乃是互相密切聯繫著、互相依賴著、也是互相對立矛盾的。它是在不斷運動不斷變化的。其中不斷都有某些東西在產生在發展，同時也有某些東西在敗壞在衰頹。事物的這種動變過程，是經由不顯著的數量變化，進到顯著的質量的根本變化。所有事物的變化，都是矛盾作用，矛盾是一切事物發展和變化的核心。

第二、所謂矛盾是指一個統一的事物中所存在的對立性，此對立性就是矛盾性。它的特徵就是互相排斥又互相貫通，其中一方爲他方存在的條件，但同時一方也與他方互相敵對，所以必須從事物的內部矛盾和相互關係中去瞭解事物的變化。「找出矛盾的正面，也要觀察它的反面。找出它的主要矛盾，也要找出它的次要矛盾。沒有矛盾就沒有運動，也沒有一切的事物。正數與負數、作用與反作用、陰電與陽電、化合與分解、階級與鬭爭，都是相反對立的矛盾」。

第三、矛盾性是絕對的、普遍的、不容絲毫懷疑的。要無情的去揭發和暴露敵人的一切矛盾和自身內部的矛盾，並對此矛盾進行堅決的鬭爭。屬於敵我之間的矛盾，沒有共同利益基礎，是你死我活的對抗性的矛盾，最後祇有訴諸暴力方能徹底解決。屬於自身內部的矛盾，則是非對抗性的矛盾，可用批評和自我批評，來鬭爭，來解決。「從團結出發，經過批評或鬭爭，達到團結的目的」，「團結本身就是鬭爭」。

第四、運用矛盾來鬭爭，是一種藝術。在和敵人鬭爭時，要在敵人內部的同一性中找出其差異性，然後將差異性變成對立性，並發展成爲矛盾的對立。在分化敵人成爲互相矛盾的過程中，如尚有中間勢力，則應設法促成他們之間的同一性，用來削弱敵人壯大自己。當敵強我弱時，亦可僞裝妥協，趁機坐大。但妥協退却不是單純撤退或自我消滅，而是爲下次進攻作準備。共產黨人總是相信事物的發展是螺旋式的進行，否定不是單純的否定，而是矛盾統一，再矛盾，再統一，繼續不斷的否定。

第五、共產黨人認為一切事物都在不斷的矛盾過程之中變化和發展，它的變化主要是兩種，一種是本質的變化，一種是數量的變化。所謂本質的變化，是指該事物本身所特有而與他種事物不同的內在矛盾特性的變化，一旦本質變化，舊質就歸於消滅，而出現新的本質。所謂量的變化，是指事物內部矛盾特質存在發展的規模大小。量的不同，不一定就意味著事物的本質有所不同。但當量的變化達到某一規模時，則必然改變事物的本質，即所謂從「量變到質變」，所以量變是質變的準備，質變是量變的結果。對於如何徹底消滅敵人，使其本質改變，變為共產黨，最有效的辦法，便是爆發性的突變，用暴力手段予以解決；但當敵強我弱時，亦可以用量變到質變非暴力的手段，「和平過渡」，使其本質改變，最後消滅。至於自身的質變，則應透過教育與自我革命批鬥的方式，消除矛盾，使其螺旋式的提升，但同時應防止外在敵人的突襲。

三

中共依據這種思想方法，落實到它的工作方法，對敵對內均採取由矛盾經否定到質變的鬥爭策略。對敵人方面所使用的最基本戰術，就是製造矛盾，利用矛盾，製造目標，轉移目標，以動搖其意志，改變其政策，分化其陣營，挑撥其內部的鬥爭，所以它總是要接觸敵人，滲透敵人，發展它的羣衆運動和組織戰、宣傳戰與貿易戰、基地戰等，從敵人的堡壘內部來孤立敵人，瓦解敵人。而在其自體部分，則是不斷的自我批鬥與思想改造，不斷的整肅與權力鬥爭，也就是所謂不斷革命論，螺旋式的提昇。

試看中共現在所進行的對內與對我鬪爭，皆無一不是繼續施展其上述慣用的矛盾戰術。鄧小平為了勾搭明日之敵美國以對抗今日之敵俄共，乃轉化匪俄矛盾為美蘇矛盾。其揚言對外開放，包括對衣食不全的老百姓提倡穿西裝，吃飯用刀叉。但又恐吞下了定時炸彈，自掘墳墓，遂藉口清除思想汚染，全面整黨。今年要將對內鬪爭擴大到整個大陸，所謂地、縣級的區幹與黨幹一千三百五十萬人。在經濟方面除了「否定」毛澤東建立的人民公社制，更決定城市經濟體制大改革，立刻引起全國物價飛漲，這幾天北平師範大學的青年並已開始張貼大字報反對；還用苦肉計，砸他們奉為金科玉律的馬克思主義金字招牌，招認馬克思思想已不合時宜，正是朝著它自我矛盾、自我否定、自我質變的死路上走。

至於對我復興基地的進攻，則更是照著過去毛澤東在延安時所說的，「打倒了國民黨，便可以取得全中國」的想法，無時無刻不在加緊進行，且完全是將其「矛盾律」的法則，循環運用，企圖達到其「全程貫徹」的目的。它最近提出的所謂「一國兩制」、「香港模式」；對美悍然要求「停我軍售」及廢止「臺灣關係法」，更利用海外「臺獨」及國內分歧分子，肆意挑撥分化乃至製造暴力事件等，都是其「擴大矛盾」、「製造否定」與「加速突變」的陰謀詭計，實在就是毛澤東所說的「陽謀」。要來「否定」我們，被中共所「統一」。「前事不忘，後事之師」，我們痛定思痛，怎可再視若無覩，重蹈覆轍？

因此先　總統蔣公在遺訓中，特別告誡我們至少應該把握住下面三個原則，方不致自亂步驟，再為敵所乘：

第一、我們反共組織內部，必須單一純潔，求精而不求多，尤必須團結無間，決不容有任何一點矛盾對立衝突，被其滲透分化。否則只要有些微閒隙，為其滲入，那麼它就以變我之小矛盾為大矛盾，化我之小裂痕為大裂痕，以達到其從內部瓦解我們的目的。

第二、我們反共組織的精神，必須自強不息，日新又新。否則如暮氣沉沉，滯鈍痲木，甚至自暴自棄，不求精進，那麼當然不能逃避天然淘汰，也就要被自然否定了。因為反共鬪爭，必須以組織對組織，以力量對力量，不能稍有消極鬆弛，惰性怠忽，予敵以隙。尤其我強敵弱時，必須不留餘地，無情地徹底摧毀它、否定它，絕不可姑息寬容，使之重新製造矛盾，再給它死灰復燃，反被它來否定的機會。如敵強我弱，自量一時勢尚不敵，亦應堅忍圖存。切不可存有妥協共存，甚至存有靠攏求存的幻想。否則就會被它利用我們的劣勢，變成它的絕對有利形勢，而被它所否定。這不是敵人來否定，而是我們自己找它來否定。

第三、我們反共組織的紀律，必須嚴肅縝密，更要防微杜漸，不可稍有散漫疏漏的地方。否則中共就一定要用其「矛盾經否定而質變」的定律，演化出各種卑劣無恥的陰謀詭計，被其「突變而統一」了。

總之，我們對中共，決不能存有一點共存和合作的心理，對他們的思想方法，我們決不能以普通的人情常理來判斷，來希望它改變。但是它這種把所有人都當作物來處理，將人性視同物性，反人情、反天理、反精神的思想，使人都感到生命毫無意義，精神更無所寄託，自視其人生不過是毫無價值的物品，毫無前途之可言，永遠在矛盾、否定與質變的痛苦循環之下被鬪爭被整肅，如何能不走上最後自我滅亡的絕境呢？

四

各位始業時，俊才曾依據 國父遺教，特別提出何謂革命以及必須堅持順天應人的價值標準，要決志掃除進步最大的障碍中共僞政權，再造一莊嚴華麗的新中國，與各位共勉。今天又依據先 總統蔣公的遺訓，向各位扼要報告共產黨的思想方法和工作方法，加强我們的警惕。最後還要請各位牢牢記住 蔣公提示給我們的革命方法十八字心傳，即「革命必先革心，實踐就是力行，研究在求發展」。讓我們在思想觀念上，在實踐力行的具體行動中，精實研究，提昇發展，爲復國建國工作的達成，奮勇邁進。祝各位勝利成功。

七十四年十二月一日對革命實踐研究院講習班研究員講

二十六、政治人才與政治人格

一

民國十六年，國民政府定都南京，十七年先總統 蔣公完成北伐統一後，就號召「培植新的政治人才建設新中國」。蔣公說：「我們現在最感困難的，就是政治人才的缺乏；我們不怕沒有具備政治經濟學問的人才，只怕沒有具備政治人格的人才。我們曉得政治人才不能東拉西扯了一批人來做這個工作，一定要有一個嚴格訓練，才可以負起這個很困難的責任。因爲政治人才，要鑽進到腐敗而齷齪的社會裏面去改造這腐敗而齷齪的社會，往往有許多很好的同志去幹政治工作，起初是非常好的，過了幾個月，好的都變作壞的了。他們被社會同化了，於是什麼貪官汚吏都願意去做。因爲一個政治幹部鑽進腐化齷齪的社會以後，便會感覺到四面八方都是敵人。你要去改造他們，他們就對你攻擊排擠，就對你妒忌怨恨，在被人攻擊排擠和妒忌怨恨之中，而仍能把持堅定應付裕如，這才是我們所需要的政治幹部，也唯有具備政治人格並且經得起惡劣環境鍛鍊的這種政治人才，方能眞正負起建設新中國的大任。」

我們恭讀了先總統　蔣公在半個多世紀以前的這一段遺訓，再看一看國家今天的情景：整個大陸在中共殘民暴政之下，民不聊生，自是亟待解救；而我們復興基地經過了三十多年的整軍經武，政治經濟社會各方面淬礪奮發，日新月異，已是世界上最堅强的反共堡壘，但近來却也出現了若干原不應發生而竟然發生的現象，因此更使我們感覺到政治人才與政治人格的重要。

最近由於社會上連續出現了一些相當嚴重的違法亂紀事情，輿論界曾有這樣的評論：「一個政府發生少數不肖員司貪汚瀆職，並不是很可怕的事。但是發生集體貪汚乃至普遍貪汚的現象，且竟然認爲奉公守法是不必要的，而貪汚瀆職並不可恥，對於不肯同流合汚，一向奉公守法的公務人員，反而予以排擠打擊，非要拖著一齊下水不可，有了這種現象便是非常可怕了。」輿論界發出這種言論，自然是針對喧囂一時的十信弊案，臺北市公車處發生集體吃票案，某一銀行分行被控在放款時强迫回存，却又不給予存摺，等於是索取回扣案等違法亂紀的行爲。探究其原因，或許在發生這種事情的機構之中，大家習以爲常，心照不宣，也就不以爲怪了。這種「玩法」的心態，我們可以擧早幾年青年公司冒貸案爲例來說明。當時有一家違規放款銀行的經辦人員，在法庭上被問到非法收取回扣的事，他很驚訝的說：「銀行放款收回扣，這是很平常的事，大家都收，一點也不奇怪；如果我一個人不收，那纔算奇怪。收回扣而被認爲是犯法，我現在才知道。」假如照他所說，放款收回扣成了銀行裏面的行爲模式，那麼所謂違規放款造成呆帳之類的事，自然也是其來有自了。當然，在沒有切實調查之前，我們決不能以偏概全，指現在的銀行都是如此，而公務機關有貪瀆情事者也畢竟是少數。但是某銀行、某機關之內如確有相當普遍的貪瀆現象，則其綱紀不振，且不爲公衆之所取信，則是毫無疑問的。那麼這種現象的造因究竟又是如何呢？這是一個值得深思的問題。

二

首先，我們來談談政治家與政客的分野以及所謂「技術官僚」所隱含的意義。

國父說：政治是管理衆人之事。要將衆人之事管好，主要還是人才的問題。那麼我們需要怎麼樣的人才來管理衆人之事？我們所需要的是政治家而不是政客。政治家和政客是完全不同的。蔣總統經國先生在六十六年中國國民黨黨務工作會議致詞中曾特別指出：「政治家是有遠見、有抱負。一切爲國家一切爲人民，而且不計一切的犧牲，自己來奮鬪。政治家有光明磊落的態度，有寬濶的胸襟，不管在那一個崗位上，都不自欺欺人。大家不要以爲在政府做重要工作的人才配得上做政治家，每一位黨員都要做政治家。如果他是一位政治家，就必定是一個忠實的黨員。」這也就是先總統　蔣公過去所說的具有高尚人格的政治人才。有這樣的政治人才來管理衆人之事，就能革除社會上一切舊染之污，使我們的政治燦然可觀，再造一莊嚴華麗的新中國。那麼什麼是政客呢？經國先生說：政客就是一切爲他個人自己，爲了達到目的而不擇手段。政客不惜犧牲自己的同志，自己的朋友；不惜欺騙大家，這個就是我們中國人所講的政客。如果他是一個政客，就是混在我們裏面，混資歷，混日子，混飯吃的人。到了緊要關頭，他就會只顧自己，不顧國家。」所以機關裏如果有了這種政客，機關就成了衙門；黨部裏面有了政客，黨的組織和紀律焉能不敗壞?!國家所需要的是有高尙人格的政治人才和政治家，不能讓政客來破壞。只有共產黨想利用不入流的政客混進我們中間，來腐化，削弱我們。

現在又有人把在我們政府裏工作的人稱之爲「技術官僚」。這個名辭日本人很喜歡用，泛指一些科班出身，受過相當嚴格訓練的事務官，或者是本來從事技術性專門工作轉而從政的人員，例如在內閣各部中的常務次官，他們堅守在這一崗位上，處理事務性的問題，不因政策的改變而進退，也不隨主管之更迭而更迭。日本人本來就是一種技術性的民族，做起事情來很徹底、服從而又負責，祇是缺乏遠大的眼光，尤其是派系分明，所以在政治上很少偉大的政治家。就日本人而言，他們稱具有新科技專長的行政人員以及事務官爲技術官僚，可以說是很自然的事。因爲「技術官僚」所衍生的意義是：無理想，無創見，無遠謀，無擔當。但，今天如果稱從政者爲技術官僚，其含義絕非美譽，如被稱技術官僚的人士或尙以爲這正足以顯示他自己的淸高和超然，則其心態，比之於一般所稱的政客，其害可能尤有過之。國父和蔣公在遺教遺訓中，一再告誡不可做官僚鄕愿，一定要剷除官僚政治，所以掃除官僚政治是爲急務。本來優秀的事務官或起用技術專家，由於他們具有長期的行政經驗，受有良好科技訓練，只要是服膺主義，貫徹政策，又能堅持理想，當然一樣是很好的政治人才，如是政治家。可是技術人才而變成了官僚，那就是既無政治理想，又沒有政治人格，但求有官可做，有權力可掌，官官相護，笑罵由之，一切都無由顧及了，而他們所擁有的科技知識和現代教育的訓練皆足以助其惡。所以爲了破除別有用心者故意誣負責者爲技術官僚，首先在依政策決定人事時，就必須樹立起正確形象：除一般所需的品德才能與學養，並曾深受中華文化薰陶，深知我們立國的主義與建國的歷史，如此則面對今天黨國艱危之局，自可有守有爲，特別是在緊要關頭，能挺身而出，堅持國家的利益與民衆的福祉。我們從政的人士均具備如此條件，則外來的誣衊，不辯自清，而敵人分化陰謀，自亦決難得逞。

三

其次，我們要來談到政治人才的政治人格。淺見認爲這是指「在管理衆人之事的適應過程中，對主義、對國家、對社會、對同胞、對所負責的工作，在身心行爲上所顯示出來的持續統一的性格」。這是俊才研究此一問題，所作的初步界說。先總統　蔣公在遺訓中說，我們所需要的政治人才，必須具備有高尚的「政治人格」，這是有別於一般所慣用的「人格」特性而言，它還應該包括三點：

㈠認同民族文化，發揚民族德性，充實民族智能，並秉持誠正修齊治平之一貫大道的政治哲學，而以復興民族文化爲職志。

㈡信仰三民主義，遵奉遺教、遺訓，服從命令，貫徹政策，並以此爲中心，統一其思想行爲，爲持續不斷之努力，以提昇其精神境界。

㈢在管理衆人之事的適應過程中，不斷省察，自我鍛鍊，使其個人的品德、才能、思想、觀念、態度與行爲等，健全而穩定的發展，養成堅忍不拔，堅苦卓絕，堅定不移的特質，復以其人格去影響他人。

要磨練這樣的政治人格，說難也眞難，說容易也的確是容易。因爲我們中國人本來就是在中國文化的薰陶之下成長，我們本來就應當信仰主義，遵奉遺敎遺訓，貫徹政策，而每一國民本來也都要策礪奮發，方能與時俱進，所以要具備這樣的政治人格並非難事。但是若使提升層次到較高乃至更高的境界，那就必需經過長期嚴格的鍛鍊。我們中國的大敎育家至聖先師孔子，在他的著述裏很少空談政治實務，而注重如何敎化以塑造政治人才。論語爲政第二、開頭便說：「爲政以德，譬如北辰，居其所而衆星共之。」如果用現代的話來講，就是說，一位政治家，必須具有高尚的政治人格，有中心的思想，中心的作風，以道德的感化，就像天上的北斗星一樣，光華四射，帶動所有周圍左右的人跟著動。要提昇到這種境界，當然不是一蹴可幾。而且我們又知道在這漫長的鍛鍊過程中，還要忍受不可避免的身心痛苦和犧牲。許多時候旁人可以做，自己也想做的事，我們却不可以去做。要自我約束著不去做；而旁人不願做，不敢做，自己也並不想做的事，却又要督促著自己不計成敗、不計犧牲的努力去做，爲的是要達成一個更遠大更艱鉅的任務。此中當然免不了犧牲和痛苦甚至可能要痛苦犧牲一輩子。不過，在初期開始努力去做的時候，雖然會感覺到像一般所指的痛苦和犧牲，而經過了不斷操持與自我淨化之後，便能提昇自己進入到超然物慾之外的一種至高無上的快樂，而且也正因為能經歷過了這種無盡的痛苦和犧牲，而後能磨練出完滿光輝的人格。那麼我們究應從何處著手並以之作為自我鍛鍊的起點呢？先總統蔣公曾經如此指示我們，要從近邊本身做起。

「第一，是隨時隨地留心政治上所發生的事實。我們要精細的觀察現在的政治，而判斷將來政治的結果或趨勢。我們書本上的學識如不能應用到實際上，則等於無用。我們留心政治上的經驗，這是非常重要的一件事。」

「第二，比這項更重要的，就是大家養成一種革命志向，要抱定一種要改革中國政治的決心，養成革命的人格，以確定我們的革命立場。我們無論何時何地都要不變革命本質，繼續著國父的事業，遵循著國父的遺教，以建設新中國。」

「第三，要切實研究主義和歷史，而且實踐力行。中國人無論什麼事情，往往喜歡將自己所有的東西，眼面前的東西不去注重，而却要到外面很遠的地方，很難的處所去注重去研究。這樣的求學問，是學不到什麼的，事業也不容易實現。無論什麼事業或學問，總要先從近的地方求，並且在本身上去求。本身所有的東西，近地方所有的東西，我們若放棄而自己不去注意，但對外面很高深很艱難的東西，反覺得很要緊、很稀奇似的去追求，這樣下去，一定便會沒有好結果。所以無論什麼經驗學問，都不出「平常」這兩個字。大家無論想成功什麼事業，雖則你有高深遠大的學問，如果你不在近處淺處做起，祇想一步跳到天上，一步走到遠方，那是不可能的。中國古語所謂『由近及遠，自卑至高』，就是我們做事情求學問的最緊要的兩句秘訣。現在無論什麼事情，都由平常與普通的地方做起，不要一味去追求高深與遠大。」

國父與蔣公所諄諄告誡指示我們的，就是期勉我們成為管理衆人之事而具備有高尚政治人格的政治人才，要我們做政治家，而又以「革命必先革心，實踐就是力行，研究在求發展」作為革命事業的起點。因為各位同志今天就要結業離院，所以恭引院長　蔣公和主席兼主任的幾段訓誨，與各位同志相共勉。謹祝各位的事業成功，我們貫徹以三民主義統一中國的理想能早日實現。

七十四年九月二十七日對革命實踐研究班結業講話

二十七、非常的破壞 非常的建設

一

今年是建國七十年代開始的第一年，未來十年之內，普天下的中國人，尤其是復興基地上的每一位國民，都必須擔負起一項莊嚴神聖的使命：發揚 國父孫中山先生天下為公的博愛精神，貫徹以三民主義來統一全中國。

這一使命，並不是單純出於主觀的要求或是決策的需要，或係基於某些個人的抱負，可以任憑選擇，自由參與。

這一目標，乃是國民共同一致的願望，亦卽國家所處當前情勢之所必需，故有賴全體國民的合成心力以成之。祇要是中國人，個個責無旁貸。

這一事業，必是繼辛亥開國，北伐統一，抗戰勝利後又一石破天驚的大事業，故需先有非常的破壞，同時進行非常的建設，方能竟其全功。

展現在我們前面的，決不是鋪滿鮮艷玫瑰花朶的香樹大道，而是必須經歷無數的艱難險阻與血汗犧牲；必須篳路藍縷，才能開啓的成功之路，就像先賢先烈們爲我們這一代安身立命所留下的中國之光明大道。沒有後退，只有向前。

我們所要破壞的，是爲禍中國的共產邪惡思想以及其建立在這種意識型態上的殘民暴政與專制的統治。

我們所要建設的，是一個統一的三民主義新中國，就是將復興基地實踐三民主義的成果和經驗，擴充到全大陸、全中國。

在這非常的破壞中，我們所著力的是消除共產主義的思想與觀念、制度和暴政，而對於所有被裹脅盲從，或一時錯失的附從者，則本於同胞之愛，不僅不予敵視，而且歡迎他們也共同來參與，相信他們也正準備著爭相立功，勇於表現，共同投入此一順應時代潮流，合於國民需要的大事業。

在同時進行的非常建設中，祇要是中國人，人人皆有權參與，個個也都有這份光榮的義務。身陷大陸中共極權統治下的同胞們，經過了三十年共產暴政的苦難歲月；比我們生活在自由地區的一般同胞，可以說更清楚善惡是非的判別；共產主義已將成爲歷史灰燼中的名辭，必須立即摒棄，三民主義在臺實踐的輝煌成果證明其才是自救救人的寶典。這種經過理智辨別後所自然產生的民族感情與共識，眞正是人同此心，心同此理，大陸同胞雖與我們隔海相望，但聲氣則是息息相通。

所以現在我們在此所應奮勉力行的，就是趕快採取共同一致的行動，朝著既定的目標，排萬難，冒萬險，相與戮力，鍥而不捨，不成不止。大陸同胞也必定隨之望風而起，爭先滙聚。

二

自從十二全大會通過了貫徹以三民主義統一中國的決策，公諸於世以後，大陸的中共頭目們，頓時驚惶失措，隨後透過其宣傳機關，發出了極不尋常的反應。譬如他們說：「三民主義是中國人的共同財富」，「中共實行的是眞三民主義，並已實現的超過了」；又說：「 孫中山先生是革命的先行者，中共是 孫中山先生革命事業的最佳繼承者」。爲什麼時至今日，中共不喊反對三民主義，反對 國父孫中山先生及先總統 蔣公所領導的一脈相承的中國國民革命大事業？因爲面對著我現在的堂堂之陣、正正之旗，以及所有中國人民一致的願望，所以在形勢上它既不敢也不能公開的反對，於是趕緊跟著來肯定「三民主義是中國人的共同財富」——侈言「中共也在實行」；更肯定 孫中山先生是革命的先行者——妄言「中共則是他的繼承者。」

但是我們要注意，縱然中共頭目不能公開否認三民主義與國民革命已廣被人心的事實，却並沒有宣佈放棄共產主義。他們是企圖魚目混珠，以共產主義來混淆三民主義；退一步說，卽使中共宣稱放棄共產主義，那也是一種策略的運用，包藏的禍心。事實證明中共自民國十年成立後，至少有兩次曾公開宣佈放棄共產主義，放棄暴力路線與共產制度，並表示擁護先總統 蔣公的領導，徹底實行三民主義建設新中國。先是民國十二年一月二十六日共產國際代表越飛與　國父孫中山先生共同宣言，確認共產組織甚至蘇維埃制度，事實均不能引用於中國。到了民國二十六年九月二十二日中共發表共赴國難宣言，聲稱　孫中山先生的三民主義爲今日中國之所必需，中共願爲其徹底實現而奮鬥，並表示決取消一切暴動政策及赤化運動。民國三十四年十月十日在重慶，中共更明明白白的表示，在先總統　蔣公領導之下，徹底實行三民主義。但中共每在作此宣佈後，却更加擴大其禍國殃民的暴行，由此可以充分證明其虛僞，而且無一次不是爲了要轉化當時對它不利的形勢，卽所謂「從戰術上退却，戰略上進攻」。

　中共素以詭詐狠惡著稱，對外企圖以騙術混淆世人的耳目。譬如最近他們對外揚言說他們乃國父孫中山先生革命事業的繼承者，眞是大言不慚。沒有人不知道中共自成立之日起，卽處心積慮，無時無刻不在勾結帝國主義者對我們國民革命的進程，橫加阻撓和破壞。因爲我們國民革命的動機起於愛，起於求民族的獨立與人類的和平，而中共之叛亂動機則起於恨、起於階級的鬪爭，二者極不相容。在性質上，國民革命的性質，是以全民族、全社會的民衆利益爲基礎、爲本位，亦卽同時實現一切人民的利益。反之，中共所唱者，却是屬於階級鬪爭的性質，完全以無產階級的利益爲本位，亦卽除了無產階級的利益之外，再無別人的社會利益。中共在僞憲中，也明白標示其所施行者乃無產階級的專政，是爲明證。次就革命的方法言，國民革命主張集中統一全民族全社會的革命力量，共同努力，且其爭取民衆的方法，是用教育和訓練，使民衆瞭解三民主義而自動的參加革命的工作；中共則主張階級鬪爭，並以脅迫民衆與武裝暴動，達到其目的。由上可知中共之所爲不合乎人道，不適於中國人的民族性，其殘暴手段更非中國人所能容忍，何能謂其是　孫中山先生革命事業的繼承者？

在青天白日滿地紅的國旗招展之下，　國父領導國民革命所建立的是中華民國，而不是什麼「中華人民共和國」；　孫中山先生所遺留給我們的是建國方略、建國大綱與三民主義，當然不是邪說異端的共產主義；所望同志們促其實現的，是舉行國民會議及廢除不平等條約，決不是口喊「史達林爲爸爸」，認賊作父，剝奪人民所有的自由和權利，復迫使大家過著一窮二白牛馬不如的生活。　國父的遺志，我們在先總統　蔣公領導之下先後已完成。試問中共究竟繼承了那一點？又曾參加了那一樁？全國同胞衹知道中華民國創立之時，中共根本不存在，其後到了北伐期中，中共四處暴動，趁機阻撓，抗戰期間則不時襲擊國軍，並趁機坐大，抗戰之後全面武裝叛亂，最近還用綁票式的方式，在宋慶齡臨死時，硬說接受他申請，使其成爲共產黨黨員，還給她戴上一頂「榮譽主席」的紙帽子。難道這便是繼承　孫中山先生的革命事業？

最近中共六中全會通過鞭毛澤東屍的決議中，又很曖昧的說是本黨「背叛了　孫中山所決定的國共合作政策」，（它又來進行新手法的統戰了）好像中共纔是繼承　國父遺志的。

究竟　國父孫中山先生決定了什麼樣的「國共合作」政策呢？不注意歷史的人，也許會被中共這一句話所矇騙，但史實昭昭在人耳目，豈容它矇騙？所謂「國共合作」政策，指的應是民國

十三年　國父所採取的「聯俄容共」的決策。

為什麼聯俄？因為當時本黨在廣州集結革命的力量，要從這裏出師北伐，求得國家的獨立與統一，因此，需要爭取國際上的援助和同情。然而西方列強不是與我們革命政府為敵，就是對我們國民革命袖手旁觀，更無仗義援手的國家可覓。適於此時俄共初得政權，以聯合西方無產階級革命和扶助東方民族獨立為號召，所以　國父乃基於策略之運用，於是有聯俄之擧。並與越飛發表聯合宣言，共同認定共產組織和蘇維埃制度不能引用於中國。國父就是基於這一前提之上決定聯俄政策的。

至於容共也是為求中國革命力量的集中和意志的統一。如果中共黨員願為國民革命努力，以個人身份申請加入國民黨，遵守黨紀、政綱與政策，則可容納其在本黨領導之下，為國民革命而奮鬪。當時中共黨員李大釗代表他們申請加入本黨的聲明說得很明白：「我們環顧中國，有歷史有主義有領袖的革命黨，只有國民黨。只有國民黨可以造成一個偉大而普遍的國民革命黨，能負解放民族、恢復民權、奠定民生的重任。所以毅然投入本黨來」。「我等之加入本黨，是為有所貢獻於本黨，以貢獻於國民革命事業而來的，斷乎不是取巧討便宜，借國民黨的名義，作共產黨的運用而來的」。「我們加入本黨，是一個一個的加入的，不是把一個團體加入的」。「我們留在本黨一日，卽當執行本黨的政綱，遵守本黨的章程和紀律」。

所以我們知道，　國父那時主張聯俄是基於革命環境的需要，而且俄國人答應了不在中國搞共產黨組織和蘇維埃制度，更不以卵翼中共來武裝叛亂。而「容共」決不是容納共產主義及其組織和制度，而是准許共產黨員個別加入本黨，服膺本黨的主義、領袖和遵守本黨的紀律、政綱和政策，致力於　總理所領導的國民革命。決不是同意中共自民國十三年以後，用「合作」之名，妄圖來刼奪黨權和革命的果實，以及後來更進而武裝叛亂，「由中國共產黨領導無產階級專政」。證之民國十三年後中、俄共的種種陰謀及今日中共叛國背離國民革命的倒行逆施，豈不清楚證明是中共背叛了　國父孫中山先生的決策？

其次，中共居然還妄稱它在大陸實行的是眞三民主義，難道眞以爲一手可以遮盡天下人耳目？中共曾不時自誇「以馬克斯列寧主義作爲自己行動的指南」。中共黨章總綱中，也明明記載著：「中國共產黨以馬克斯主義、列寧主義、毛澤東思想，作爲指導思想的理論基礎」。僞憲序言更聲稱：「要永遠沿著馬克斯主義、列寧主義、毛澤東思想指引的道路前進」。中共六中全會還在强調所謂四個堅持，卽堅持社會主義道路，堅持人民民主專政卽無產階級專政，堅持共產黨領導，堅持馬克斯列寧主義與毛澤東思想，何以竟又稱其所實行者變成了眞三民主義而又不是馬列共產主義了呢？難道這也是共產黨的一種辯證法？眞可謂好話說盡，壞事做絕。這就是中共的本色。

任何人皆知三民主義爲我中華民國立國之主義，載諸憲法，其最高目標與理想是要能濟弱扶傾，達成促進世界大同的最後目的。國父說：「三民主義皆本於民」；「這三種主義一貫的道理，都是打破不平，要求平等」；「三民主義就是平等和自由的主義」。本此基本精神，三民主義所主張的乃是「民爲邦本」的全民本位，一切以人民爲基礎，更以人民爲歸宿。對於平等原則，對內要打破政治上的不平等和社會上的不平等，所爭者是人格的平等，生活的平等；對外要打破種族上的不平等，所爭者是國格的平等。自己國家平等了之後，還要使所有弱小國家均能得到平等的地位，就是濟弱扶傾，存亡繼絕的王道精神。對於自由所爭者，對外爲民族的自由，謀國家的獨立自主，但絕不壓迫他人；對內則要求所有國民皆能享受政治的自由與生活的自由。爲達此目的，國父更在民族主義中破除從前五族之舊說而總稱我中華民族爲中華國族；在民權主義中則强調權能區分，人民持有四種政權及政府掌管五種治權，使成萬能之政府；復在民生主義中提出根本解決土地與資本問題之最新方法，卽平均地權與節制資本之主張，凡此皆爲我們個個耳熟能詳的要義，最合於世界的潮流，也最切合我國社會的需要。三十年來在臺實行的結果，證明其確爲中國的光明大道。其中無論是基本理論和制度，無一不與共產主義的理論制度大相逕庭。共產主義所强調者是辯證的唯物主義，視人民爲物、爲工具；所師承的是剩餘價值、階級鬪爭、無產階級專政與不斷革命等歪論。因此乃有中共竊據大陸後無數的暴政，處處與中國的歷史文化爲敵，與人性的尊嚴與人格的獨立爲敵；與民主自由平等爲敵，亦卽處處以三民主義爲敵，與全體的中國人爲敵。今日中共突聲稱其所實行者爲三民主義，毋乃太過離譜，連他們自己也不能相信，眞不值識者一笑。

也許有人會指出，國父在民生主義第一講中，卽曾講過：「民生主義就是社會主義，又名共產主義，卽是大同主義」，難道國父之言有錯？

其實民國十三年國父講演三民主義時，提到民生主義又名共產主義，所指的是主義的原則，這裏所說的共產主義，乃是以民生主義為原則的「共產」主義，而不是說共產主義的基本理論、方法和目的，等於是民生主義的理論方法和目的。此三者民生主義與共產主義是完全不同的。

就理論言，民生主義主張心物合一論，認為宇宙的本體，是精神與物質合而為一，相輔為用。共產主義則主張唯物論，認為宇宙只有物質是實在的，精神只是物質的反映。民生主義主張民生史觀，認為民生是歷史的重心，共產主義則主張唯物史觀，認為物質是歷史的重心。民生主義主張社會價值說，認為商品的價值是由直接生產者如勞工，間接生產者如發明家及管理人員，與社會的消費者共同決定。共產主義則主張勞動價值說，認為一切商品的價值，是由生產所需的勞動量決定，更主張剩餘價值說，認為勞工超過其生活所必需的勞動量之剩餘勞動所生產的價值，原應為勞工所獨有，却被資本家所剝奪。民生主義是以達到世界大同造成自由安全的社會為目的，如今日的臺灣，而共產主義則以實現赤色帝國主義和革命輸出為目的，造成暗無天日的奴隸社會，如今日的大陸。

就方法言，民生主義主張社會革命，採用和平漸進的原則，以平均地權與節制資本的辦法，防止社會的貧富不均，使人民既均且富；共產主義則以階級鬪爭與無產階級專政的殘酷方法，使人民一無所有，達到均貧共慘的地步。

就制度言，民生主義主張公有財產與私有財產並存，因爲生產落後的國家，唯有一面承認私有財產，鼓勵人民努力生產；一面創造公有財產，預防私人財富的集中，才能解決貧窮問題，所以是合乎科學的。共產主義否定私人財產，主張公有財產，結果使農民不願多種田，工人不願多生產，而造成永久的饑饉與貧窮，所以不是科學的。

就結果言，由於民生主義是科學的，自由的，爲了全民的利益，從事和平的建設，所以實行的結果，可以造成均富的社會，縮短貧富的差距，充份表現了養民教民和爲人民謀幸福，以及人人生計上經濟上平等的博愛精神。共產主義是非科學的，奴役的，爲獨裁者的利益，從事暴力殘殺與剝削，所以實行的結果，必定造成均貧與共慘的社會。

三

前文已簡要說明，中共絕非　國父革命事業的繼承者，而係徹頭徹尾的叛國者，早兩天中共爲了慶祝共黨禍國六十年，竟然將　國父孫中山先生的遺像與馬克斯列寧等共產頭目的像，並懸天安門，企圖造成錯誤的形象，誤以爲中共也尊敬我們的　國父，其實賊子狼心，盡人皆知，中共乃是　國父孫中山先生的叛徒；中共所實行的也絕非三民主義，而係禍國殃民的共產暴政。目前擺在我們面前的急務，正是要發揚 國父天下爲公的博愛精神，以三民主義來統一全中國。爲了貫徹此一時代性的救國建國工作，我們必須團結海內外所有的中國人，共同努力於下面的急務。

第一、我們教育學術文化界，應該致力三民主義理論與實際相結合的研究，宣揚復興基地實踐三民主義成果，並對共產主義思想制度，作全盤深入的批判。過去我們只有部份從事 國父思想教學與大陸匪情研究的學者專家，努力於此項思想「破」「立」的工作，講授的對象也只限於在學校，而研究的內容只偏於一般的理論，似不能滿足廣大社會的需要，因其仍不夠普遍和深入。從現在開始，至少我們在教育學術文化界服務的飽學之士，應該在自己所研究的專科範圍之內，如政治學、社會學、經濟學、法律學、新聞學、歷史學等科目，本著三民主義的要義和主旨來發揮，並以之與眼前實際的各種建設相結合，實證三民主義的時代性與實用性，一面批判共產主義思想制度之落伍與不能適用於中國。然後透過文化新聞界同志，加以廣泛的宣揚。大家所致力的目標，是爲了貫徹以三民主義統一中國，在思想觀念上如能建立一致的共識，則我們復國建國的工作，便能獲致無窮的助力。同時還應該對那些偏激的論調，如其背棄了立國的主義，明顯地違背了國策，以致損害到國家社會利益的時候，更不容坐視。我們要本著國民的良知與道德的勇氣，公開予以嚴正的駁斥和導正，使其對社會大衆，尤其青年的思想，減少損害到最低點。

國父說我們應「只見主義不見生死」，今天我們必須拿出生死以之的精神，來保衛我們的主義。

第二、我們要熱烈響應海內外所發動的「勸告中共放棄共產主義運動」，喚醒中共黨員，放棄共產主義思想及其制度，體認唯有走三民主義的道路，才是中國現代化的光明大道。我們知道，這一年多以來，鄧小平傾全力在大陸所進行的一件工作，就是思想的大整肅，中共的六中全會也對毛澤東在一九六六至一九七六十年間，文化大革命期中的左傾嚴重錯誤作了所謂歷史的總結。而以所謂十惡大審製造了最高潮。鄧小平想要讓全世界的人都知道，他在進行反「左」的鬪爭。他也要普天下的人都相信，過去三十年大陸上的殘民暴政，幾千萬個人頭落地，幾百萬幸福的家庭家破人亡，都是「左」出來的毛病，而毛澤東的嚴重錯誤是功大於過，江青、姚文元、王洪文與張春橋則是罪魁禍首，該判極刑。至於他鄧小平，則是反「左」救國活神仙。可見連鄧小平也知道，中共的滔天罪惡已是天怒人怨，人人痛惡，所以不得不鞭毛屍而又找毛婆等人來頂罪，以便利他打倒華國鋒奪權。但是看過所謂大審電視的人都明白，在那所謂「法官」與「一干人犯」的一問一答之間，不只由中共自己和盤托出了他們血腥罪惡的事實，而且也毫不隱藏地揭開了中共過去所搞的「革命」、「整肅」、「清算」、「鬪爭」、「左反」、「右反」，都是同出一源的黑幕，是共產主義思想和制度所種下的禍根。如今再加上鄧小平的「四堅持」，十足證明他自己也是不折不扣的共產黨殺人兇手。這些事實和道理，所有中國人都是眼睛雪亮，清清楚楚，難道直接參與爲禍的中共黨員竟然不知道？難道各級發號施令的中共幹部不知道？鄧小平爲什麼叫嚷中共幹部「三信危機」的原因就在此！他們再也不能相信、信任、信仰共產主義的符咒和中共頭目的騙術了。這便是隱藏在他們內心深處的話語，有時也公開講出來，其所以尚未敢繼之以反共的行動，因爲他們仍在徬徨又恐懼。因此我們必須透過各種可行的途徑，鼓勵中共黨員、幹部、共軍官兵，放棄共產主義，並爲了救國救民，起義立功，本黨十二全大會已有很明確肯定的保證，絕對保證不究既往，並論功升用。我們一定要在思想戰場上贏得此一先戰之戰，以縮短復國建國的歷程，避免許多流血的犧牲。

第三、我們要加強三民主義思想登陸，大量製作三民主義及其與共產主義比較的各種書刊與文物輸往大陸，這是非常迫切需要的工作。中共既自稱「三民主義是中國人共同的財富」，而「中共是實行眞的三民主義」，那麼就應該讓人民自由閱讀三民主義；各社團也有權公開討論三民主義；在學的青年更應該彼此切磋研讀三民主義。據敵後消息，距離臺灣最近的福建省在五月的前半個月之中，福建電視臺收到很多來自晉江、羅源、福州、惠安的匿名信，大膽評述共產主義和三民主義的優缺點和現實意義。他們說：「積三十多年的處世經驗，深覺共產黨搞經濟是不濟事的，共產主義既不能給中國人民帶來幸福，爲何不試用　孫中山先生的三民主義」？「聽海外朋友來信說香港電視臺曾播出一輯臺灣專輯，介紹臺灣實行三民主義取得經濟飛躍的經驗，爲什麼我們不買回來在電視播出，讓羣衆也看看今日的臺灣，明天的中國」。他們還說「最近蔣經國先生說要用三民主義統一中國，共產主義的思想痲醉了中華民族半個世紀多，如果還硬說共產主義好，恐怕沒有太多人民相信。爲何電視臺不在有限度範圍內介紹臺灣人民建設三民主義模範省的情況？爲何不讓人民將中國和臺灣作一比較？今天人民不是愚昧無知，有能力鑑別社會的好壞」。類似這些民間的反應，用來和中共宣傳機關的論調作比較，也恰相吻合。例如中共說：「國民黨想用三民主義統一中國來葬送中華人民共和國，那是辦不到的，因爲人民不允許」。中共竟能直覺感覺到三民主義能葬送所謂「中華人民共和國」，則可見他們壓根兒對共產主義已無信心。整個大陸怕也只有一個毛婆江青，至死還在口喊忠於馬列主義毛澤東思想，但江青已被判了殺頭罪，雖是緩刑，却連鄧小平也容不了她，容不了她那一套赤色響尾蛇歪論。明明共產主義是破產了，我們便要用三民主義的思想去塡補，去替代，趕緊設法將三民主義思想大舉登陸。

也許有人說，這種事情何妨慢慢來，大陸那麼大，人民那麼多，要普遍讓同胞們重新接受三民主義的思想，眞是談何容易，而且也不必著急。反正鄧小平正熱衷和資產階級的國家拉得緊，正好讓資產階級的思想觀念和生活方式，首先去侵蝕去腐化中共的黨員和幹部，乃至整個的社會和人民，讓他們打頭陣，而且中共防也防不了，豈不更省事又省力。這種道理似頗動聽其實則大謬不然。我們對待自己的同胞，就是當同胞，看他們就像我們自己一樣是有血有肉有思想而又同根同源的同胞，不是像中共那樣把他們當作物品，當作可供利用的工具。我們希望同胞們能儘早接受合於中國人需要的三民主義思想，儘快能享受三民主義下的自由平等幸福的生活，實不願見到他們再被指爲「走資派」，重複一次的在「反右鬪爭」中，又遭集體的整肅和屠殺。因爲我們確信，三民主義比任何其他主義更易爲中國人民所接受，而又使中共最難以反對。所以我們必須將　國父原本的三民主義、　總裁民生主義育樂兩篇補述，以及政府三十年來在臺實踐三民主義的經驗與成果向大陸介紹，要運用各種表達的方式，經由各種可能的途徑，大量輸送往大陸。而且今年應該是最重要的關鍵。政府和民間必須通力合作來辦理這件事。

第四、我們必須團結海外僑胞、學人、留學生和所有到達海外的大陸人士，坦誠檢討大陸慘狀的根源與中國應走的正確道路，起而聲討中共罪行，粉碎中共統戰陰謀，鼓勵並支援其加入三民主義統一中國的行列，共同為解救大陸同胞而奮鬪。

第五、我們要支持大陸同胞爭自由、爭民主、爭人權、爭生存的反共革命運動，期使三民主義統一中國的行動相配合。

以上所舉不過犖犖大者，且見之於十二全大會有關的決議並已在海內外同胞及有關當局籌擬策進之中，也必然還有更多更有效的可循途徑，主要在我們獻身獻心獻力雖有程度之不同，總要能抱此意願，快速行動。屬於決策者固然在領導階層，勇於執行者必然是國民全體。子孫後代成敗利鈍都應該從整體看。非常的破壞，絕不是少數人小行動可以辦得了，非常的建設，尤賴每一國民加上一臂之力。能如此則我們民族復國建國的巨輪，定能輾過崎嶇，直指勝利的康莊大道。

七十年七月十五日對講習班研究員講

二十八、國父在創立興中會之前的奮鬥

一

再過兩天便是興中會創立九十週年。有興中會的創立，然後纔有中華民國的誕生和波瀾壯濶的國民革命與我國現代化運動。興中會是國父孫中山先生在廿九歲時於甲午年十月廿七日，即陽曆一八九四年十一月廿四日，在美國火奴魯魯所創，故至今年十一月廿四日恰爲九十週年。成立會是在卑涉銀行何經理寬的家裏擧行，連國父在內一共也不過廿五個人，大多是小本商人的僑胞，每人收取會費五元，連同另外的樂捐，也祇有兩千美元，所謂「作始也簡，將畢也鉅」，卽憑此戔戔之數，開啓了推翻滿清建立民國的偉大革命事業。當時國父所手訂的章程第一條規定「是會之設，專爲振興中華，維持國體起見」。第二年回到香港，於二月廿七日建立興中會總部，乃於入會誓辭中，始明白提出「驅除韃虜，恢復中華，建立合衆政府」，作爲具體的奮鬥目標。

繼興中會之後，本黨的革命組織，爲了因應革命情勢需要，在國父主持之下，曾數度改組易名，至民國十三年始改組爲中國國民黨，至於今日。每一次的改組，均著重在集結革命同志，擴大革命陣容，將革命建國的工作向前推進到一個新的階段。

有關本黨革命組織每一時期的種種發展與經過，史料甚多，尤以現階段在復興基地的奮鬪，在座各位不僅身經目擊，而且也多直接間接參與並各皆有所貢獻。今天承約要兄弟來作一報告，我祇想依據有關中外記載，對 國父在創立興中會之前的奮鬪，也就是在廿九歲以前，特別是求學階段的若干生活片段等，扼要報告，請各位參考指教。

二

黨國元老吳稚暉，比 國父大一歲，與 國父同時在海外鼓吹革命，却未曾見過面。直至一九〇五年在倫敦見面一席談話之後，稚老就心悅誠服的敬佩不已，從此卽追隨 國父，襄贊革命大業。吳稚暉先生曾有四句話追述 國父：「品格自然偉大，度量自然寬宏，精神自然專一，研究自然精博」。

甚麼叫自然偉大呢？就是平易近人，然而擧止偉大，是不能形容的偉大。 國父對人總是那樣的誠誠懇懇，直抒所見，擧止雍容，沒有一點虛假做作或拘束。甚麼叫度量自然寬宏呢？卽使對要取他性命背叛他的陳烱明，事敗後也不過叫陳寫張悔過書而已，陳頑强不肯寫， 國父也沒有再追究。 國父平日交代同志們辦事，祇要是盡心盡力去做了，雖然並不是完全照他所指點，甚至加了一些自己的意思進去，也點頭認可，所以大家都樂於接受命令。甚麼叫做精神自然專一呢？就是他的精神都放在革命工作上，其他的事物就自然不喜歡，精神也就自然專一了。甚麼叫做研究自然精博呢？國父並不是刻意要做個甚麼樣的大學者，可是對中外古今有用之書，一有空隙，就馬上把卷展閱，而且能心領神會，融會貫通，所以不求精博而自然精博。國父是集大成的人物，一生想爲中國的自由平等，集一個大成，所以自然的無書不讀，自然讀後精博。我們一般人只以爲國父天賦聰明，却忽略了他無書不讀的研究。

吳稚暉先生追述國父的品格、氣度、精神與研究，自然偉大，自然寬宏，自然專一，自然精博，當然不是偶然的。現在再根據國父的老友林伯格（Paul Lingburger）和同學陳少白先生等的一些記載，來看一看他們所認識的青少年時期的國父。

國父在十三歲以前，住在翠亨村，距離澳門不過三十英里，他的父親從商，敬業樂羣，極爲鄉里所推重。母親是一位典型的中國女性，美麗、溫柔而又端莊，有著三寸金蓮。小時候他看到母親爲姐姐纏足，夜晚痛苦呻吟不已，就對母親說：「姐姐這麼痛苦，爲什麼一定要纏足呢？」母親告訴他：「這是不得已的，不趁小的時候纏足，將來怎麼會有漂亮的三寸金蓮呢？現在不替他纏足，將來你姐姐長大會怪我的。」但是國父總覺得這種風俗不對。以後建立民國，他就明令禁止婦女纏足的惡習。那時的村民是很迷信的，國父每次到廟中看到村民跪拜泥塑木雕的菩薩，就不以爲然。當大人們不在時，有一次他便對小朋友們說：「我看這木頭菩薩是不能保護我們的，你們信不信。」大家說不知道。 國父就爬上去折斷了一個張著笑口的菩薩的手指頭，然後說：「我折斷了他的指頭，他還是在傻笑，又怎麼能保護我們呢？」 國父也像村子裏的小孩一般，啓蒙時唸私塾，天天要背三字經却又不明白其中的道理。他對老師說：「我一點也不懂，這樣死背書，有甚麼意義呢？」 老師聽了大聲斥責他：「你敢反對聖賢的教訓嗎？」 國父一點也不畏懼地仍舊請求老師解釋書中的意義，他說：「世界上的事情都有道理，爲甚麼聖賢的教訓不讓我明白其中的道理呢？總有一天我會找出來的。」

村民對 國父這種行爲，認爲是離經叛道，却不知這正是他從小就有著追求眞理的狂熱。這些事後來被他遠在檀香山經商的大哥孫眉先生知道了，便接他赴火奴魯魯去求學。

國父十四歲到了美國，最初在大哥店裏照顧生意，半年後便進了一所英國教會辦的學校 Iolani College Honolulu，校長是一位牧師 Rev Alfred Willis。在這裏受教三年，勤習各種功課，畢業時英文成績獲得全校第二名獎。以後又升入美國學校 Oahu College，這是當時檀香山的最高學府，是今日夏威夷大學的前身，但祇讀了一年便休學了。因爲他的大哥深恐他接受西方教化太深，會忘了中國的根本，命他回國再讀中國的經書。並且將財產分出一半，在律師事務所登記在 國父名下，要他再來美國時經營他的事業。 國父回國以後看到清廷官吏魚肉鄉民的情形，十分不滿，時有反抗言論，國父的父親怕引起官府注意，就叫他到香港去唸書。先進拔翠書院（Diocisan School）以後轉入皇仁書院（Queen's College）。在這裏 國父與陸皓東等一同受洗爲綱紀愼會的基督教徒。此事又爲他大哥所知，極不高興，便命他卽刻啓程前往檀香山。見面之後，就要他宣佈脫教，並對國父說：「你在家鄉反對官府，到香港讀書又信奉了洋教，違背祖宗的法則，是很不應當的。上洋學堂唸書、和洋人一起工作是好的，得到他們的尊敬也是好的，但是如果喪失了中國遺傳的寶貝，不守祖宗的教訓，有甚麼快樂呢？我原先分你一半財產，是希望你遵守祖宗教訓，但是你要信洋教，違反我們的風俗習慣，使家庭也不安，那些分給你的財產，將來也會浪費掉，所以我現在要收回來。」國父聽了就很婉婉地坦誠告訴他的哥哥：「旣然已受洗信仰了基督教，便不能退出，但我並不是背棄那些祇要是好的中國傳統法則。現在中國的官府不負責任，有一些敗壞的風俗習慣我也不能遵守。你慷慨分給我的財產，照大哥的意思，現在就全部歸還。金錢不足以動我心。金錢是中國的災禍之一，可以用之正當，也可以用之不正當，不幸中國的官吏用金錢作賄賂，以致增加了人民的負擔，這也是我主張要改革的。」隨後便在律師樓簽字將產業還給了哥哥，維持了兄弟間的感情，自己也覺得可以更自由的去做他所要作的事。隨後他又回到廣州，決心學醫，因爲醫生可以救人救世，還可藉行醫的方便，進行革命的工作，他的大哥則仍滙寄所需的學費。先是申請入廣州的博濟醫院（Cauton Hospital）就讀，時年廿歲，在學校裏最要好的同學是客家籍的鄭士良，課餘兩人便不斷討論如何進行推翻滿清的革命工作。以後在民國十四年　國父逝世北平，遺囑中說「余致力國民革命凡四十年」，應該就是從廿歲在博濟醫院求學時開始。在博濟兩年之後，感覺到在廣州宣傳革命還是不方便，就轉學到香港的西醫書院（The College of Medicine for Chinese）也就是現在的香港大學醫學部，教務長便是康德黎，後來 國父在倫敦蒙難，康德黎曾營救 國父出險。這所書院教授陣容堅强，課程和設備都與英國國內的醫科大學水準一般，而且要求十分嚴格。國父在此研讀了五年，以第一名滿分的成績畢業。原來各科中祇有一科九十分，其餘都是一百分，經過教授會議決定，以國父各種表現均極優異，在畢業證書上特加註滿分。

三

國父在西醫書院時，課餘還是和同學們討論革命的事，楊鶴齡、尤少紈，後來又加入了陳少白，經常在楊家暢談，他們並自稱爲清廷的「四大寇」，還有人呼 國父爲洪秀全，他也不在意。陳少白原是在廣州唸書，與 國父素不相識，其人國學基礎甚好。他初到香港時，由人介紹去西醫書院見 國父，國父便陪他到公園散步，坐下來暢談國事，甚爲投機，又去找教務長，說陳君係慕名而來想進西醫書院，康德黎因爲看到是 國父推薦便立即同意，陳少白就這樣和國父同學並結爲同志。西醫書院畢業後，國父便在香港掛牌行醫，不到三個月便聲名大噪，第一年收入即超過一萬元。後來又在香港、澳門、廣州開了幾家西藥行，作爲連絡與掩護革命的場所，交由陳少白管理，但 國父並不積蓄，所有收入供各方面開支，以致賺來的錢到手就完。

國父雖然三處行醫並聯絡同志宣傳革命，但平居沉默寡言，一有閒暇便手不釋卷，有關政治、經濟、軍事及史地等好書，無書不看，尤其嫻熟中國大陸的地圖，隨時可以指出各省要塞港口的位置與交通狀況等。每天早晨六時起床，仔細閱讀報紙，飯後拆閱友人來緘並親筆回信。早餐前卽穿著整齊，雖暑熱亦不隨俗脫去上裝，非至夜深不換著睡衣。衣服以耐用為主，惟對剪裁式樣則頗注重，那時新加坡有家西服店老板叫李隆昌，手藝極好，常在那裏訂製衣服，李老板後來也成為本黨黨員。國父進食用筷子不用刀叉，對飲食很謹愼，不沾煙酒，不喫糕餅，不喜辛辣香料，愛香蕉菠蘿蔬菜。進食時靜肅不發聲。最注意淸潔，每日睡前洗澡，口袋中手帕每天換兩次。平日喜愛象棋，隨帶行李中，除書本外，卽有象棋與棋盤。他的英文造詣很深，但演講或談話時非必要不輕易出口，平居講廣東話或廣東腔調的國語，因為專心於國事，與外界接觸甚多，很少注意過年節日。看報讀書時喜坐旋轉椅。

四

經過了三年多的深思熟慮，在準備採取石破天驚的行動之前，國父決心深入大陸，以窺淸廷的虛實，並到武漢以觀長江之形勢，遂於一八九四年廿九歲時，偕陸皓東自廣東赴上海轉平津，作實地考察。行前還準備好一封上李鴻章的信。信中建議改革維新之道，不盡在於船堅砲利，壘固兵强，而在於「人能盡其才，地能盡其利，物能盡其用，貨能暢其流」。並指出人盡其才者，在敎養有道，鼓勵以方，任使得法；地盡其利者在農政有官，農務有學，耕耨有器；物盡其用者在窮理日精，機器日巧，不作無益以害有益；貨暢其流者在關卡無阻，保商有法，多輪船鐵道之載運。確爲建立現代化社會，農工商並重，而又以教育人才爲本之良策。此信係由國父輾轉託李鴻章的秘書轉陳，但信去後並未發生絲毫影響，因此　國父遂於這一年返港後即專程前往檀香山，創立興中會。檀島興中會成立後，　國父並非遠居海外無所行動，第二年二月即趕回香港成立總會，徵求同志，並積極部署廣州之役，眞正是劍及履及，只見革命不見生死，自此再經十七年的艱苦奮鬪，屢戰屢敗，屢敗屢起，終於在辛亥之役，推翻了滿淸建立了民國。

五

革命事業是一種非常的事業，是順乎天理應乎人情，適於世界之潮流，合於人羣之需要，而爲志士仁人所決志行之斷無不成的事業。我們單就剛才所約略報告的　國父在創建興中會之前的這一艱苦歷程，亦概知革命的道路乃是要掃除進步的障礙，所以必然是步步艱難，處處險阻。各位女士各位先生，我們今日正在革命的路上行進，要掃除中共的障礙，重建一莊嚴華麗的新中國，就需要我們大家緊密團結，不計犧牲，全力以赴，雖有困難，必可克服，三民主義統一中國，必可完成。

七十三年十一月二十二日在中視公司動員月會講

二十九、堅持原則表現志節

一

今天來院受訓的都是多年來從事交通建設，具有良好績效，同時極有發展潛力的交通幹部。自國父組黨革命，創建民國，直到今天，對於交通建設，可以說特別重視。國父曾一再強調：交通是事業之母，沒有交通就沒有國防，沒有交通就沒有國家建設。所以在國父的遺著裏面，特別是實業計畫中，對於整個大陸的交通建設，包括鐵路、公路的鋪設，港口、商埠的開闢，都有非常詳盡而深入的探討和規畫。不但如此，遠在民國初年，國父辭卸大總統以後，就曾表示決心要集中全力來親自督辦國家的交通建設，可見他對交通工作的重視了。嗣後，當北伐成功，國家統一，對日抗戰之前的那一段時間，內憂外患，百廢待舉之際，先總統蔣公還是秉承國父建設國家的藍圖，以及當時國家實務的需要，積極地致力於交通建設。當時，西南公路的完成，和抗戰末期滇緬公路的打通，對於我們整個八年抗戰，其貢獻之大，眞是無法估計。那時在交通界服務的同志，不但是流汗，而且是流血，那一種犧牲奮鬭的精神，都留在我們抗戰歷史的光輝記載之中。直到我們撤守臺灣，除了黨政建設以外，所致力最重大的工作，也是交通建設。先總統　蔣公曾經親自策畫、督導橫貫公路的開闢，甚至跋涉在沒有人跡的荒山叢林之中，終於在四年的短短時間，把橫貫公路修好——過去日本人極想去作而沒有作到的，在我們的手裏完成了——成爲世界上交通建設的一個奇蹟。其後，今總統在行政院院長任內，完成了十項重大建設，像臺中港、中正國際機場、鐵路電氣化、北廻鐵路等……可以說一大半都是交通建設；一直到本黨十二全大會，又有許多前瞻性的交通建設的決策，如加速推動資訊工業，積極拓展捷運系統，都是目前非常重要的工作。

今天，我們在這方面的成就，是大家有目共睹的，拿電話來說，臺灣光復的時候，祇有兩萬臺電話機，到現在已經突破了五百萬臺，增加了兩百五十倍，這個成長率之高之快，是世界上少有的。再看看我們現在的郵政儲金，數額已超過了四千多億接近五千億元，不但累積了民間的資金，也提供了國家開發的財源上的有力支柱。其他無論在鐵路、公路、電信、氣象、航運等等各方面的成就，都打破了民國成立以來的紀錄，在全世界也是首屈一指的。在座的各位，都是直接間接的參與其事，無論是設計、規畫，乃至於實際來執行，才有這樣輝煌的成就。重要的是在決策的正確，領導的正確，加上許多交通界服務的同志，拿出信心和決心，貢獻智慧和經驗，不斷地研究發展，所獲得的果實，相信在這一段中國現代史上，各位的成就，實在是值得我們推崇和敬佩。

二

現在想藉這個機會，就本院沿革及教育特色等，扼要向各位報告，以供參考。

第一、先總統 蔣公創辦本院的經過，和本院的教育宗旨：民國三十八年，大陸情勢逆轉，政府播遷來臺， 蔣公就決定要在復興基地的臺灣，創辦一個為民族復興、將革命事業從頭作起的訓練機構，一個革命教育的學府。因為，那時候檢討在大陸失敗的原因，雖然很多，其中最重要的一點，就是八年抗戰結束之後，民心疲憊，滿目瘡痍，眞可以說就像白居易詩裏面所說的：「田園寥落干戈後，骨肉流離道路中」的一種景象，同時，抗戰結束了，我們要實施憲政，要完成 國父在遺囑中所交付給我們的任務，要召集制憲國民大會，各位想一想，在那樣一個遍地戰火的餘燼之中，進行這樣重大的政治上突破性的工作，其艱難困苦是可想而知的。加之中共看到我們的困難，無所不用其極的來進行全面性的破壞。無可諱言的，當時部分同志的意志是消沉的，缺乏鬪志的。所以先總統 蔣公覺得遭遇那樣大的挫敗，要想使國家民族的生命、文化和歷史，能夠在危難中再現生機，而且轉危為安得到勝利的話，一定要從教育訓練著手，從革命的教育著手。所以就把過去的黃埔訓練，抗戰期間的廬山訓練，而伸展到延續到創辦本院——定名為革命實踐研究院，選在此地作為院址，由 蔣公親兼院長來主持、規畫、督辦。前後期來到本院的同學，一批又一批，不單單是來參與一個短期的訓練，而是接受一個任務，在此地接受了任務之後，同到他的工作崗位，就把這個任務去實施。這個效果之大之快，絕不是一般的教育那樣要等待「百年樹人」可以同日而語的。到現在先後在本院結業的同學，超過了四萬二千多人，有的在大陸，有的在海外，有的已經犧牲了，而大多數都是現在服務於黨、政、軍、業各界，中級以上的重要幹部。這幾十年來，他們帶動了國家的建設，從困難中轉危爲安而且茁壯發展，的的確確發生了極大的作用。而今天各位到此地來，就是要承先啓後，繼續這未來的責任。將來的工作比之過去祇有格外加重，這個責任是很艱鉅的。

民國六十四年四月，蔣公兼院長崩逝，中央決定保留院長的尊稱，作爲我們永久的追思和崇敬，民國六十七年，中央復決定在本院設主任，由本黨主席親兼，來總攬院務，所以現在院內的一切工作，都是秉承　先總統兼院長的遺訓遺規，以及現總統兼主任的督教指示來辦理。上個星期三，兼主任還特別垂詢到我們快要入院的這一期——就是本期，有關課程的安排和內容等等，更指示要特別照顧各位在院的生活起居，俟才一一加以報告。兼主任如此關心各位，也希望各位在此能潛心研習，虛心檢討，熱心參與、共同來完成我們的教育目標。

現在本院的班期有兩種，一個是研究班，一個是講習班。研究班人數較少，按照不同班期的特性，選調中級以上的幹部來此作六個星期的研究。講習班則人數較多，時間較短。在短短的時間裏要研討很多重大的問題，是相當緊湊，但以各位從事交通建設那種實幹苦幹的精神，相信絕對不會感受到任何壓力，而會輕鬆愉快的、很有內容很充實的、度過這一段美好的時光。

第二、本院教育訓練的特色。本院的教育訓練和其他大學、研究所、或訓練機構不同之處，我要特別藉這個機會向各位說明。革命實踐研究院是一種教育、一種訓練，但是不單單是一種教育、一種訓練，而是一種工作，也是我們復國建國主要動力的來源。其中所研討的有理論、有實踐、有政策、有方案，絕對不同於一般的學校或研究所。首先我們要瞭解 總裁兼院長手訂的本院教育宗旨是：「依據主義政策，集中革命鬪士，共同檢討，共同研究，灌輸以新的學術思想，授以新的時代任務，以重振革命精神，重整革命陣容，重建革命大業，務期研究所得，精實可行，並能率先實踐，以達成反共復國救黨救國之歷史任務。」凡是來院受訓的各位同志，首先要以「革命的鬪士」自許，以革命的鬪士自居，在此檢討研究，接受了新的學術思想，新的時代任務；研究所得，精實可行，擔當起反共復國救黨救國的歷史責任，其意義非常深遠。根據這個教育宗旨，我們每位同志，都應該有三個基本觀念：是什麼呢？第一要爲民族的生命而犧牲個人的生命；第二要爲國家的自由而犧牲個人的自由；第三要爲羣衆的生活而節制自己的生活。這三個基本觀念，我們所有研究員同志，都要共同瞭解，踏踏實實的去作，如何去作呢？

首先要從過去的失敗當中，檢討自己的缺失，然後再來改進自己的缺失；在檢討的中間，不但回顧過去，更重要的是向前看、向前走；所以第二步就是要在本身的工作崗位上來提振我們的工作效率，提振工作效率，才能充分發揮出我們的力量，所以蔣公提示我們，要從自己崗位的工作上，推展落實到與我們相關的團體、機構以及整個的社會，把他連貫起來，才能發生實效。

至於如何來推動這些工作呢？必需要和羣衆在一起，那麼就要第一、恢復羣衆對我們的信仰，惟有給羣衆謀福祉的政府，才是羣衆所擁護的政府，惟有給民衆服務的政黨，才是羣衆所向心的政黨，黨要爭取羣衆的信仰，就要黨員人人力行實踐福國利民的主義。第二、要改善民生以鼓舞羣衆，使得羣衆由於生活的改善而充滿了朝氣和希望。第三、要以反共的目標來喚起羣衆的同情。任何一種工作，都需要羣衆的支持才能推動。第四、還要以民族獨立的氣慨，來鍛鍊羣衆的意志。羣衆是敏感的，有時也是脆弱的，遭遇到失敗，或者社會上發生了嚴重的問題，就會意志消沉，信心動搖，飄浮搖擺。愈是沒有經過苦難挫折的羣衆，越是經不起打擊，所以要拿民族精神的志節，來鍛鍊羣衆的意志，我們在各方面作領導工作的同志，更要把握這一個原則，來鍛鍊你所領導的團體。總之，要從個人檢討自己的缺失，要提振工作效率，要克服困難解決問題，以擴大反共復國的影響，完成時代的使命。

三

先總統兼院長在遺訓中，還指示了我們幾種處理事情的原則，也一並提出來請各位留意：第一、**在會議中掌握羣衆**。我想各位都有這個經驗，如果在會議中不能掌握羣衆，工作就沒有辦法推動，在會議裏面，羣衆的情緒是多元的、熱烈的、有所需求的，如果你不把羣衆的情緒引導向你所希望的目標，任其泛濫激動，就沒有辦法達成決議，處理事情，這是一個很重要的教育，是要學習的。第二、**在紛爭的當中來剖析學理、法理和事理**。舉一個實例來講，目前關於是否要作核能四廠的問題，議論紛紜，單從利害的觀點去看，各方面的立場不同，利害關係不同，當然會各自為維護己方的權益，而據「理」力爭，不容易協調，如果由理論上來作剖析，向深的遠的大的方向著眼，理出一條應該走的道路，將道理說清楚，大家就可以接受。第三、**要從組織中推動工作**。我們交通建設的組織是最嚴密的最有條理的，等於是個戰鬪部隊，分工分的很仔細。如果沒有組織來推動工作，是很亂的，譬如現在我們常常看到的問題，就是馬路上的挖挖補補，今天挖水溝，明天挖電纜，後天挖煤氣管……而且剛剛挖過鋪好的，過兩天又來挖挖補補，一般的民衆不曉得責任誰屬，都歸罪在整個政府的身上，黨的身上，其實政府的設計是有計畫的，有規律的，祇是因為少數部門執行工作的時候，沒有想到組織的問題，不曾統籌規畫，各自為政，沒有協調配合，造成了行政上的偏差。第四、**要在動搖中堅持原則**。各位在執行一個計畫，或主持一個工作的當中，常常會遇到一些阻力，遇到很多反對的意見，你一定要把握住貫徹政策的原則。第五、**在危險中表現志節**。在一個平靜順利的環境中，是表現不出一個人的志節的，愈是在危險困難之中，甚至生死存亡的關頭，才看得出一個同志對於國家的忠誠，對於工作的負責，對於操守的廉潔。以上是在民國三十八年，總統兼院長創辦本院的時候，對我們研究員再三諄諄告誡的，不但是我們在院裏受到這個教育和訓練，希望各位還要把這個教育和訓練帶到社會上去，帶到工作崗位上去，一定會立刻產生效果的。

蔣公又講到辦理工作的問題：

第一、**在分配工作的時候，要說明工作的任務**。在座各位，大多是單位的主管同志，有許多同僚，也有許多部屬，當你分配給他們工作的時候，一定要把這一工作需要達成何種任務，交待得明明白白淸淸楚楚，如果祇是含含混混地分配他去作某件事，不說明工作的目標，他也一路交待下去，愈是到了下層著手去作這件事的人，愈不了解工作的任務，盲目去作，就是勉強作了這件工作，也一定是南轅北轍，事倍功半，距離理想很遠。

第二、**交付工作的時候，要給予他權與能**。我們讓某一位同志擔任某一件業務，一定要同時授予他應有的權責，否則，他無法推動他的工作，同時也要給他能，這裏所謂的能，包括兩方面：一方面是工作者的本身，要具有執行這一工作的能力——這是任使的問題，另一方面，也要給他以適當的人力、財力、物力等等的支援，這樣他才有充足的條件來完成他的工作。

第三、**檢討工作的時候，要依據政策**。我們通常檢討工作，往往都是檢討事務性的一般行政上的問題，很少人從基本政策上去檢討，殊不知一位工作同志在執行任務的時候，如果政策上沒有錯誤，他曾經百分之百地在努力，縱然在行政上有缺失，事務上有偏差，對於國家的損害還不太大，如果扭曲了政策，背離了政策，而致產生錯誤，對於國家社會所要負的責任就大了，所以檢討工作的時候，要依據政策。

第四、**考核工作的時候，要非常的明確**。我們常常考核同仁或者我們也被人家考核，憑著什麼來考核呢？前面我們把一個工作者應具有的條件，說得很清楚了，合則合，不合就是不合，考核的標準必須明確，才能夠對於過去的工作給予一個價值的評定，最要緊的是對於將來的工作，給予鼓舞和啓發。

四

最後還要向各位報告本院教育的實施及其特色

第一、是理論和實踐並重，這是我們的教育特色。在院裏的教育，是要談思想，談理論，但是我們也重視實踐，兩者是並重的。在課堂上講座的講授，有理論，有實務，各位向講座請教提問題的時候，可以問理論的問題，也可以問實際工作的問題。我們的講座有部會首長和高級負責同志，他們不但是可以解答理論的問題，也負責主持實際的各部門工作，所以更了解實踐的問題。

第二、是對上負責，對研究員服務，這是我們本院的另一特色。我們所有進行的一切教育訓練工作，過去是對　蔣公兼院長負責，現在是對主席兼主任負責，絕對遵從指示，全力以赴；對所有研究員則是服務，使得在院裏的同學，生活起居各方面，都得到安適愉快，能夠安心的研習。所以各位有什麼意見有什麼需要我們做到的，請大家毫不保留的講出來，我們會盡可能的替各位辦到，辦不到的也會說明理由。我們全院同仁和輔導委員，都會替各位服務的，對各位服務就是對黨服務對國家服務，並且希望各位將來辦教育辦訓練也發揚這一特色。

第三、研究員參與教學活動。我們非常重視研究員的意見，課業方面也好，生活方面也好，在課業上我們是講述和研討並重，講座和研究員共同研討，雙向溝通，其他活動，也使研究員儘量的參予。

第四、我們的教育和訓練，希望將來能夠擴大影響。我們在院裏的教育，有嚴肅的一面，也有輕鬆的一面，我們研討黨國重要的嚴肅問題，莊嚴愼重，我們也有許多的課外活動，有輕鬆活潑的生活，是互相調劑的。在前面我曾屢次提到過，希望各位研究員，把我們教育訓練的方式和成果，擴大到社會上去。

第五、在本院所有課程講述的內容，其思想觀念是統一的、一致的。現在的學者專家很多，不同的意見也很多，可是到院裏來講課的，他的觀點必需是合乎革命的理論，合乎當前國家政策的，這絕不是控制思想，因爲今天我們面對敵人作戰，是嚴肅的，如果七十幾位同志在這裏受訓，所聽到的言論是紊亂的，某人這樣講、某人那樣講，是不可以的。

最後一點，也是　總裁兼院長指示的最重要的一點，就是，在復興基地上，有關的教育訓練，其內容和重點，都要以革命實踐研究院的課程內容和重點爲基礎。這句話特別向各位提出來，希望各位在交通部門也好，其他部門也好，建立我們在思想上的共識。我們的思想是統一的，都是以立國的主義爲依歸，國家的利益爲前提，民衆的福祉爲優先。這樣才是把革命實踐研究院的教育，擴大發展到社會上去，負擔起更多更重要的責任。

我們是一個革命的團體，各位今天所接受的是復國建國的教育，這是一個艱苦的奮鬪，是一個流血犧牲的戰爭，我們必須以振奮的精神，共同的勉勵。我相信各位將來回憶起來，這四個星期的研究，對各位絕對是百分之百的有積極性的收穫，對各位的事業，也會有階段性的開展，對黨和國家的貢獻一天比一天的擴大。謝謝各位！

七十四年四月二十九日對陽明山莊交通幹部講

三十、漫談宣傳

一

宣傳一辭，簡單的說，就是「攻心的戰術」亦卽鼓動與煽動，所謂鼓動風潮，造成時勢，運用語言文字來影響羣衆的集體態度和動向。

因爲是攻，就必須有其目的，有所行動，而且是依照一定計畫主動採取行動。所攻擊者是心，就是要影響和改變他人的觀念和態度，思想與信仰，直指人心，使其心悅誠服，接受我們爲了實現共同理想而作的宣傳。

它又是戰，卽一般所稱的宣傳戰，所以應知己知彼，料敵如神，從心理上、精神上予以强烈的刺激。

宣傳是術，故必須同時講求方法。

如何使大衆樂於接受宣傳，我覺得就是要做到我們對大衆的攻心戰術，能夠獲致預期的成果。

一般人對於不同的事物，往往會加以不同的解釋，即使是對同一的事物，也因爲各人的種種因素之不同而有其相異的看法。宣傳的作用，則是要改變大衆所持的不同看法。

我們對大衆進行宣傳，有一些基本的槪念，值得首先提出。因爲單獨一個人，與在羣衆中的一個人有著許多相異之處。這自然是屬於心理學與社會學研究的範圍，不過，我們儘可運用羣衆心理的基本原則，來擴大宣傳效果。

例如個人在羣衆之中，常存在著一種向羣衆認同的現象，否則便易被人指爲與衆不同，變成衆矢之的。這種向羣衆認同的傾向，通常是在受到羣衆的壓力之後，來改變他原有的知覺判斷、信仰與行爲，而外在的刺激愈是神秘，團體壓力所引起的認同傾向愈强烈。但當團體中存在著幾種重大分歧力量時，羣衆的認同力量，便因互相衝突而削弱。如果羣衆因爲認同而於事後得到了獎賞與鼓勵，那麼認同的影響便會愈能持久與深遠。

同時我們也注意到人們在日常生活中，常常追求某種嗜好或慾望的滿足，當這些嗜好或慾望，基於種種原因被壓抑以後，所受壓抑的衝突，仍舊存在腦海中等待發洩。宣傳者卽應運用適當的技巧，使羣衆於不自覺之間，獲得心理上的補償快感。例如說出他們心中所想說而不能說的話，提出想提而又不敢公開提出的主張，再給以恰當的說明與解釋。

心理學者研究一個人人格的形成，主要是包括他的智力、情緒、思想、動機、興趣、氣質、性格與態度，因而宣傳者應該對羣衆成份的構成，先有相當的了解，方能容易提出更具吸引力，最易於被吸收的命題，加以發揮。例如對於具有權威性格型的人們，由於他們特別重視社會關係中的上下關係，對地位與權力高於自己的各種權威，無條件的服從或全心全力的依賴，對社會上現有的典章制度風俗習慣，與法律規定信守不渝，對違反此等社會規條的人多主張嚴厲制裁，他們的思想方式喜採二分法，非黑卽白，非善卽惡，非優卽劣。那麼這樣的羣衆，多傾向於熱愛歷史文化，做事則負責守紀，而在我們的社會中，具有此種人格的人，實居多數，應屬容易接受我們宣傳的對象。

一般說來，羣衆對他們所信服的人，例如他的智力、判斷、情緒和權威地位等，愈是容易接受其宣傳。而正面的論證，往往不如雙面的論證更爲有效。雙面的論證，就是同時是提出正反兩面的論點，但指出正面論點的正確性與可靠性，其說服力卽更爲有效。

另一值得注意之點，對羣衆訴諸恐懼與加强其安全感，卽使是屬於同一事物，二者却可以發生完全相反的效果。因爲訴諸恐懼，太過强烈，容易產生羣衆的反感，所以不如採取正面的說法以加强其安全感，便更易爲羣衆所接受，例如中共叫囂對美關係正常化，卽是運用此種心理，因爲人們總覺得不正常是帶有危險性的，而正常化則增加了安全感。又例如具有經驗和醫德的醫師，對病人的病情常加安慰，說沒有甚麼要緊，病人因此而寬心，增加了精神的抗力，使疾病更易於治療。

在某種情況下，使羣衆能面對現實而不是逃避現實，肯定現實而不是否定現實，亦能收到很好的宣傳效果，可因而激發其內在的潛力，突破現實，克服困難，達成理想。宣傳者應該使羣衆對現實環境中的一切，獲得充份的認識，而後鼓舞其在環境中適應。要讓羣衆了解，環境對個人的要求是甚麼？環境中的重要價值標準是甚麼？已有與未來可能的變化是甚麼？可以憑藉解決問題的方法又是甚麼？就必能喚起羣衆的共鳴。

例如大家現在最關心我們的外交問題，特別是中共與美國的關係。談到外交，一般人只是聯想到與我們有邦交者只有二十二個國家，而承認中共者已有一百二十餘國，似乎我們的國際地位低落，國際關係日趨孤立。但是一個國家的國際地位之高低與對外關係之優劣，包括多種因素。很明顯的例子，蘇俄的國力是相當强大的，但是由於它採取革命輸出的侵略政策，它的對外關係，便十分惡劣。我們不妨說明：究竟有多少國家與它有形式上的外交關係，又有多少國家與它有實際的政治、經濟、貿易和文化的密切合作關係。它的國際地位在世人的心目中，又是怎樣。又如梵蒂崗，它的面積只有十五甲領土，步行一週只需五十分鐘，人口只有千餘人，大部分爲神父與教士，就有形的國力言，無論如何稱不上甚麼强國，可說是世界上最小的國家，可是由於天主教的精神影響力量，由於它堅持和平博愛的對外政策，除了鐵幕國家以外，它在各重要民主國家中幾乎都有正式的外交關係，而且在西班牙以及所有拉丁美洲國家中，它所派駐的教廷大使，不論到任先後，總是當地外交團當然團長。不過它與其他國家的經濟、貿易與軍事合作關係等，可說是等於零。那麼我們說它有無國際地位？有無對外關係呢？

目前我們在世界上一六四個獨立國家中，實質與我們有密切經貿文化合作關係者，擁有一百多個國家，還是遠勝中共。而且我們崇尚民主自由，我們是最堅決反共反侵略的文化大國，我們的國際地位和國際關係不是也遠勝其他許多國家麼？就我個人觀察，還有不少國家的政府和人民，對我們是很敬佩的，很想效法我們的。他們敬佩我們艱苦奮鬥的精神，想要效法我們國家建設的進步，而並不為我們一般人所知道。例如以去年為例，我國參加的各種國際性會議，達二千五百次，應邀來訪的外賓則有一萬人之多，美國有二十六州和二十六個市的州市會議，通過決議支持我國。還有些國家，例如兄弟會奉使駐節的薩爾瓦多，他們不僅堅決反共而且絕對親華，羅慕諾總統公開表示，一切建設向中華民國學習，故派專使駐華，國會對我亦十分崇敬，中薩國旗並列國會，各級官員尤爭取訪華，一經來訪，身價百倍，類似這些成果都是我全國同胞努力的結果。

值得注意的是，中共外交謀略之運用。目前中共所聲稱堅持的對美關係「正常化」三個先決條件，只是它的一種談判手段，不能斷言其不會作實質的讓步。我個人認為它很可能表面堅持三條件，實則儘可能事實上與美接近，使誤以為中共已趨緩和，進而「締交」。按諸過去事例，它親俄而後反俄；反美而再拉美；打擊聯合國卻進入聯合國，這種謀略之變化與運用，是值得我們警惕的。

世局如棋，要以「平常心」來處理，要以定力與智慧來取勝。緊張或疏失，均足以造成錯誤。以上僅就我們所面對的現實問題中有關外交部分，提出我個人的一點看法，作為例證來加以說明。

現實的環境是如此，我們如何突破現實，發揮理想呢？我們究竟何所憑藉呢？我認為就實現復國建國的理想來說，當然是一種長期的鬬爭，而且必須通過戰爭的手段，不過這種戰爭的本質與一般單憑有形戰力和物力的戰爭是不盡相同的，也沒有一定的戰略模式。它所憑藉的，主要是主義思想、國民尤其是黨員的負責精神，國家民族的歷史文化，加上羣衆組織，以及宣傳、情報與謀略之善為運用。我們有此憑藉，使它發為行動力量，就能光復大陸，實現三民主義新中國的理想。這幾年裏我們極力提倡三民主義的研究，而且主張研究主義要與現實相結合，與國家的建設相結合。但也有人認為不能主觀地認定三民主義就是唯一的眞理，何不採取其他先進國家已走的路線？他們並沒有三民主義，他們照樣能建設發展，而且很成功。學他們的政治、經濟和社會建設，就是進步，就是自由民主，為甚麼還要學三民主義，談思想建設呢？當這些批評者談論的時候，可能他們沒有同樣去研究所謂進步的社會和先進國家中所發生的種種嚴重問題，以及在國際社會中今天所面臨的各種無法解決的問題？三民主義主張民族獨立，民權普遍，民生發展；主張聯合世界上以平等待我之民族，為世界大同共同奮鬬，這一崇高的政治理想，難道不比「無產階級專政」，不比「資本主義至上」更值得我們去追求實現，去教育我們的下一代青年，繼往開來，發揚光大麼？

談到負責任的精神，絕大多數的國民與軍公敎人員，都是堅守崗位，負責到底，不放棄其應負的責任，默默無聞的耕耘，値得我們頌揚、獎勵。可是這些忠於職守最能負責的人，也可能事實上遭遇的打擊最多。不過他們問心無愧，心安理得，我們應該向這些先生們致敬。相反地，也還有極少數人，似乎是表現出不能負責任，也不敢負責任的。他們碰到應負責任的大問題時，或首先考慮如何去保護他們的單位或機構，而不是從大處考慮去替國家替社會挺身而出，負起應負的責任。或遇事先考慮保護自己的利益，自己的官位，自己的名利，而不是去爲國家爲人民設想。所以應做的事不做，該講的話不講，專心致力於所謂搞好公共關係，求官運之亨通。既不肯授權於人，又不能受命盡責。好在這並非普遍現象，否則又如何能提振負責的精神？

說到歷史文化，我們的感觸更多。去年我們的友邦美國建國兩百週年，其慶祝規模之大，超過以往任何一年，可以說是發動了全世界的國家來慶祝。因爲美國朝野要提振他們的民心士氣和國際地位。在我們的國內，也有許多團體和個人，設計各種方式，去爲他們慶祝兩百年的歷史，這自然是無可厚非。可是對於我們自己五千年的歷史敎育，平心而論，這些人士是否也同樣地熱心在鼓勵，支持和提倡呢？許多可敬可佩的學校歷史老師們，祇有他們在苦心地敎導學生，在提倡要注重我國歷史。可是我們做的是這樣的少！我們該作的是那樣的多！我曾聽到一位外國使節在講演談到我國歷史時，說我們只有六十六年的歷史，好像比美國還少了一百多年，美國反而變成了歷史悠久的大國了。顯然他指的是中華民國之創立，迄至去年是六十六年，他說這話時，好像忘記了我們有綿延不斷五千年的歷史。我們還有的同胞，談到我國歷史時，就自視爲是老大了、落伍了，這是何等沒有自信心！還有極少數的人，居然認定中國文化是經不起挑戰和不合時代要求的。例如我國社會最重視的忠與孝，他們却說成了只是統治者所用的一種手段，是用來加强統治者的權威，所以他們說提倡忠與孝，是應該打倒的。因爲大家如果接受權威，就不可能有客觀的價値標準，就不能發現眞理，就阻礙了進步，國家就不能現代化，此種心態是對自己文化的迷失，一種似是而非的理論。對於這些問題，國父在民族主義中講得很多，也很透澈。請問今天那一個民主自由的國家，不要求他們的國民，忠於自己的國家？請問那些想方設法要脫離自己的國籍去變成外國公民的人，不是首先也要宣誓效忠於他所歸化的國家麼？又請問兒女不孝的家庭又那會有忠於國家的好國民？好子弟？

最後談到民衆組織、宣傳、情報的運用等，這原是國家在非常時期必須强化的工作，但是總是不斷有人搬出自由民主的招牌，尤其是拿美國作例子，作各種惡意的攻訐與批評。可是大家都應該知道，卽使是他們所佩服的美國，對他們自己國家安全之維護也是不遺餘力。美國國會今年二月間在調查中央情報局的工作的聽證會中，公開的指出中央情報局，曾運用了國內國外許多的報社、記者、敎授和出版家，提供他們偏頗的或者是虛構的情報或統計資料，經由他們去傳播、甚至委派他們擔任特種的任務，目的是爲了保衞國家的安全。而負責中央情報局的首長，不僅承認這些事實，而且力爭爲了國家安全絕不能取消這樣的運用。擧此一端，卽知那些肆意批評的人士，所知者不多，而又拿來騙人騙己，害人害國！

我們的理想是復國建國，我們的憑藉是主義思想，責任精神，歷史文化，羣衆組織，以及宣傳、情報與謀略之運用。我們在大陸大失敗之後，能夠有今天的發展和壯大，主要就是因爲有這些的憑藉，和全國同胞共同努力的結果。

二

其次，我們來進一步研究，在對羣衆作宣傳時，還應該同時注意到的一些技術問題。

我們必須記住，任何宣傳，都必須是一種行動，而且是具有特定目的經由嚴密組織，根據週詳計畫所產生的行動。所以宣傳絕不是偶然或臨時湊合的。愈是經過週密設計與妥善安排的宣傳，便愈能產生最大的效果。

例如我們在選舉中，舉辦一次政見發表會，首先就應該考慮：主要的論點是甚麼，如何環繞這一點，去充份闡揚你所欲達到的目的，以煽動羣衆的情緒。凡是一次成功的宣傳，並非單憑訴諸羣衆的理智，因爲羣衆不是理智的，而應儘量激盪羣衆的情緒。其次要選定適當的地點和時間，注意聽衆的成份，然後指定最具有煽動力的講員，用明白淺顯而有力的辭句，去敲打聽衆的心弦。當然最重要的，還是負整個宣傳責任的主持人。

宣傳所能使用的媒體很多，例如報紙、雜誌和書籍、電視、廣播和電影等等，但是最容易爲羣衆所接受的，還是面對面向羣衆的講演。使羣衆能親耳聽到並看到講演者所陳述的意見，它是一種直接的交通，而不假藉任何的媒體。因爲任何人置身在羣衆之中，都會很自然的感受到，甚至被慑服於羣衆的暗示力之下，很難保持獨居靜處時閱讀書報或欣賞電視時的那種平靜心境。一個成功的宣傳者，就是要能激動羣衆，朝你所指出的方向，在他們之中互相激盪，產生共鳴，推波助瀾，造成高潮。

所謂事先的充份準備，第一特別要注意組織，其實所有的宣傳都應該是在組織之中進行的。沒有組織的宣傳，便不是宣傳。策劃宣傳的人，首先要確定命題的中心論點，並讓所有參加的人，都能確認這一論點，乃是至當不移的眞理，並能鼓起狂熱的情緒，爲這一論點所標示的目的，抱著必勝的信心與大無畏的勇氣去奮鬬。所以在向羣衆宣傳以前，必須吸收一部分忠心的幹部，先讓他們接受中心的思想，作爲組織中的重要份子。也可以說，宣傳的第一個使命是吸收人才，發展組織；組織則利用人才去促進宣傳。換言之，宣傳的工作，就是在孜孜不倦的爲中心思想去吸收志同道合者，而組織的目的，則是去推廣對羣衆的宣傳效果。

例如我們欣賞國劇，常聽到說這是甚麼「班子」，誰是班主，有些甚麼臺柱是甚麼樣的「班底」。這「班底」實際就是組織，演出就是宣傳。一場成功的演出，戲碼固然重要，戲碼就是宣傳中的命題，不過它的內容是早經編寫好的，而班底却格外重要，包括他們所謂的文場武場，主角配角乃至跑龍套的，還有它的行頭，也就是服裝道具以及後臺的管理等。一個好的戲班子，必定有很好的班底，人人納在組織之中，各盡所能，分工合作，有條不紊。我們對羣衆作宣傳，就是如此。宣傳策劃者便是幕後的班主，也就是政見會中的候選人。他必須掌握整個宣傳的進行，都納入在他的組織之中來推動。他應當有一個雄厚勢力的助選團、助選員、以及幹練的全部工作人員，絕對不是孤軍作戰所能成功的。

現在我們再談講演者的「論點」，論點係根據命題，命題則本於講演者的中心思想。講演者所選定的命題，應該是切合羣衆需要，最能引起共鳴的題目，從這些題目中，反覆發揮，但必須以他的中心思想爲根本，然後擴散他的中心思想到羣衆中去，才能擴大影響，獲致效果。

中心思想又是甚麼呢？就我們現在來說，應該是反共復國，反共復國的主要憑藉在那裏？就是前面提的我們立國的主義，悠久的歷史與文化；國民的責任精神，堅强的社會組織，以及當前的國策方針與卓越的領導等。那麼一位面對千百羣衆的講演者，他首先就應該很清晰地了解這是它的中心思想，而且對它有著堅定不移的信心，然後再從現實的羣衆生活中去尋找適當的命題，確定其論點，以激勵羣衆使能信仰自己國家立國的主義，熱愛自己的歷史和文化，鼓舞大衆的强烈責任感，支持政府的大政方針，並團結在卓越的領導之下來共同奮鬪。我們認爲這是根本，必須經由這些根本途徑，才能使國家復興，達成民主自由統一中國的目的。但是如何使羣衆接受這些中心思想呢？我們就要依據事實來論證，從人民生活的改善，國家社會的進步，旁徵博引，以加强我們的論點。要將主義、政策、以及各種措施與進步發展的事實連貫起來，以强化政府在社會中的地位。

不過，也要同時設想到反對者的各種理由，先將它一一揭露，並一一予以反駁，指出其謬論，證明其不切實際與毫無價值，羣衆中大多數是中立的，其次是同情的，少數是反對的。一定要用強烈的詞句，使反對者自己覺得無所立足，使同情者的勇氣倍增，並解答中立者的疑問，這時候，羣衆的情緒便會認同我們所強調的中心思想了。

因爲在羣衆集會中，一般聽衆的成見，並非起於理智的認識，而大多是屬於不知不覺的無意識的感情作用。一般說來，理智的疑團易破，感情的抗力，則有賴強力來予以鎭服。所以一個缺乏自信和懦弱成性的人，是不宜擔任羣衆演講的。而一個只是時時爲了自私自利著想，缺乏遠大見識和抱負的人，也不可能成爲成功的演講者，又如何使羣衆接受它的宣傳呢？一位宣傳者，他也應該接受羣衆的指導，他必須隨時觀察聽衆的表情，來矯正他的講詞。直接指明反對者的理由，直指人心，直到最後的反對者，也從態度表情上信服。

另一激動羣衆情緒的方式，是提出打破現狀的新觀念，指出如何免除危機的途徑，拿出解決問題的主張。打破現狀，往往是羣衆心底所期待却又不敢正面提出的事物。我們正面大膽的提出來，並不違背前面所講的中心思想。因爲在許多實質問題之中，反對者固然可以選擇那些容易被人詬病問題，作爲攻擊的對象，但同樣的他們也有其基本的弱點。但是站在立國的主義基礎之上，維護歷史文化的，堅持反共復國的基本國策，加上卓越的領導，還有過去爲國家社會人民謀福利的輝煌紀錄。這些是他們所絕不能也不敢正面否認的。我們總要常常扣緊這些條件，和他們作辯論。因為任何人今天如果公開反對三民主義，公開否定我們的歷史文化，公然抗拒國策方針，乃至公然侮辱 國父、先總統 蔣公，是一定得不到絕大多數羣衆的好感的。這些都是他們的弱點，我們必須針對他們的弱點，加以抨擊。也有些人，表面上是贊同政府的基本原則和立場，但實際所說所做的，却恰恰相反。我們的宣傳一定要面對現實，揭穿其陰謀，予以正面的打擊，祇要措辭得體，仍可打動人心，因為羣衆對於自身的安全與祖先的遺產，國家的光榮，最易引起共鳴，宣傳者一定要有勇氣，有擔當、不必畏首畏尾，方可先聲奪人。

其次，我們來談談羣衆集會的會場問題，這也是不可忽略的。深山古刹傳出來的暮鼓晨鐘，使人未到寶山，卽已產生了一種脫塵出世之感，而在西方的教堂之內，信徒們沐浴在彩色玻璃透過來的柔和慈輝之中，面對著高潔的聖壇聽到和聲優美的聖樂與琴聲，每個人的面孔都是那樣的虔誠肅靜，再加上牧師們講道祈禱時的那種特殊聲調，怎不令人心神感動？所以對羣衆宣傳時的會場選擇與佈置，是很有關係的。我們需要安排在羣衆容易集合的廣場，有著鮮明光亮的旗幟，較為高大的講臺，聲音清晰的擴音設備，加上制服整齊的服務員，以及預佈在羣衆中的特別聽衆，隨著講演者的講辭，發出鼓掌歡呼的驚天動地之聲，以助長威力。這些事先的部署和安排，都得依照策劃者的指揮，妥為準備。務期原來有如散沙的羣衆，進入會場後，就感受到一種強烈的壓力，就變成了演講者的隊伍，等待號令！

講演的時間，也是值得考慮的。人們在清晨或上午頭腦比較清醒，而且大家也都忙於自己的工作，到了下午尤其晚飯後，情形就不一樣了。這時因爲一天工作之後，必然有些疲倦，或者正需要情緒上某種的塡補，應是對羣衆講演最恰當的時間，也比較容易被羣衆所接受，因爲他們精神上的抗力已經降低了。

另一個對羣衆講演時的技巧，就是適當的表情與手勢，通常在作政治性的宣傳時，不能平舖直敍，像作學術性的講演，而應該用充滿自信的感情語句，作有力的表達，適當而堅定的手勢，亦有助於講演的威力。

三

宣傳對於政黨來說，是極爲重要的，在競選的時候，要用宣傳爭取羣衆爲黨的候選人投票，要做競選宣傳，到了執政以後，又要用宣傳爭取羣衆，支持黨的政策，便利政策的執行，並增進黨的聲譽，爲下屆競選作張本。

先總統 蔣公曾提示宣傳是要把主義和政策，向羣衆去表達，讓他們接受和信從，並從羣衆中間吸收優秀份子，同時更在羣衆中建立組織。

對於宣傳應該遵守的原則， 蔣公的訓示很多，曾一再指出：宣傳的動機必須正大，而方法技術不能不講求，宣傳應知先後緩急輕重，宣傳工作應力求普遍深入，尤須隨時隨地因人因事而制宜，並注意心理學的研究。

至於宣傳工作的要領，第一是要有神秘性，要能使被宣傳者受到深切的感動，於不知不覺之間，發生很大的影響。因此需要分析宣傳對象，瞭解讀者或聽衆的心理，把握心靈神秘之所在，而多方誘導感應之，甚至可以說是操縱左右之，才算盡了我們宣傳的能事。其次就是要使宣傳神秘化，使一般受宣傳的羣衆並沒有看到我們是在宣傳，而實際上已經受到我們宣傳的影響。宣傳更應當靈活運用，把握它的時間性，注意內容的正確性，要講求襯托反映的方法，要能發揮感情說服的力量。

以上所談的，只是提出個人對宣傳工作的一點認識，以及研讀 國父和先總統 蔣公有關遺教的一點心得。我們堂堂正正爲國家利益和民衆福祉作宣傳，理直氣壯，已立於不敗之地，至於宣傳工作者，應具備的修養，那就在於我們精益求精和實際的鍛鍊了。

六十八年六月一日陽明山莊

三十一、談國際新聞的處理

一、國際新聞為主筆、編輯與記者經常接觸與經常處理的重要新聞，讀者經由有系統的報導分析，獲得正確的了解與發展的方向。我們究應如何處理，有無標準，至關重要，因此我們便不能不先有所觀察和分析。

二、國際新聞的範圍很廣泛，我們特別值得重視的，是屬於國際政治的重大新聞，而牽涉一個國家以上的重大政治問題之新聞，例如中東和談、美蘇核武談判等等，應該注意的是同一事實，却可有各種不同的報導，愈是關係重大的問題愈是如此。

三、過去有一種觀念，認為幾家國際上知名的通訊社所報導的新聞總是比較可靠的：第一、一定是正確的事實；第二、一定是公正客觀的報導；至於為什麼會這樣報導，很少去作進一步的瞭解。其實，我們可以這樣說，幾家大的通訊社所報導的國際新聞幾乎很少不是跟著他們國家的外交政策走，輕重取捨之間十分明顯，倘使我們貿然發佈，就無異跟著他們走了。比方尼克森訪問中國大陸之後，他們在新聞用語上稱中共控制下的大陸為「中國」；稱我們中華民國為「臺灣」，這就是很明顯跟著他們政府的政策走，至於中共是否代表「中國」，中華民國不應稱為臺灣，他們就不問事實的眞相了，這不能說是客觀的。

四、現在我們要來進一步談的是，許多民主國家特別是美國，他們對某一時期的國際形勢作一種肯定性的判斷，復透過大衆傳播工具將這種判斷不斷傳送到全世界，讓大家來接受他們的觀念，認爲是理所當然，但事實並不如此，所以我們在新聞處理上，就應當特別注意。

五、以本年十一月二十七日美國東亞及太平洋事務助理國務卿 Richard Holbrook 的講演「今天以及未來數十年的東亞」爲例，很多地方就是偏頗不合事實的。我們的看法是既然「東東矛盾」代替了「東西矛盾」，則更不是和平、穩定、均衡的局勢。

六、我們必須瞭解爲什麼國家利益與國家目標之不同而有不同之新聞報導。

七、當前國際局勢重點在我與中共對外鬬爭之尖銳，中共的國際統戰「三個世界」對俄、對我這是重點。

八、我們分析國際新聞不能忘記「國家利益」。

六十八年十一月三十日陽明山莊

叁 其他

三十二、善盡義務不爭權利

本院革命實踐研究班第一期研究員，將於明天中午結業離院，我們特地在今天擧行懇親會，邀請各位研究員夫人前來陽明山莊，共同祝賀，同時也讓大家進一步瞭解本院的生活環境，以及各項教育訓練設施。

研究班第一期二十六位同志來院受訓，是由本黨蔣主席兼本院主任經國先生親自圈選的，有的是來自教育學術界或大衆傳播界，也有的是來自科學技術界及黨政機關。雖然大家工作的性質不同，工作的單位不同，工作的地點也不同，但却具有一個共同的特點和共同的目標：那就是抱定決心，竭智盡忠，獻身於復國建國的革命大業。大家在院受訓期間所表現的，是人人智慮忠純，生活有序，個個學有專精，才能卓越；而在自己的工作崗位上，尤其各有非凡的成就，都有傑出的貢獻，堪稱俊秀之士，一時之選。自然，一個人成功立業，因素固多，而家庭中有一位賢明的內助，應該是最爲重要的因素。家庭中溫馨和諧，伉儷情深，甘苦與共，互勉互勵，既無後顧之憂，必然精神上感受無比的煥發，事業上自然稱心如意。齊家所以報國，在座各位夫人對於國家社會的貢獻，都是值得讚揚和稱頌的。不僅僅以你們先生的成就爲榮，更要以你們的貢獻爲榮。

昨天，主席蒞院，自上午至下午親自主持聚餐、講話勗勉，並個別約見每一位同志談話，黨國大事如此煩忙，主席抽出這麼長的時間留在院裏與大家見面，足證主席對各位同志寄望之殷切，希望大家不負所期。今天想藉此機會，就主席平日常常用來勉勵大家的，有關名利觀念的一句至理名言，提出來與大家共勉。

事實上，求名計利，可以說是一種極其普遍的大衆心態，所謂「名利關」，也是最不易突破的一道「關」。人生在世，百年之期，倏忽而過，如果一個人生活目的，祇是在追求個人的享受，生命的意義，祇是在追求一時的虛名，這種人必然轉眼與草木同朽。所以大丈夫求名當求萬世名，計利當計天下利。主席闡釋說：求名當求萬世名，就是把你的生命，寄託在我們的國家、我們民族的生命之內。計利當計天下利，就是要對國家有利益，對我們全國同胞有利益，對我們民族的生存有利益。這不僅說明了一個人的襟懷和持志，同時也說明了一個人的生活目的和生命意義。

由此可見，求名計利本身並不是件壞事，祇是所求者以個人的虛名私利爲先，抑或以社會全體以及國家民族的大名大利爲重。所以主席常常勉勵大家，要以服務的觀念，來代替權利的觀念，服務是犧牲自己，奉獻給別人；權利是支配別人，讓自己享受。所以惟有能夠犧牲享受的人，才能享受犧牲；也惟有能捨棄個人虛名私利的人，才能求得國家民族的大名大利，其關鍵則存乎一心一念。

明天中午各位同志就要結業離院，結業後不是「各奔前程」，而是「各返崗位」，盡自己應盡的責任，爲共同的反共復國目標作更多更大的努力，希望大家珍惜珍重。

六十九年九月二十八日在陽明山莊講

三十三、立志為國家挑重擔

今天是本會員工福利委員會所舉辦的員工子女奬學金第三十七屆的頒奬典禮，俊才能代表秘書長爲各位同學授奬，向各位家長道賀，看到大家興高采烈，濟濟一堂，內心感到十分愉快。

我們這個奬學金，已經設置了十九年，想一想第一屆獲奬的同學，如果那時候是大學一年級，現在已經是三十七歲早就成家立業，對社會有所貢獻了。我們每一屆品學兼優的同學，在領奬時一定是在大家的祝福聲中，默想著如何努力上進，將來能爲家庭爭榮譽，爲社會國家做大事，這當然是一種很正確的志向。不過我也想要問一問，比方今天在座的同學，有那些位曾經想到將來要爲我們這個偉大的政黨——中國國民黨而奮鬪呢？有那些位是準備將來爲現在黨的工作者接棒呢？　總裁曾昭示我們「中興以人才爲本」，這中興的人才固然包括全國所有優異之士，當然也包括我們在本會服務的工作同志的兒女，而且他們和我們有一種自然的親和力，也可以說是血肉相連的關係。我們的民族、我們的國家千秋萬世，我們的黨也應當生生不息，永永遠遠的站在第一線爲我們的國家和同胞服務。同學們，希望你們之中有人決心作黨的傳人，黨需要你們加倍的努力。

也許會有人想到，獲得獎學金是同學們自己的努力乃至苦學得來的。既然本會有獎學金的設置，同學們的品學符合標準，得獎是理所當然，那裏還有那麼多的意義呢？這話自然不能算錯，但却忽略了一個最重要的事實，那就是因爲同學們的家長是在本會服務，是本黨的同志。黨對同學們有一份關切、一份期望、一份對革命同志的深厚感情。希望同學們要牢牢記住，黨是大家的。今天黨給諸位這份榮譽，以諸位爲榮，諸位也要爲黨爭榮譽，以黨爲榮。

現在大陸內部億萬的青少年，他們從匪僞政權那兒得到甚麼呢？中共匪黨對他們的幹部子女又是如何呢？他們曾派充作韓戰越戰的砲灰，他們曾被用作鬪爭家庭、鬪爭父兄師長，作爲中共奪權鬪爭的工具，他們被下放到邊疆、到沙漠、到天寒地凍的地方去作奴工。過去這樣作，還有一個所謂社會主義國家的理想，如今所謂社會主義的理想則完全成了泡影。他們對共產制度已經沒有信心，對共產主義已經不再有信仰，對中共政權也已不再信任，茫茫前途，不知何處有安全、何處是歸宿。各位同學，大陸的青少年是我們的同胞，我們不能像外國人那樣對他們的痛苦視若無覩。我們應該決心去援助他們。所以各位同學的雙肩，比任何時代的中華兒女都要肩負重責。但是我相信你們一定能擔當得起，像上代、像現代許多爲國家挑重擔的中國人一般。

很快春節到了，讓我在此祝福各位家長各位同志健康愉快，祝各位同學學業猛進，謝謝！

七十年一月二十五日在中央委員會子女獎學金頒獎會講

三十四、完成責任 實現權利

一

權利和責任是不可分的，我們要實現權利，就必須先完成責任。易言之，要在完成責任的過程中，來提升我們的地位，實現我們的權利；若不能完成我們的責任，卽使這個權利爲社會所承認，爲法律所保障，仍將無法實現。因爲權利是在履行責任的過程中得來，所以若未能善盡其責任，則此權利亦將成爲空談，不能實現。我們應該知道，權利不是與生俱來，必須經由不斷的奮鬪才能得到；在我們奮鬪的過程中，我們投注了無數的心血和智慧，乃至痛苦和犧牲，纔能使它得到法律的保障，並隨著社會的進化而擴大。在國際社會、國際組織中，國家的地位和權利，也是由於它對這個國際社會或組織有所貢獻，善盡了它的責任，纔能鞏固它的國際地位，保障它的權利。所以權利的獲得和保障，不論男女、個人或團體，都是經由奮鬪和盡責而來的。

二

從權利和責任不可分的認知上，我們再做進一步的瞭解；所謂的「權利」，我們不要完全拘泥於法律的名詞去解釋，因爲法律上規定的權利，指的是國民依法應享有的權益；它只是在一般的狀況下，所界定的意義。我們固然要尊重法律所賦予的權利，但是我們對於權利的認識，卻不妨從更深遠的地方去看；我們或可將權利的意義，解釋爲一種「滿足」，粗淺的說，它是一種「自我滿足」(self-satisfaction)，再往上提升，則可以說是一種「自我實現」(self-realization)，因此，自我滿足和自我實現，也可以說是權利的基本意義。

每一個人都有其生存的權利，也有改善其生活的權利；因此他有權要求獲得生活和物質上的滿足，亦即有「不虞匱乏的自由」，任何人都不能剝奪他人這份權利，這就是所謂的「自我滿足」。一般來說，這種生活上和物質上的滿足，是人類最起碼的權利，也是最容易滿足的；因爲在日常生活上，祇要肯盡一己之力，要維持一個人的生存和生活，並不太難。可是如就另一個意義而言，則生活上、物質上的滿足，也可說是最難以滿足的；何以故？因爲人的慾望無窮，今天滿足了，到明天未必覺得滿足；今年滿足了，到明年就不滿足了。所以追求生活上、物質上的滿足，儘管是我們起碼的權利，但若以這種滿足做爲我們人生唯一追求的目標，則過份追求一己之滿足的結果，一方面可能會損及別人的權利；另一方面，其所得到者，可能不是滿足，而是一種空虛之感。因此，若將權利做爲一種滿足來解釋，則我們追求生活上及物質上的滿足，所得到的最後結果，不是滿足，而是空虛。我們對這種物慾的滿足，追求愈久愈烈，表面上也許愈富愈多，慾望得逞，權利在抱，而事實上心理感受的却是無邊的空虛，所以它不是享受，而是痛苦。

權利除了解釋爲生活上、物質上的滿足外，就另一個層次而言，權利也可說是追求情感上的滿足；生爲人類，無論男女，都有去獲取情感上滿足的權利。就女性而言，女性基於同情心及特有的溫婉個性，在家庭，她以無微不至的愛心，呵護子女衣食，照顧家人起居，不辭辛勞，不計報酬，充分表現了偉大的母愛；在社會，她安份的工作，默默的付出，具有安定社會的貢獻；而當國家危急之秋，她也能挺身而出，冒險犯難，發揮女性强靱的一面；她一方面對家庭、對社會、對國家勇於承擔，勤於工作，克盡了婦女的職責；另一方面，在她的心靈上也獲得了充實和滿足，這些都可說是女性所追求的情感上的滿足，也是任何人不能剝奪的權利。

饑則求食，渴則求飲，這是人類的本能；心理學家馬斯洛將人類行爲動機分爲五個等級，認爲祇有在低級的動機獲得滿足之後，高級的動機纔會發生作用。所以我們在追求生活上、物質上的滿足和情感上的滿足以外，應該還有一個更高層次的滿足值得我們去追求，那就是理性的滿足，也是人類最高的目標。當人類爲了道德、榮譽、信仰或理想而奮鬪，以致殺身成仁，捨身取義，把浩然正義留存天地之間，刻鏤在青史之上，永爲後人所景仰，這纔是我們所應追求的一種高度理性的滿足。因此，從一般生活上、物質上的滿足，到情感的滿足，提升爲理性的滿足，乃是人類所追求的三種不同層次的滿足，也是我們人類的基本權利；這種權利是我們奮鬪得來，它也隨著社會的進化而不斷地擴大。當我們得到生活上、物質上的滿足；得到情感上的滿足；也得到了理性的滿足之時，因就會感覺自我是有價值的，自我已經實現，自我的地位受到人家的承認和尊敬，不但會肯定了自己，也能悅納旁人，所以當完成了「自我滿足」的時候，便會有「自我實現」的感覺；否則，汲汲營營，碌碌一生，生命的意義何在？生命的價值又幾何呢？所以權利也者，不單是在法律上的意義，要人家承認、尊重和保障，而當我們的「自我實現」時，更是一種滿足，一種無上的快樂。設若不能從更高層次去體認權利的意義，那就會濫用權利，流於霸道；它是不會被社會所承認和接受的，也不是權利的眞正意義。

三

其次我們來討論「責任」的意義：責任是甚麼呢？責任就是本分上所應做的事情，它可說是一種對旁人權利的承認，也就是旁人對我有所要求的權利。所以談責任一定是與旁人發生關係的，是對旁人的關係而言。

我們應該對國家盡忠，這是我們對國家的責任；我們應該對父母盡孝，這是子女對父母的責任；我們應該教育子女，這是父母對子女的責任。譬如現在婦女工作會提倡的「齊家報國」運動，就是一種國民對家庭、對國家應盡的責任，不論男女同胞，都應該共同擔負這一個責任。因爲責任的意義是承認旁人的權利，盡自己本份應該做的事情，所以做學生有做學生的責任；做子女有做子女的責任；做父母的有做父母的責任；每一個人都應該恰如其分的做他所應做的事情，這就是盡了他的責任。

我們應當知道，多盡一分責任，就多提升一分地位；多盡一分責任，就多一分權利的實現，這是必然的結果。反之，我們若不盡責任，權利也將無法實現。通常在一個團體或機關中，我們常常看到某些人被賦予法定的權利，但因爲他們並未善盡他的職責，因此大家也輕忽了他們的權利，其影響力自然不大；而有些人在團體中，並未被賦予法定的職權或責任，但是因爲他們不爭權，不計利，肯爲大家多盡責，多服務，因此他們雖未必有高的職位，但在同事中說話却極有份量，具有影響力，其地位也受人尊敬。何以故？因爲他們肯善盡責任，在盡責任的過程中，實質提高了他們的地位，也獲得了權利。從此意義觀之，責任和權利實在是一體的兩面，我們祇要能克盡責任，權利自然就能實現；因此，有甚麼樣的權利，就必須盡相當的責任，而且必須先完成我們的責任，纔能實現我們的權利，否則權利亦將如空中樓閣，不切實際。

四

在我們社會中，有少數人祇喜愛向政府去爭取個人的權利，却忽略了國民應盡的責任。他們把政府看成債務人，而他自己却是唯一的債權人；自以爲有充分的理由，要求政府給他種種的權利，却無視於自己應盡的責任和義務。或許有人會主觀認定，他有權向政府提出種種的要求，因爲他已盡了做爲一個國民應盡的基本義務，服了兵役、納了稅也教育了子女，當然可以享受依法應享的權利。然而我們應該明白，憲法規定國民應盡的基本義務，只是國家在平時對國民的要求；如果國家遭遇非常的變故，或處於緊急危難的時候，自然也有權向國民要求盡更多的責任，乃至做更大的犧牲。今天我們面對的就是一個非常的局勢，國家正處於緊急危難之時，所以我們除了盡平常應盡的基本義務外，更有責任做更多的犧牲。

國者人之積，國家是人民的集合體，國家的力量來自國民，國民若不把力量和權利交給國家，國家便沒有權利，不會有力量；因此，國民若不能負起他們自己工作崗位上的責任，國家又如何能負起保障國民的責任呢？我們若不先去愛自己的國家，國家又怎能庇護它的國民呢？所以，祇有國民能負起責任，盡其義務，把權利交給國家，把力量貢獻給國家，國家纔會有力量，國家的權利纔能實現。反觀目前若干責難國家、攻訐政府的人士，他們雖然也盡了一般國民服兵役、納稅、教育子女的基本義務，但却未能體認國家在遭遇緊急危難的關頭，國民需要負起更多的責任，乃至做更大的犧牲，這就是對權利和責任觀念的模糊，因此建立國民對權利和責任的正確認識，是今後我們亟須加强的一環。

記得去年英國和阿根廷爲了福克蘭羣島的主權問題，經過兩個多月的戰爭以後，英國獲得這場得來不易的勝利；這是英國人在二次世界大戰以後，第一次動員全國和三軍的力量，在南大西洋從事一次冒險而重要的戰爭，當六月十四日戰爭結束，柴契爾夫人在下院受到歡呼，她回到首相官邸，在外面接見羣衆時，這位女政治家講了幾句深具意義的話，她說：「每一個人是如此緊密的團結在一起，我們知道我們該做甚麼，我們挺身而出，我們做了！」（Every one was so together, We know what We had to do, We went about it, We did it.）充分說明了英國在這次戰爭中，其所以能獲勝的最重要原因，是因爲他們的國民能上下一心，同舟共濟並深切體認每一個人的責任，挺身而出，努力奮鬪的結果。今天我們的國家正處於緊急危難之際，試問：我們是否都緊密的團結在一起？我們是否都知道該做些甚麼？我們是否都能挺身而出呢？我們是否都已經盡了應盡的責任呢？實在值得我們反省三思！要知道我們所遭遇的危難，並不比英國人輕，我們的艱難更倍於英國人！所以我們每一個人都要緊密的團結在一起，挺身而出，負起保國救國的責任，我們的國家纔會强大，國家在國際間的地位纔能提升，權利纔能實現，因此我們談論女權運動，不僅要團結女同志，所有的同志都應該團結起來，認清我們的責任，竭盡我們的力量，自然地位就會提高，權利就能實現。

各位來日方長，國家的前途更是遠大；因此我們要放大眼光，不斷的吸收充實，以開拓知識的領域；不但要相夫敎子，齊家報國，更要放開胸襟，以提升思想的境界，强化精神和意志的力量。

在各位快要結業的時候，把個人的一些觀察和體會，提出來供大家參考；相信各位在經過這一個月來的講習後，一定能夠負起更多的責任，各位的地位和權利也會隨著提高和實現，祇要我們緊緊的團結在一起，國家就會有力量，就可以實現憲法上「保障民權，鞏固國權」的目標。最後謹再以「完成責任，實現權利」這八個字與諸位共勉，謝謝各位並祝福各位！

七十二年五月二十七日於陽明山莊

三十五、堅持理想 行以圖成

四個星期的講習很快就過去了，各位在今天就要圓滿的結業，在這段期間內，由於各位的熱心參與、潛心研究和虛心檢討，所以在各方面都有非常優異的表現，令我們十分欽佩。

回憶起一個月以前，各位剛到本院來時，與現在略作比較，多少會感覺到現在的知識領域是擴大了，思想的境界也提高了，同時，由於同學之間的朝夕相處，相互砥礪，也更加堅定了以學術報國的志節，這實在是非常難得的。在本院頒發給各位結業證書的同時，我們也誠摯的祝福各位，並且相信各位離院以後，在事業上有更大的成就，能逐步實現大家的理想。藉著這個機會，個人想把心中的一些感受，向各位提出報告，供各位參考，也請各位指教。

一

甚麼是理想？如何實現我們的理想？理想是我們每個人內心深處的一種願望，努力便可以使之實現。抱有理想並且能付諸行動的人，是對未來充滿信心與把握，相信未來一定是屬於他的。假使人們都不抱有理想的話，這個世界恐怕不會有甚麼偉大的成就。然而綜觀人類的歷史，每一個時代都有懷抱崇高理想的人，導引著時代，集結了社會力量，爲我們的社會，乃至文化開創新頁。他們爲理想而生，終生爲理想而奮鬪，爲理想受苦難而甘之如飴。譬如在歷史上卓然有成的思想家、宗教家、政治家、科學家或教育家，他們就都是懷著某一種理想，並且爲這個理想而終生奮鬪的範例。

我們雖都有理想，但是實現理想却非易事，每一個時代不知有多少人爲了「如何實現理想」而努力。理想有個人理想和共同理想，通常在開始時，大家都會努力以求理想的實現，但經過一段時間以後，有些人由於缺乏毅力就半途而廢；甚至於有些人「爲山九仞，功虧一簣」。對這些人而言，雖然都曾有過理想，但理想旋卽幻滅，永遠無法實現；然而也有許多人，抱著堅定的信心，爲他們的理想而奮鬪，不屈不撓，勇往直前，深信不能在此生實現，也會在第二代，乃至第三代以後，終必能完成其理想；不管在歷史上或在當代，這種實例很多，證明了努力是不會白費的，理想是可以實現的；就看我們如何鞭策自己，爲理想的目標而奮鬪不懈。

政黨是一羣國民爲了實現其共同的政治理想而組成的政治團體；本黨是一個政黨，各位都是本黨的同志，我們懷抱著一個共同的政治理想，這也就是我們所要共同實現的理想；我們從過去許多成功或失敗的例子看來，不管他們是成功或失敗；是半途而廢或功虧一簣，除了有各別不同的因素，造成其成敗之外，我們覺得若將其成敗的原因共同歸納起來，從中也許可以得到一些啓示；基於此，個人爰提出三點，作爲我們實現共同理想的參考。

二

首先，我們一定要有堅定的信心。這雖然是一句很普通的話，但卻是實現理想的一個起點；因爲理想必然先經過認知的階段，如果在認知的階段中，覺得它是不可靠、不可信、不可行的，我們便不會將之作爲努力以赴的目標。倘若在認知的過程中，對我們奮鬪的目標，能夠獲得加倍的肯定，我們的理想就更被確定，信心也油然而生；故而知道我們奮鬪的目標，並非是心血來潮的意念，更非懸空的想像，尤其是我們共同的政治理想，都是在我們的內部或是客觀的形勢中，經過長時間的醞釀和認知而來的。

理想和現實之間，有一段相當大的差距，而不幸的是在現實的環境中，大多不是合於理想的。它有時候很冷酷、很無情，很令人沮喪，叫人灰心喪氣，甚至無法忍受，這是必然會有的現象；但是生活在現實之中，我們也不得不接受這種冷酷、無情而令人沮喪的考驗，否則我們便永遠無法達到我們最後的理想。我想不論是在各位的治學、爲人處世或是領導一個機關也好，回想起來，一定都有過許多這種經驗，那就是我們時常都憑藉著信心，克服了許多的困難，衝破了現實上無數的阻礙，一步步的往前走，而達成預定的理想目標。在這裏，要舉一個例子說明，個人因爲在中央委員會服務的關係，最近幾年來有機會追隨許多先進以及實際負責黨政方面的前輩，在幾次地方公職或民意代表的選擧中，參與有關的提名作業。因此知道，若非實際參與其間的話，有時是很難瞭解這中間的複雜過程，以及所發生的一些非但不是令人興奮，反而是使人沮喪的情況。因爲在提名中，那一位同志該不該被提名，往往就發生一些理想與現實很難抉擇的情況。就像這次增額立法委員改選的提名，一次、兩次……六次、七次，一直在開會，不論白天晚上都在開會，往往爲了一個人的提名，花費大家幾十個小時，去討論他該不該被提名。坦白的說，參與這種會議，有時令人心裏非常難過，覺得無法忍耐，但是這種痛苦仍必須熬過，不能不忍耐。假使我們現在已經是一個很理想的環境，就不會有這些困擾，然而因爲它不是一個理想的環境，而我們又堅持要實行三民主義的民主憲政，所以遭遇到這些現實上的困難，我們仍必須突破衝過去，然後民主憲政的理想，才有可能實現。也許我們會感覺名單上的人選不盡理想，也許感覺到這個選舉，不一定能百分之百順利成功，但是我們不能因爲現實環境的不如人意、不夠理想，就輕易放棄，因爲我們必須向黨負責，向同胞負責，向社會負責，所以我們必須堅守反共國策，繼續向民主憲政的政治理想邁進。

在現實的環境中，我們每經過一次考驗，就添增一次痛苦，但是在痛苦的經驗中，我們克服了若干危機，剷除了許多障礙，如今我們仍然朝著更理想的目標在努力。單就當前的政治環境而言，當然有些情況很令人難過，但是如果回顧過去三十多年來的這一段歷程，却要比現在更糟得多，這點相信在座有許多人都很清楚的，所以我們在不理想的環境中，惡劣的氣氛中，雖然心頭的壓力無與倫比，更是氣憤塡膺，我們反而更要堅此百忍以圖其成，否則徒然憤懟，於事又何補呢？我深深覺得本黨這八十餘年來，一貫堅持著民主憲政的理想，從來沒有放棄過。本黨堅信，只要努力的一步步向前走，相對的，困難便會一天天的減少，進步會一天天的增加，就一定能夠實現我們民主憲政的目標。我們更深深的憬悟到，今天我們的國家要向前走，我們的黨要向前走，所迫切需要的是有信心堅定的同志；我們的黨有崇高可行的理想，只要我們的同志，也都有堅定不移的信心，它便能引導我們走向光明，這是歷史的明證，千古顛撲不破的眞理。

三

其次是我們一定要有熱忱；如果沒有熱忱，很多事做起來，便無精打采。就好像各位到陽明山莊來的四個星期，若是抱著無所謂的消極態度，把自己封閉起來，那麼在陽明山莊的這段時期，就不可能有任何的效益；反之，如果大家都懷抱著熱情來參與研討，每個人的熱力便會在這個團體中互相激發，擴散出更大的力量來，兩相比較，就有顯然不同的結果。

我們要有熱忱，但不是活跳亂蹦，盲目衝撞；有熱忱的人在從事一件工作時，是經過縝密思考的，而不是輕擧妄動的，而一旦決定以後，便是全力以赴，不達目的，決不終止。如果沒有熱忱的話，不要說對事冷漠，就是對人也是冷冰冰的，面無表情，彷彿老僧入定似的。然而老僧入定却是一種內修的功夫，貌似冷漠，實則內心對世人關愛殷切，智慧圓融無礙，豈是一般人所能望其項背。沒有熱忱的人，做事被動消極，處世冷漠無情，眞如槁木死灰一般，毫無生氣可言，安能論及理想的實現呢？在我們的周圍，可能也有人心存悲觀，認爲一切都沒有辦法，一切都毫無希望，他似乎是將一切都看開看透了，認爲講與不講都一樣，做與不做都無所謂，反正就是這麼一回事嘛！但是我們必須都明白，環境是不容許我們如此消極頹唐的；如果我們冷漠淡然，消極悲觀，我們的命運便只有任人操縱擺佈，我們的前途更是暗淡悲慘的。所以我們一定要打起精神，認定理想，堅定信心，鼓舞熱忱，積極參與，把工作日夜不停的推動，以實現我們三民主義所堅持的理想。

四

最後一點是我們要付諸行動去做，當我們有了理想、有了信心、也有熱忱，但是如果不能付諸行動去做去行，則它們也僅止是空思冥想而已。事實上，理想和夢想對一般人而言，是很難截然劃分清楚的；如果能行的話，夢想成眞，就變成理想，如果不能行，則理想也成了夢想，永無實現之日。

美國總統雷根在今年美國國慶對國會諮文中，向美國人民致詞說：「我承認人家說美國人是最富於夢想的民族，正因爲美國人有很豐富的夢想，所以纔能第一個在月球登陸成功；在這個時代，美國面對著更多的挑戰，那就更要敢於有更多的夢想，如果連夢想都不敢，那就不會有希望了。但是有了夢想，就要有所行動，有所行動的話，就要在現在行動。」個人覺得這幾句話深具意義，也道出了美國這個民族之所以充滿蓬勃生氣的眞正原因了。因爲能行的話，夢想會成爲理想；如果不能行，理想也只是夢想罷了！俗話說：「坐而言，不如起而行。」所以我們一定要拿出行動來，不要流於空談。

行是要有秩序、有軌跡、有目標的，是經常的、恒久的、周而復始的；只要努力不懈，永不停止的行，總有成功的一日。總理說：「吾心信其可行，則移山塡海之難，終有成功之日；吾心信其不可行，則雖反掌折枝之易，亦無成功之期。」就是指的這個道理。

個人所提出的這幾點淺見，並不是甚麼驚人之宏論，只是一些很平常的道理。不過，在今天我們面對著國家如此艱困的局面時，而各位在學術上又卓然有成，平日領導青年，帶動思想界，都有很大的影響力量，因此將個人心中的一些感受提出來，希望大家都能堅持我們的理想，堅定信心，滿懷熱忱，用我們實際的行動，幫助我們的黨、我們的國家，朝著旣定的方向和理想的目標去奮鬪。因此，今天藉這個機會送給各位一句贈言，那就是「我們都希望各位同志有理想、有信心、有熱忱、有行動，對我們的黨和國家，作更多的貢獻，有更大的成就。」

七十二年九月二日於陽明山莊

三十六、中國人的奮鬪

謝謝校長先生的邀約，要兄弟來參加貴校的週會，我選擇了「中國人的奮鬪」這一題目，想提出一點個人的看法，供同學們的參考，並請校長和各位老師指教。

從十九世紀末至本世紀的七十年代裏，在世界歷史中，我們中國人寫下了一部波瀾壯濶的光榮奮鬪史，其目的不祇在挽救中華民族的危機，開創中華民國的光明前途，也是爲世界上被壓迫的弱小民族，爭取其自由與獨立。這一部歷史，標示著革命對專制的挑戰，進步對落後的衝擊，正義對侵略的搏鬪，民主對極權的抗爭，自由對奴役的決戰。充滿了血和淚，充滿了光和熱。當中，曾歷經挫敗的痛苦，也擁有勝利的光榮。今天我們復興基地上的中國人，在赤焰囂張的亂世之中又豎起了反共抗俄的大纛，向著復國建國之途奮勇前進。這是全世界的中國人，應當感到驕傲和光榮的。

回顧以往八十多年中國人的奮鬪，可區分爲五個時期：

從光緒二十年與中會成立至民國十四年　國父在北平逝世，一共是三十二年，乃是　國父領導我們革命建國的時期。

從民國十五年國民革命軍誓師北伐，至民國二十五年對日抗戰前一年，一共十一年，是我們在總統 蔣公領導下，完成北伐，統一全國，積極建設，安內攘外，大大發展的時期。

從民國二十六年抗日戰爭開始，至三十四年日本人無條件投降，一共是八年，是我們中國人奮起自救，打敗强梁，使我國躋身於世界四强之一，犧牲最大，成功也最大的一段時期。

從民國三十五年勝利還都，至三十八年大陸淪陷於鐵幕，一共四年，是我們在大成功之後大挫敗的一段時期，國家民族所遭受的打擊，可以說比任何時期都要慘重。

從民國三十八年政府撤退來臺後，三十九年 總統蔣公復職至去年 總統蔣公崩逝，一共是二十六年，乃是我們將革命事業從頭做起，生聚敎訓，朝氣奮發，實施民主憲政，推行三民主義建設，由最危險最黑暗邁進入安定繁榮的建設時期。

在過去八十多年的中國人的奮鬪史中，我們可以獲得如下四點認識：

一、我們中國人的奮鬪，是要和帝國主義者週旋到底，不屈不撓，貫徹始終。中華民國之創立，是在西方殖民帝國勢力巔峯的時候，奮鬪成功的，而民國成立後，帝國主義者還是想消滅我中華民國。因此我們亦決心與之週旋到底。帝國主義之侵華，自本世紀之初以來，日亟一日，如一九〇四年日俄戰爭公開以我國爲戰場並以我領土主權爲戰利品，民國初年，與軍閥勾結，阻我統一，北伐後，日本軍閥之屢次大擧進犯，乃至於發動七七事變，抗日初期，英國封鎖滇緬路，抗日勝利後，蘇俄利用中國共產黨先行刼奪革命果實，繼而全面叛亂，終至大陸沉淪播遷來臺，凡此，都是帝國主義者唯恐我之不亡，亦無一不是以消滅我中華民國爲前提。然而他們的壓迫愈深，我們的抗爭愈力。我們能戰勝這許多惡勢力，雄踞在東亞屹立不搖，我們應以身爲中國人而自豪。毛澤東過去喊史丹林爲太陽，向蘇俄一面倒，而今又圖威脅我復興基地、消滅我中華民國，那裏配口喊反帝反覇？

二、我們一直爲中華民族的道統而奮鬪。　國父領導革命所提出之主義，方略與計畫，是繼承堯舜禹湯文武周公孔子以來之道統，强調民族文化，民族知能，民族德性。　國父叮囑我們，無道德者不足以立國，更以我們中國人所崇尚的世界大同之理想，懸爲國人奮鬪的理想。　國父主張迎頭趕上西方的物質文明，但堅持民族精神之根本。　國父對資本主義、社會主義、共產主義、國家主義等思想之所偏，制度之不善，深加駁斥。　國父所標示的乃是順乎天理，應乎人情，合乎人羣需要，適乎世界潮流，處處照顧到中華民族歷史與文化之根本。五十年前有人力主全盤西化，要中國人完全走外國之路，這是等於窮叫化子將獎劵藏在叫化棒內，聽到中獎而得意忘形，將叫化棒也丢入河中，根本全失。五十年之後如果又在現代化口號之下，要拋棄中華文化，那就是無異自毁前途了。　總統蔣公號召復興中華文化，遺囑中再四囑命要復興民族文化之目的也在此。中國人奮鬪而忘記自己的歷史，而看不起自己的文化，試問奮鬪又有何意義？

三、我們是爲被壓迫民族爭自由獨立。　國父在革命時，卽曾協助菲律賓愛國志士從事獨立奮鬪，爲他們籌購軍火並準備親自前去菲律賓助之爭取自由，直至在民國十四年逝世時，仍在遺囑上表明要和以平等待我之民族共同奮鬪。　總統蔣公繼承遺教，對東北亞之韓國，東南亞之印度與越南，即曾鼓勵並支持其爭取獨立自由，並在抗戰中，出兵緬甸，協助越南，擊退日軍，且在勝利後先後促成韓國、越南、緬甸、印尼、印度之獨立。風聲所及，亞非拉成了反帝爭自由之先鋒。今日我之反共抗俄鬪爭亦係爲了赤色帝國主義下之國家而奮鬪。

四、自信共信爲成功要素，依賴遲疑必遭挫敗。過去每一奮鬪的成功，成於主義，亦即心理建設之踔厲發揚，挫折則挫折於一時之依賴、遲疑，甚至信心喪失。革命之成功，在於驅除韃虜，恢復中華之衆志成仁。北伐之統一在於內除軍閥外抗強權之全民合力，抗戰之勝在於意志集中、力量集中，而戰後之敗，敗於互信不成，共信破滅，而如今之地位則又在暴政必亡，復國必成之決志。

今日我中國人之奮鬪，仍是在爲中華民族之命運，中國之命運，世界之自由而奮鬪。在此我們青年的中國人，當肯定：

一、中華文化。

二、立國主義。

三、政府政策。

爲此而獻出我們的智慧才能，爲中國人而奮鬪。是大家的前途，國家的前途。

六十五年五月二十五日在東吳大學講

三十七、立法工作　功在國家

今天貴黨部舉行黨員大會，選舉出席第十二次全國代表大會代表，俊才與組工會陳副主任應邀前來，得有機會向各位先進同志問好、請教，感到十分榮幸、愉快。

本黨決定於今年三月二十九日召開第十二次全國代表大會，集合海內外黨的菁英，檢討當前革命形勢，共議黨政大事。全黨同志乃至全國同胞，都對本屆大會，寄予莫大的期望，期盼能創造本黨有利的契機，開啓國家新的機運。今天貴黨部黨員大會便是要選出出席十二全大會的代表，相信各位先進同志，依照中央規定，必能選出足以代表各位的代表，參與黨國大計，謹此預祝順利成功。

本黨自建黨及創立民國以來，一直都是以貫徹三民主義的民主憲政，為全黨同志奮鬪不懈的目標，志業決心，從無改變也從未動搖。我們都知道，民主政治的發展，是以健全的法治為基礎，而國家的重要建設，也無一不需法律的依據，因此立法的工作，極為重要。貴黨部的同志多係本黨先進，對於立國的主義、中央的決策、人民的需要和國家的處境，了解最為深刻，復以多年立法的經驗，從事艱鉅的立法工作，眞是功在國家。例如本會期及延會期間，所審議通過的許多重要法案，對於我國民主憲政的發展和國家重大建設的推進，貢獻極大，實具有劃時代的意義，俊才要代表中央對各位同志的辛勞，特致敬意。

現在新會期即將開始，有不少去年新當選的同志將要參與立法的工作。這些新同志皆為黨中俊彥，如何使他們能對立法的職權、功能以及黨政運作關係能有充份的瞭解，並能貫徹黨的政策和要求，實有賴各位先進同志的指導提携與示範，俾能共同達成黨所交付的任務。

貴黨部不同於一般的黨部組織，因為在黨政關係的運作中，實擔負著極為重要的任務，中央一向極為重視。對於貴黨部所必需的各種工作條件，中央方面決定予以充份的支持，務期能使組織更趨健全，領導的功能更加强化，眞正做到團結一致，使我國的立法工作，邁向一個新的境界。

新年啓新運，多盡春已到，謹祝大會成功，本黨隆盛，國運昌隆，各位先進同志身體健康，精神愉快，萬事如意。謝謝。

七十年一月十九日在立法院黨部講

三十八、良醫良相

今天是本院講習班第三十七期開訓的第一天，俊才在此首先代表本黨主席兼主任及在院服務的全體同仁，熱烈歡迎各位來到陽明山莊從事四個星期的研究。

本期研究員都是我國醫療衛生工作的優異從業同志。我們知道一位合格的醫護人員，當他宣誓執行業務時，都曾鄭重保證自己要奉獻一切，服務人羣，而事實上，一位醫護人員，的確比旁人有著更好的機會，更大的責任與更多的義務，能以其專長、智慧與愛心，爲同胞服務。所以醫師們在社會上最能廣泛接近羣衆，在羣衆心目中，也有著極高的社會地位。而從另一個角度來看，在一個現代化國家中，衞生行政之是否健全，更與其國民之健康與品質有著莫大的關係。無論是主持一個地區的衞生行政，或者是一個醫療單位的主管，都必須是很傑出的醫師，他們負責提供醫師們很好的服務環境，使醫療及研究設備得到良好的維護、使用與補充，使能發揮有效的功能，並使各科部門之間得到充分的合作與協調。我國清代名相曾文正公曾說：「不爲良相即爲良醫」，因爲同樣是濟世救人，可見醫師是何等的重要。我國 國父孫中山先生，就曾是一位曾受現代醫科正規教育，並且正式開業的醫師，他後來領導革命完成了締造民國的偉業，也可以說所秉持者，正是一位良醫救人濟世志業之擴大與實現。

剛才提到本院爲醫師同志專設班講習，這是第一次，得到行政院衛生署、國防部軍醫署及退除役官兵輔導會等有關單位的充分合作，在我們現有一萬四千位醫師中，經由各方推薦遴選出在座的七十餘位，各位今天來院參加研究，這不但是對各位在醫界服務績效的肯定，尤其顯示各位直接加入這一復國建國的革命行列的非凡意義。

七十二年十月三日於陽明山莊

三十九、心情舒暢與心靈的安慰

在現代工業突飛猛進的社會裏，人人都容易感覺到生活的緊張和單調，因此而感覺到煩躁與不安。到處是感情的刺激，缺少的却是心情的舒暢和心靈的安慰。

知識的增進要緊，工作的效率要緊，但是情感的適當調劑也同樣的要緊。一張一弛的道理適用於人生，人生的弛是必需的。

弛不是放縱，更不是頹唐，這使我們想到文化的修養。文化是民族心靈的結晶，文化也是民族精神方面的慈母，文化有如春陽一般，溫暖到每個人的內心。

談到文化的修養，我們自然會想到學問、道德和經驗；無論是累積的或是創新的，個別的或是羣體的，凡足以充實我們的生活，陶冶我們的感情，都是人人所需要的。

其次是文學、音樂和藝術的修養。文學的甘泉，能爲我們的心靈，培養新的萌芽。音樂的節奏與和諧，不止是娛耳，而且足以產生共鳴，導致精神和大家行動的和諧。而藝術的創作則不止是表現自然，表現現實，更是表現心靈，表現意境。凡此三者皆可以使人「動心忍性，增益其所不能」。

以上就是我們中副所想努力的新方向，由一般的文藝擴散提昇到文化的領域。文藝既是文化的花朵，當然還應該特別重視。

在中副選輯第十九輯出版問世的時候，特提出這一點淺見，貢獻給我們的作者和讀者。我們也將督促自己朝指這一新的方向努力。

六十七年十月十六日中央日報

四十、仁行義舉　移風化俗

今天我們中國國民黨中央委員會在此歡迎本年度全國好人好事的代表，大家的內心之中，都有著無限的敬意。本會張秘書長寶樹先生臨時因要公不及趕回親自接待，特囑兄弟代表向各位表示歡迎之忱與祝賀之意。

此次受表揚的好人好事代表，除了我們本國同胞，分別屬於十四個不同省市外，尚有僑居我國的美、英、比利時三國人士。就年齡分，從十三歲到七十九歲，職業則包涵了農工商學兵及宗教醫師榮民與交通事業等各行各業，眞可謂是行行有好人，處處有好事。各位的表現，無論是忠愛國家熱烈捐獻；孝親睦鄰宏揚倫理；熱心公益樂善好施；見義勇爲犧牲奉獻，許多感人的事蹟，眞是可歌可頌，足爲我全國同胞的楷模。

我們中國社會最重倫理道德，尤以在民間鄉里忠孝節義的事蹟，爲大家所稱道傳誦的不知凡幾，歷代相傳，相沿成風，實在是最可寶貴的文化資產。

今天在座各位的仁風義舉，不僅使身受其惠者，因爲得到了各位的幫助與鼓勵，感受到人間的溫暖和愛心的滋潤，更使我們這整個社會，充滿了互信互愛的一片祥和之氣。

我們中國國民黨是以仁愛為出發點的執政黨，政府的政策也是在建設一個三民主義安和樂利的社會。各位的善行，正是在脚踏實地的實踐了三民主義的社會建設，是我們本黨最好的黨友，最好的同志。

今天我們在這兒雖然只是簡單的便餐，但是我們的內心是非常誠懇的，現在讓我們以茶代酒，舉杯祝賀各位好人好事代表健康快樂。

六十八年十一月二十一日在全國好人好事餐會講

四十一、化哀思爲力行

中央日報自民國六十四年七月出版「蔣總統秘錄」，迄六十七年六月出齊，全書十五册（內含索引本一册），凡一百五十萬言，深獲海內外各界人士之重視。此一方面是由於是書資料珍貴，敍述簡明扼要，無異是我國之一部現代史；更重要者，實因是書追述先總統　蔣公仁民愛物之襟懷，公忠體國之精神，以及以天下爲己任之眞知灼見，令人讀後由衷崇敬。是以，閱讀「蔣總統秘錄」不僅可明瞭中華民族八十年來如何歷經艱險，在民族救星英明領導下，如何衝破難關，重建國家之康莊大道；更可體會　領袖畢生獻身國家，謀求全民福祉與致力世界和平之高瞻遠矚，實乃國人參與國家建設之南針。

中國國民黨臺灣省黨部、臺北市黨部、中國青年反共救國團、臺灣省教育廳、臺北市教育局暨中央日報等單位，爲鼓勵學生研讀「蔣總統秘錄」，曾於民國六十五年起連續舉辦閱讀心得測驗三次，對在學之高中、高職學生甚有助益。中國國民黨彰化縣黨部、縣政府暨救國團彰化縣團委會等單位爲配合此項活動，特聯合舉辦寫作比賽，前後兩次共錄取優勝作品二十五篇，決定編印成書，免費贈送各級學校及公私立圖書館，以資觀摩，誠爲一有意義之工作。

先總統　蔣公大智、大仁、大勇之精神志節，與立德、立功、立言之修持勳業，萬世同欽；尤其是　蔣公五十多年來致力反共鬪爭，世人尊爲最具遠見之反共先知。蔣公曾指示國人：「由於自由世界若干國家爲現實的近利所迷惑，喪失了辨明『大是』、『大非』、『大利』、『大害』的良知，造成了國際間敵友不分、爾詐我虞、混亂動盪的局面。但因世界存在的基本形勢，仍然是一場『自由對奴役』、『眞理對邪惡』的大決鬪，不是談判所能解決。我國的外交關係雖然顯得一時孤立，但是反共鬪爭決不孤立。」

際此世界姑息逆流更形猖獗，局勢動盪不安之時，我們重讀先總統　蔣公以上昭示，當能益增反共之堅定信念。彰化縣各界研讀「蔣總統秘錄」，抒發永懷　領袖之心聲，虔誠之情洋溢字裏行間，但仍貴能進而力行　蔣公遺訓，尤其是遺囑中所昭示：「一致精誠團結」、「以復國爲共同之目標」、「非達到國民革命之責任，絕不中止！矢勤矢勇，毋怠毋忽」。謹爲序，與國人共勉之。

六十八年二月十日中央日報

四十二、無限的敬意與懷念

政大校刊編輯先生賴光臨教授約我寫一點母校求學時候的回憶，幾番催促，囑命難辭。屈指那一段難忘的歲月，離現在已經快四十年了，種種情景却又歷歷如昨，油然而生對偉大母校的無限敬意與深深懷念。

為什麼投考母校？

爲甚麼會投考母校？我是受一位國文老師游先生的指引，他服務中央有年，抗戰初期南京大保衞戰之後，於兵荒馬亂中回到湖南，被禮聘來我就讀的信義中學任敎。那時候我們每天都關心著前線戰事的變化，同時又渴想知道畢業之後如何考大學。游老師說：「最好是去投考中央政治學校，校長便是　蔣委員長，係本黨最高的革命學府。」這幾句話深深打動了我，因爲四年多以前，全國童子軍大檢閱大露營在首都擧行，我們一小隊同學，經歷千山萬水趕往參加，曾親眼瞻仰了最高領袖，親耳聽到了親切的呼喚，因此便決志報考母校。

遠離家鄉隻身趕考

民國三十年母校招考新生的地點，分設在全國幾個大城市。距離我家最近的一處，是粵漢線上靠近廣東省的耒陽，但也要經過一個星期以上的水陸行程，而且在敵機每天空襲的威脅之下。從來沒有遠離家鄉的我，隻身步行了五天，到湘潭又等了兩天，改乘火車，考前方趕到了耒陽，住進一家小旅舍。

臨考前夕，忽然發現自己染上了瘧疾，發冷又發熱，昏睡中彷彿感覺到母親的手放在我發燙的額頭上，突然驚醒，月光滿窗，覺得清涼了不少。早起在傾盆大雨中趕往考場，心想一定要盡我全力，支撐到底。

經過了兩天的筆試和口試，居然還沒有病倒，踏上了歸程，只是可惡的敵機像是緊跟不捨，途經湘潭過宿一宵的旅館，第二天也被炸中了。回到家門，父親見面就問：「孩子，你怎麼又黑又瘦好似完全變了一個人？」這算是望進母校的第一關。

兼程赴校蜀道難行

我獲知被錄取的消息，是三個多月之後，輾轉由家人電報通知的，那時我已在江西永新的國立中正醫學院，就是現在的國防醫學院就讀。因爲投考母校之後，覺得並沒有十分把握，聽說全國投考的人數上萬，祇錄取幾百名，所以再報考了中正醫學院。他們通知錄取的消息到得早，所以就註册入學了。九月初父親接到母校要我限期報到的通知，纔寫信給姊夫，打電報要我自作決定。我當機立斷，第二天就辦理退學，自江西取道廣西、經貴州入川，兼程赴校。

蜀道之難，難如上青天。抗戰時期雖已有西南公路可通，可是欲到抗日的聖地重慶，依然是步步維艱，何況還祇是一個十九歲的孩子。不說蜿蜒叢山峻嶺峭壁懸崖之間的幾千里路程，步步驚險，最困難還是買不到車票，祇好走一程，算一程，焦急萬分，每到一地就打聽何處可買黃魚票。票在那裏呢？說難不難，靠近車站的旅店中，祇要去看那喫好菜，喝好酒，十分濶氣的人，十之八九便是跑單幫的司機，但他們的車位有限，索價又高，車子的性能却並不保險。算是幸運，從永新趕到桂林，祇等了三天，就搭上一輛黃魚車，被安置在貨物包上，眞正變成「黃魚」了。一路上顚顚簸簸，黃塵滾滾，這時才知道甚麼叫做「灰頭土臉」。車抵獨山之夜，旅舍旁邊有一個講演會，是中央大學校長羅家倫先生主講。飯後我趕去參加，聽他用低沉的語調唸著「田園寥落干戈後，骨肉流離道路中」忍不住熱淚盈眶！我想那正是當時我內心的寫照！第二天司機先生的好意，要我改坐駕駛旁，看兩旁原野飛馳，想到幾天之後就可進入慕念多時的偉大政校，便覺得充滿了豪情壯志。可是不幸的事情突然發生了，首先是脚下冒煙，接著有橡皮燒焦的味道，跟著有火，而車子正朝下坡走。不加考慮，立卽脫下了身上新的棉大衣用勁塞，司機也在千鈞一髮間把車煞住在路邊。原來他要省汽油，下坡時關了油門，猛踏煞車，高熱引起了火花，幸喜堵塞的快，車也被停住，否則是不堪設想！

經過了這一場驚險，以後便平安無事，就在報到截止最後一天的上午，趕到了小溫泉花溪之畔的母校，完成註冊手續，總算過了又一關。

真的進入革命大家庭

註册後被分配在山坡頂上的宿舍，兩排平房，裏面是每間六張雙層的木板床，跟著到軍訓教官處領取了制服，包括黑的棉制服一套，棉大衣一件，還有皮帶、綁腿、帽子、內衣，換上了制服，聽哨音集合，依高矮編隊，既緊張又興奮。正午跟著號音進入食堂，中間是一個好大好大的木飯桶，冒著熱氣，同學們八人一桌，各人面前一小碗菜，中間一大碗共食的湯。教官一聲「開動」，大家舉筷，那麼多的人，竟沒有一句談話聲，第一次感覺到眞的進入了革命的大家庭。當晚在大禮堂又有迎新會。我們這羣新生，互不相識，跟著教官帶隊入座，看一看，同學們個個精神飽滿，都是不遠千里而來，不祇是同窗，更將是携手並進的革命伙伴，還有短髮覆額的女同學。晚會中也是第一次聽到我們悅耳動聽的校歌：「政治是管理衆人之事，我們就是管理衆人之事的人。」這些年來無論身在何方，祇要聽到它，內心就激動不已，「要身正，要意誠，要有服務的精神，要有豐富的知能」……似又回到當年豪邁不羈的大學時代。入學後包括寒暑假，都是相當嚴格的軍事管理，教官和同學起居與共。初到的幾個禮拜，頗不習慣，但日子久了，反而覺得起居定時，飲食有度，對身體有莫大的幫助。

新聞志趣更堅定

報考本校時，在外交與新聞之間，我選擇了新聞。當時大學部新聞學系停止招生，改爲專修部的新聞科，因此我是新聞科第一期的學生，主持者馬星野先生，是我國現代新聞教育與新聞事業的先驅者，一位最受人敬愛的學人與報人，現任中央通訊社的董事長。

馬先生在第一堂新聞事業史的課程中，提醒大家：來到本校的新聞科，便是準備將來做新聞記者。記者的責任很重，要能立德立言更立功。現在的新聞科，是要縮短大學部的課程，讓我們學習最必要的知識，儘快爲黨國服務。記者工作非常艱苦，所寫的東西，要字字求眞，句句負責，並不是有聞必錄可以隨心所欲的無冕王。如果覺得將來做一個記者太苦，想要轉系，現在還來得及。三天之內提出申請，一定同意。聽了馬先生的話以後，大家的志趣反而更堅定。

在學期間，馬先生替同學們安排了最恰當的課程與最好的教授，他不祇全神貫注自己所擔任的功課，而且專心專意爲培育新聞事業的專才而日夜奮鬪。我覺得那時最大的特色是教授和同學們之間，親如家人，督促我們的功課，關心我們的生活，眞正做到了校訓「親愛精誠」四個字。除了必修和選修的課程，還有每週一次的專題講演，請全國知名的報人來講述親身的經歷。在校同學與畢業校友之間，也有定期的團聚，以增加彼此的認識和感情，有助於共同事業的發展。對於畢業校友的繼續指導與照顧，也盡其所能，無微不至，這些特性已成爲本校新聞學系的傳統，一直保留到今天。尤其使我印象特別深刻的，就是我們一方面明瞭新聞自由的可貴，以及許多中外報人爲了爭取言論出版自由所作的驚人犧牲與奮鬪；但在另一方面我們也懂得唯有善用新聞自由，才能增進全體的自由與社會的安寧。我覺得這是那時本校新聞教育最大的成功，決不濫用新聞自由去危害國家的自由。

從 校長手裏領到奬品與責任

我們的功課表，每天排滿了八節課，一個學年有三個學期，寒暑假也縮短了。我們必須在兩個學年之中，修完四個學年的必修課程，教授和同學們都是快馬加鞭。大家的心情十分緊張，希望能儘早投入抗戰的行列。除了一般課程之外，全校同學都要在課外研讀全部的國父遺教，並且要定期提出心得報告。從遺教的研讀中，我們對本黨的歷史，革命的主義與方略，獲得了系統的認識，從而更堅定了對主義的信仰。我的讀訓心得，獲評特優，並蒙校長來校時頒奬。

那是又一次最興奮的時刻，校長蒞臨講話。記得那是珍珠港被炸後不久，校長召集我們到大禮堂，剴切告訴同學們：「你們進入本校求學，做我的學生，一定要立志爲黨國奮鬪，做一個革命的幹部。我們的國家正在艱苦奮鬪中，無數的軍民同胞忍受著巨大的犧牲，爲的是求得民族的自由與歷史的延續。本校的學生不是歷史的旁觀者，你們要做歷史的創造者。今天我將這個責任交給你們，要記住我的話去努力」。校長講完話，我和另外幾位獲獎的同學，聽到唱名，一個個走到講臺上，從校長手裏領到了獎品，覺得也接受了偉大領袖所交付的責任。

與共黨分子誓不兩立

實行三民主義是本校員生的責任，萬千的畢業校友，分佈在不同的工作崗位上，更有無數的新同學像我們，每年來到這一革命的學府接受最高領袖的薰陶。而與我們勢不兩立的，就是當時困處延安的中共黨徒。我記得在有一次的紀念週中，張教育長道藩先生告訴我們說：「我今天要向大家宣佈一個不幸的消息，昨天晚上治安單位來本校拘捕了四個快要畢業的四年級學生。他們是中共從延安派來的，考進了本校，長期的潛伏，我身爲教育長感到很慚愧，沒有能及早發現，已向校長自請處分，但也幸而在最後還是被我們發現了，查證確實，已交由治安單位去法辦。各位將來服務社會，一定要時時提高警覺，以免被共黨分子所滲透。本校的學生與共黨分子是勢不兩立的。」聽了教育長的講話，當時感到毛骨悚然，以後在各地服務，也處處警惕著不要被共黨分子所乘。

二八園、花溪最使人留戀

課讀生活中，最使人留戀的兩處地方，一是教室旁邊的二八園，一是從學校通往小溫泉的花溪。二八園點綴著小橋流水，面積不大却有四時不謝之花，尤其是教室旁邊，大禮堂前面的一排梅花樹。通常我都是五點鐘起床，走下宿舍的小山坡，用冷水洗臉後穿過大操場，來到這兒的梅花樹下看書。月亮還高，周圍是青青的山，那樣的靜，偶爾也有早起的同學在二八園另一角的鋼琴室裏練琴。梅花的清香撲鼻，悠悠的琴聲傳來，晨光微曦中一個人靜立在那兒，眞是一種無上的享受。說到花溪，那是星期假日常去的地方，有小船可以乘坐，也可以沿著溪邊的石坡路走往小溫泉鎭上，需時不過半小時，但都要經過仙女洞那兒的公務人員訓練部，同學們都簡稱它爲高等科，就是高考及格後在那兒集訓的處所，同屬於本校。最好是濛濛細雨中，坐上小船，讓舟子慢慢搖過兩岸垂柳的花溪，心平如水，寵辱皆忘，何來陶冶性情的更佳處所？

抗戰時期一切都談不上巍峨房舍與舒適的設備，比方課堂裏的講桌便是用竹桿編成，但是校園內外的種種設計和安排，却提供了潛修的最好環境，沒有絲毫外界的干擾，眞是世外桃源。大陸淪陷後據曾去過小溫泉的同學說，原來弦歌不斷的聖地，而今已經是房舍破損，荒草沒脛，更不知二八園和花溪又成了甚麼情景！

邁開為黨國服務第一步

很快我們就到了要畢業離校的日子。有一天早上，教育長程天放先生特別約見，要我畢業後即往重慶曾家岩委員長侍從室報到，並且叮嚀再三，要把握這一個機會，爲校長服務，好好努力。

本來依照學校規定，畢業生均依照志願由學校分發實習，實習的地方也就是以後服務的單位。我是志願參加中央宣傳部的國際宣傳處，一切手續都已辦好，但是教育長的命令不可違，更擔心自己毫無經驗，祇怕難勝任。幾天之後，離開學校到重慶向侍從室主任陳布雷先生報到。出來首先接見我的是校長的侍從秘書，也是新聞系第一期畢業的曹聖芬老大哥，他接著爲我向布雷先生引見。看過我帶去的公文，布雷先生搓搓手，然後對我說：「可能是天放先生聽錯了，委座指示，要我對今年政校畢業成績最優的同學，多加聯繫，並不是說馬上來工作」。我聽了這幾句話，悵然若失，鞠躬辭出。以後幾經週折，並得馬師之助，纔又進入原來志願工作的地點，從此開始了我往後四十年來爲黨國服務的第一步。

歲月不居，而今雙鬢已白，每次返回現在木柵的母校，看到校園裏生龍活虎的同學們，耳際似又響起我們嘹亮的校歌：「實行三民主義是吾黨的使命，建設中華民國是吾黨的責任」，我想我們一定能抖擻精神實踐校長 蔣公的遺訓，貫徹命令，篤信力行，任勞任怨負責任，人人都成爲復國建國的「歷史創造者」。

六十九年五月二十日於陽明山莊

四十三、政大校慶大會獻辭

今日欣逢母校創立六十週年校慶，俊才奉校友會理事會的指定，謹代表全體畢業校友前來參加，獻上我們最虔誠的祝福。第一、恭祝母校校運昌隆，榮譽會長福壽康寧；第二、祝校長及各位老師身體康泰、學術日隆；第三、祝在校同學學業猛進，蔚為國用。

我們遍佈全球的校友，離校雖有先後，均無時不以身為母校的畢業生為榮，獻身獻心獻力，為國家社會服務。同時秉持著親愛精誠的校訓，透過各地校友會的組織，團結校友，相互砥礪，永懷先總統　蔣公為培育我們而創立了母校，因而矢志報國，始終如一。

凡是政大校友，皆莫不深切體認，我們的母校具有極顯著的特性，最明確的教育方針，所以培育出來的人才，切合國家的需要。

我們的校歌開宗明義就說：「政治是管理衆人之事，我們就是管理衆人之事的人」，又說「實行三民主義是吾黨的使命，建設中華民國是吾黨的責任」。同時母校是先總統　蔣公所手創並自任校長，而且在北伐與訓政時期，母校是隸屬於中國國民黨中央執行委員會的，這豈不是母校最顯著的特性麼？雖然抗戰勝利國家實施憲政後，母校改制為國立政治大學，不再隸屬於中國國民黨，但母校為國家培養政治人才，以實行三民主義建設中華民國為使命的特性，不但決沒有改變，而且繼續發揚光大。因此母校的老師和同學，是絕對反共，絕對愛國。過去的黨校、政校是如此，現在的政大更是站在反共愛國、復國建國的最前線。

其次，母校的教育方針，在校歌裏也十分具體的提示：「管理衆人，要身正要意誠，要有服務的精神，要有豐富的智能。革命建設爲民生，命令貫徹篤信力行，任勞任怨負責任。完成使命擔負責任，先要我全校員生親愛精誠，進而使我全國同胞親愛精誠。」母校的一切施教，都是依照這個方針來策訂，同學們畢業後進入社會，也就是本著所接受的教育來篤信力行，因此奠定了母校半個多世紀以來的光榮傳統和光輝業績。

談到切合國家建設的需要，母校所設立的各種班、科、系、所，無一不是針對國家每一時期的迫切需要，因此替國家儲備了不少優秀的人才，爲建設提供了極大的貢獻。我們人人需要國家，國家也十分需要我們。

在慶祝母校校慶的今天，我們全體校友，覺得母校反共愛國的特性，學滙中西、德智兼備、親愛精誠的教育方針，以及我們與國家血濃於水的關係，乃是母校的最大特色。凡我校友均願在校友會榮譽會長、會長、校長和老師們的督促之下，本此特色，繼續効命，共同支持母校的發展，並毅然擔負起實行三民主義建設中華民國的責任。

最後再敬祝校長、老師和同學們健康快樂，並祝大家共同的勝利與成功。

七十六年五月二十日於陽明山莊

四十四、革命實踐研究院院慶大會獻辭

今天恭逢　先總統蔣公兼院長九七誕辰紀念暨母院成立卅四週年院慶。同憶民國卅八年的今天，蔣公親自創辦母院，手訂講習要旨曾特別指示：「此次訓練幹部，在恢復其革命精神，喚醒其民族靈魂，提高其政治警覺，加强其戰鬪意志，特別提振其創造生動之活力，養成其公正光明之風度，務使受教之學員，人人能有自立自强，毋妄毋欺之人格，雪恥復仇，殺身成仁之決心。故必須鼓舞其蓬蓬勃勃之朝氣，激勵其沉痛悲哀之情緒，認識其剿匪救民之責任，堅定其革命建國之信心，厚植其自動自治、實踐篤行、貫徹到底之志節，不愧爲三民主義國民革命之幹部，是爲本院教育之宗旨」。母院秉持此一宗旨，至今已舉辦了兩百八十八個班期，結業總人數已超過四萬一千人，均爲黨政軍以及社會各個部門的中堅幹部，結業後分佈在國內外各個不同的崗位上工作，三十多年來，對黨務的改造、政治的革新、經濟的成長、文教的發展、軍事的整建、社會的安定，各有其特殊的貢獻，使我復興基地日趨精實壯大，已成爲今日世界反共最堅强的堡壘，亦爲我大陸十億水深火熱中的同胞日以繼夜希望之所寄。今天各班期結業學長的代表與聯絡人以及臺北市各研究會召集人，共同來參與此一紀念慶祝大會，實在是意義重大。各位學長

多係親受　院長之耳提面命；院長對我們的遺愛深恩，使我們有著無限的景仰與永恒的懷念。各位學長也受主席兼主任的訓誨與薰陶，我們對兼主任的導教也無不有最深切的感受和體認，俊才奉主席兼主任的指示，今天替蔣秘書長彥士先生來主持此一盛會，也想以結業研究員一份子，謹藉這個機會提出兩點淺見敬請各位學長指教，並相互策勉。

第一點，我們要貫徹　院長「新、速、實、簡」的遺訓，作為我們工作上永遠的指針。

院長在民國四十二年元旦告全國軍民同胞書中，特別提出「求新」、「求速」、「求實」、「求簡」等四個要目，來勉勵全國軍民同胞，雖然事隔三十年，但是現在看來這四個要目，實在可供我們結業學長們工作上永遠奉行的指針。

院長說：「第一是要求『新』，所謂『新』，就是要對舊有暮氣惰性，要求掃除，對於科學和工業的水準要求提高，我們求新，要有恒心、有毅力，勇敢精進，日新又新，決不是見異思遷，好高騖遠，翻新出奇的新花樣。而是要除舊布新，去腐生新，我們惟有本著這樣新的精神，新的生活，新的行動，然後才能擔任這反攻復國的新使命。第二是要求『速』，所謂『速』，就是要不拖延，不推諉，對於問題要立求解決，對於工作要如限完成，一面要爭取時間，一面要把握重點，我們的求『速』，乃是要心到手到，劍及履及，來負責盡職，既不是粗心大意，亦不是粗製濫造，今天的工作不可留到明天再來補充，明天的工作更要在今天來及早準備。第三是要求『實』，所謂『實』，就是不虛偽，不欺妄，對於設計要細密，對於業務要精確，對於考核要嚴正，我們的求『實』，乃是要『精益求精』、『實事求是』，亦就是要步步踏實，事事認眞，決不存一點欺騙詐僞之心，亦不做一件自欺欺人之事。第四是求『簡』，所謂『簡』，就是要簡單明瞭，不瑣碎、不繁複、更不可含混籠統，拖泥帶水，要專心一致，貫徹始終，對於紛亂的觀念要力謀澄淸，對於錯綜的問題，要尋求中心，因爲只有簡單才能專精」。 院長的這一番期勉與叮嚀，我們學長們如能一一率先實踐，則一定可以做到無敵不摧無堅不克。

第二點，我們要服膺主席兼主任領導，達成現階段的革命任務。

自 院長崩逝，主席兼主任繼承遺志，主持母院革命教育，曾經對同學們說：「作爲今天這個時代的革命志士，第一氣勢要雄壯，惟有具備雄壯的氣魄，才能挽救危局，擔當大任。第二胸襟要開濶，以開濶的胸襟，才能容天下最難容之事，受天下最難承當之責，對一切挫辱、譏刺，處之泰然。第三頭腦要冷靜，惟有冷靜的頭腦，在思考與分析上，才能作出正確的抉擇。第四身心要勤勞，要利用每一分秒可利用的時間，要把握每一個可利用的機會，來貢獻自己的體力、精力與智慧，充分創造成功的勝算」。

主席兼主任於本黨建黨八十八週年紀念日發表談話，勉勵全黨同志，要抱持本黨先烈先進一貫的「只見一義，不見生死」的革命精神，踔厲奮發，來實踐 總理 總裁所昭示的革命民主的時代使命。主席兼主任說：「本黨八十八年來的革命歷史，可謂歷盡艱辛，但是終能愈挫愈奮，因爲我們擁有得自 總理 總裁和先烈先進的四大革命精神，那就是：第一是大公無私的精神，因爲無私無我，用能至大至剛，大家關心的是主義的成敗，而並不是個人的得失。第二是誠摯純潔的精神，唯至誠可以破天下之僞妄，唯大義足以見人心之所同然，千慮不敵一實。第三是犧牲奉獻的精神，以服務爲目的，以奉獻爲參與，並認爲只有爲革命而犧牲，才是幸福。第四是不斷革新的精神，本黨每完成一次革命任務之後，就必定有一次改造革新，因之才能不斷擴大志士仁人的革命陣容，再一次擔當並達成革命的任務。

蔣公秉院長以及主席秉主任，以高瞻遠矚的識略，時時訓示和指導我們，應該走的與必須走的道路，越是在危疑震撼之際，越顯出其鞭策提携的力量，這些剴切的遺訓與諄諄的告誡，我們在母院結業的學長們，一定都能加倍奮勉，把精神、智慧、力量奉獻給黨與國家，以盡其在我，求其在我的革命志節，秉持著天下爲公的襟懷氣度，萬衆一心，精誠團結，再以明恥教戰，枕戈待旦的壯志豪情，來達成反共復國的偉大使命。現在請讓我們大家一起來恭祝主席秉主任政躬康泰，並祝各位師長各位學長身體健康，事業成功！謝謝。

七十二年十月卅一日臺北

四十五、「理論與政策」季刊發刊辭

「理論與政策」季刊，今首次呈現於讀者之前，內容以研討國家建設的理論與政策為範圍，是一份屬於大家的、公開的學術性刊物。

三民主義是　國父的中心思想，明刊於我國憲法為立國基礎（憲法前言及總章第一條）。顯然，國家一切建設皆必以三民主義為最高指導原則和準繩。是以，如何結合全體國民，建立共識，攜手連心，致力於自己國家的建設，展現整體的國力，首先則必須全國同胞對立國的主義理論，有篤信不移的定力，對依主義而產生的政策，能勠力同心以貫徹之。能如此，國家建設前路雖艱，亦斷無不成之理。

近卅餘年來，我們在臺灣地區實踐三民主義各項建設的輝煌成效，事實又已證明其理論指導的正確性、實用性與時代性。或許國際間研究當代中國問題的學者之中，有若干於讚嘆我建設快速發展之時，卻認為我們所實行的乃是資本主義。另有部份人士，因見我國已接近不易達成的均富社會理想，則誤稱我國所實行的，乃是一般所稱的「社會主義」。然而二者皆屬一隅之見，失之於偏。事實上，我們實行的既非資本主義，亦非通稱的社會主義，而是　國父所手創的三民主義。更有甚者，國內亦有若干人士指稱，近年國家建設突飛猛進，純粹是由於同胞們的勤勞奮鬭，根本與三民主義的理論和政策無關。這又是一偏之見，不待識者而自明。試問，若非三民主義正確理論與政策指導的成功，使政府與民間得以通力合作，致力於教育發展與社會安定，而有充沛的建設人力與穩固繁榮的建設環境，則國民必致無心亦無從獻力，更何來奇蹟似的建設成果。由是可知，對於三民主義建設理論的闡釋與宏揚及有關其他學說理論的比較研究與探討，仍應積極大力開展，這是本刊將要努力的第一目標。

其次，三民主義政治理想的逐步實現，必須落實到政策。而政策的制訂，依民主國家政黨政治的常軌，乃是先由選舉時提出政綱，以為號召，一旦選舉獲勝而執政，則依政綱逐年提出年度施政計畫，經立法程序，由法案而制訂為法律，使成為國家的政策。因此，為求政治理想得以逐步實現，除決策必須充份反映民意，以國家利益與民衆福祉為依歸外，另須符合三個要件：第一，就學理言，有正確的理論依據，包涵最進步的學理，因而具有前瞻性。第二，就法理言，有其絕對的合法性，不僅其形成與制訂，完全經由合法的程序，且決不致損及絕大多數國民的合法利益。第三，就事理言，務期阻力小而助力大，才不致窒礙難行，故勝算居多，即使遭遇困難，而能預見並有克服困難之道，就是實用的政策。

因此，對於國家政策的研議、釐定與實施，最佳的途徑是結合學術思想界與執行政策者的共同參與，使能產生導向、詮釋與評估的功能，讓國人皆能詳知國家政策的決定過程，政策本身的內涵，執行政策時可能遭遇的困難，如何克服其困難，以及未來奮鬪的方向等等。若能如此形成共識，思想觀念得以溝通，進而齊一步伐全力以赴，當必有所裨益於國家建設的整體規劃與貫徹政策的再發展與提昇，這是本刊將要努力的第二目標。

當然，復興基地上的一切建設，都是爲了厚積國力，達成復國建國的總目標，因此對於中共在大陸上的殘民暴政更必須密切注視其變化。中共一直强調馬列史毛共產主義理論指導的絕對性，也一直堅持所謂無產階級領導的政治體制，並不斷鼓吹羣衆路線，進行所謂社會主義的建設。像竊據大陸初期的三反及五反；韓戰時期的抗美援朝與人海戰術；繼之以大躍進的三面紅旗；乃至文化大革命的紅衞兵大破壞大作亂，到目前又正進行的四化、整黨、各種體制改革等等，無一不是一聲令下，拿十億同胞的生命，作爲孤注一擲的犧牲品，猶自誇其力足以「移山塡海」。像這種經由暴力組織所掀起的一波又一波殘民行徑，有如洪水猛獸，到處吞噬毁滅文明的成果，尚且不及，遑論產生任何裨益民生的建設性效果。因其在本質上就是反人性、反科學、反時代、反組織原理與工作效率的。制度錯誤、政策錯誤、理論更是錯誤，有以致之。如今，中共發現其單憑獨裁暴力已無法推動建設，而其所遵奉的共產主義理論指導，又事實證明根本不合時代需要，不能解決今日世界的實際問題，却仍不得不抱殘守缺，堅持不放，否則卽不成其爲共產黨。因此轉而夢想在錯誤的理論與政策基礎之上，從體制改革來突破困境。所以去年開始就連續推動所謂經濟體制、教育體制、科技體制、人事體制，以及最近的政治體制等一連串的改革。這些體制改革的內涵是甚麼？目的是甚麼？可行性如何？內在基本矛盾又何在？都是普天下的中國人同所關切的。本刊願與海內外研究中國大陸問題的學者專家們，共同來進行研討，這是本刊將要努力的第三個目標。

本刊同仁多年從事教育學術研究工作，或曾參與有關政策的研擬與執行，深感理論與政策研究工作之重要與必需，故籌創本刊，揭舉三個目標，懸爲今後致力的鵠的，敬望海內外廣大讀者，不斷鞭策，並賜予支持，並掬忱歡迎志同道合之先進與學者專家，充份利用此一園地，共襄盛舉，期其有成。

七十五年十月卅日於臺北

四十六、全神貫注悉力以赴

她從浩瀚的史料中發掘引人入勝的題材

「吳姊姊講歷史故事」第十集出版之前，涵碧希望我在這一集的卷首寫幾句話，我滿心愉快的立刻答應了。

據我所知，像這樣性質的專欄，能夠在長達整整十年之久的時間裏，每週一次，從不間斷，在中華日報的兒童週刊，連續刊出五百篇，實不多見。單憑這一份竭誠爲讀者服務的敬業精神與耐力，已足令人激賞。何況萬千讀者的回響，又是如此的持久而普遍。專集一集比一集暢銷，除了普通版，還有國語注音的特別版，因而使本書早已成爲家喻戶曉，不止是兒童而且也是成人所喜愛閱讀的優良讀物。大家重視歷史並注意民族精神之發揚的可喜現象，我是擧雙手贊成的。

其次，我也想透露一個小小的秘密。當涵碧準備撰寫此一專欄前，曾在一次越洋電話中，徵詢我的意見，可否爲專欄取一個名字。她說打算爲兒童週刊的讀者，每期講一次故事，而取材運筆，盡可能求實求眞，至少做到有「正史爲憑」，絕不杜撰。涵碧在大學先修歷史，後學新聞，既然有此決心，我相信她一定可以辦得到：以治史的精神來寫故事，所以就順口建議她的專欄爲「吳姊姊講歷史故事」。她欣然接受了，也實行了，而且這十年來我也是每篇必讀的讀者，當然應該寫點讀後感。

尤其是在這一集的五十個故事中，大半都是講述南宋岳飛有關的故事。提起「盡忠報國」的岳飛，凡是南宋以後的中國人，眞可以說是無人不知，無人不曉。岳飛在三十二歲時，感懷世局，寫的一首膾炙人口的「滿江紅」，一腔忠憤，壯懷激烈，不祇使人追思景仰，更不知曾激起多少後代中華兒女，匡時報國奉獻犧牲的壯志豪情。記得涵碧小時，最喜愛聽我講岳飛的故事，而我所講的則是根據說岳全傳這部通俗小說。和我年齡相若的一些初中同學，那時眞是飯不思、茶不飮，深深爲它裏面的每一情節所吸引。大家都敬重岳母，喜歡牛皋，恨惡秦檜和他的妻子王氏。看到岳飛的兒子岳雲以十二歲稚齡背母從軍，「披了衣甲，提了雙鎚，坐了戰馬，效命沙場」，也覺得眉飛色舞。看到書中記載岳飛被秦檜假傳聖旨，以十二道金牌召囘，賜死風波亭上，又不禁熱淚盈眶。往日我民間的忠孝節義之風，應該也受益這類章囘小說的傳播之廣。如今「吳姊姊講歷史故事」，以現代易懂流利的文字，重寫這許多可歌可泣的史實，讓今天的中小學生們，在玩家庭電腦之餘，也耳熟能詳我們的民族英雄人物，眞是用心良苦。

不但如此，涵碧在這一集裏，對說岳傳中描述的情節，又作了不少考證的功夫。例如原說岳家在岳飛襁褓中時卽係一門孤寡，實則岳飛所受教忠教孝長大成人，得力於他父親岳和一手栽培之處甚多，並非完全爲母親之所調教。又如傳說中岳母姚氏夫人曾爲岳飛在背上用繡花針刺上「精忠報國」四字，其實，刺的是「盡忠」而非「精忠」，這「精忠」二字，乃是因後來高宗皇帝御書「精忠」岳飛四字，頒賜給他的緣故。還有岳傳中記載梁紅玉擊鼓戰金山，將一代名將韓世忠在金山大敗金軍之役，描寫成是梁紅玉所率娘子軍的助陣之功，其實根本沒有甚麼娘子軍，不過韓夫人坐桅樓擊鼓助陣則有之。涵碧爲小讀者講故事而能如此謹愼將事，決不是信手拈來隨意渲染，使得一些上了年紀的讀者，也能獲益不淺；其負責認眞的態度與用功之勤，也是本書十年來深受各方重視的主要緣因。

我的確知道涵碧在這十年之中，爲了寫作歷史故事，眞是全神貫注，努力以赴。她要從歷代浩瀚的史料中，去發掘引人入勝的題材，從許多交代不清一團疑雲的民間傳說之中，鈎劃出每一個故事的來龍去脈，而以娓娓動人的筆觸表達出來。她必需不停地閱讀史書找尋資料，不斷地拜訪名師，請教專家，所以沒有假期和休閒。有一次因爲從公車走下來跌傷了腳踝和右手，卻還是忍痛的寫作，不停在工作。因爲每週到了截稿時限，是決不能拖延的。我想涵碧已是整個沉浸到了她所投入的寫作中，她筆下的那些歷史人物，似乎也都在鼓舞她，幫助她奮筆前行，而她又覺得有義務要將自身的感受忠實地、眞切地傳遞給她所服務的讀者，那怕祇是一點點在行家看來似乎微不足道的心得。

作爲一個讀者，而又是涵碧的父親，我有時看到她在燈影下深夜依舊抖擻着精神的寫作，心中多次「叫停」，話到嘴邊，卻變成了慈愛的鼓勵。因爲這正是她并無所求，但望能有所奉獻於社會的快樂時刻。十年來，現在已寫到了南宋末年，尚有許多許多的歷史故事要繼續的寫下去。我也像一般的讀者一樣，祇希望她在大家的指導和督敎之下，涵碧能以更開濶愉快的心情，爲我們講更多好聽的歷史故事。

七十六年七月卅一日於臺北

四十七、悼上庚

星野先生是俊才最尊敬的老師，馬老師的長公子上庚是我的內侄。有關上庚在理論物理學部門的高深造詣與他的生平，剛纔中央研究院吳院長大猷先生和上庚的至友丁教授，已有詳細的講述，俊才祇想就四十年來使我感受最深的有關上庚幾則往事，簡要報告。

民國三十五年我們自重慶還都南京，離開重慶市的那天早晨，天剛破曉，我牽著上庚的小手，走進白市驛機場，他是那樣的天眞可愛，此刻想來，猶如昨日。

在南京上庚進鼓樓小學，特別喜愛美術，到臺灣後馬老師請畫家梁又銘先生爲他指點繪畫，梁先生說上庚小小年紀無論是構圖著色和筆觸，都顯露出他的天才和毅力。更重要的是以後上庚從國外回來，總唸唸不忘每次都去拜訪梁老師，這種一日爲師終身若父的自然流露之情，眞令人感動。

上庚的生活極爲儉樸，經常是穿著一件襯衫，一條卡璣布褲，一雙球鞋，在中學乃至於大學生的時代是如此，後來成了國際馳名的學者回國講學時也依然如此。記得他小時候，從不肯乘坐星野先生的公務座車。寧願撐著一把雨傘等公共汽車，長大後他到美國留學及教書，家住聖地牙哥，我曾經到他家去看過他兩次。眞可說是家無長物，祇有一架舊鋼琴，幾張椅子，書桌上却堆滿了研究圖表的手稿。冰箱裏也是空空的，祇有幾瓶牛奶。自己用的是一部很小很老的金龜車。我覺得他太刻苦，也很擔心他的身體。每次回臺灣，他儘可能謝絕一切邀宴，不得已參加一兩次聚餐，總是微笑著輕輕的說：「太破費，太破費了」。

十五年前我在國際關係研究所服務，他參觀後，曾請他提供一些意見。他很謙遜的說這方面懂得太少，不過他說若使能讓中美兩國的學者有機會共同研討我國大陸問題，一定很有意義。以後我們舉辦中美中國大陸問題研討會，現在已經是第十四屆了，上庚實在是最早的建議人之一。

民國六十一年我轉任中央文工會工作，他倒是很熱心的寫信給我建議兩點：第一，儘可能讓國際人士認識我們在艱苦奮鬪中的眞正中國人精神和中華文化，而不單是誇耀我們在物質和經濟上的發展。第二，也要讓我們國內同胞更深一層瞭解身在海外的學人與留學生，他們的心情，特別是對祖國的關愛，尤其是願意爲國効力的心志，而並非一定是祇談優厚待遇。

六年前我奉使中美洲，在美國見面，又請他提供一些看法，他還是那樣的微笑著，說外交他更不懂。祇是感覺到我們有旁人所沒有的東西，我們有理時要力爭，反而受人尊敬。

上庚臥病這一年多來，他是學科學的，當然瞭解自己的病情之嚴重，內心也必然是痛苦。但是在來信和電話中，特別是他伉儷情深的夫人梁能女士，照顧著他和兩個幼小的孩子，却總是告訴遠在此地的我們，一切都好，就唯恐年邁的雙親擔憂。有時我們也覺得非常爲難，在座的梁委員肅容先生常和我談到，一方面希望著上庚的病情好轉，一方面也眞是為他們的孝忱所感。

單舉這以上幾則往事，可知上庚除了他在學術上的成就，他內心深處所秉持的，始終是星野先生和馬夫人以忠孝傳家的中國人精神和克勤克儉克己奮鬪的中國人美德。前不久馬夫人去聖地牙哥和上庚病中相見，不談病情，慈母愛子坐下來，上庚要母親和他同唸古文觀止李陵答蘇武書和赤壁賦，以重溫上庚年幼時馬夫人燈前課子的溫馨，回首前塵，而室外不遠就是浩瀚的太平洋，此情此景，實在是感人至深。

今天我們來追悼上庚，痛惜國家失去了一位青年的科學家，但他所留下給我們的，却是夠多夠多給我們悼念追思和取法。

七十二年十二月十五日於臺北

四十八、「一日千里」序

民國六十二年十一月，執政黨舉行十屆四中全會，蔣主席經國先生當時以從政同志行政院院長的身分，在會中毅然宣佈：政府自六十三年起，將以五年的時間完成十項重要建設。像這種投資總金額高達兩千餘億元的十項浩大工程，同時齊頭並進，不僅是中華民國建國史上前所未有的創舉，而且在各國建設史中，也是少見之事。然而，由於政府的堅強決心，全民的勇氣與毅力，終於克服了一切艱難險阻，至六十八年年底，全部建設均已完成，對我國促進景氣復甦，加速經濟成長與創造就業機會，提供了適時的巨大無比的貢獻。

十項建設的效益，在經濟方面所表現出來的，大家都可以很容易的看得出來，其實如從另一角度來觀察，它也是我們國民很好的心理建設。試想十項建設中的無論任何一項，在工程進行之中，都遭遇到許多意想不到的困難，如果不是秉持著華路藍縷以啓山林的創業精神；如果沒有羣策羣力、鍥而不捨的堅強意志，加上我們中華兒女的優異秉賦與高超技術，可以說是極難達成，至少也是無法如期完成的。但是所有的困難都在我們手裏一一克服了，照著預定的藍圖和我們的理想實現了。這不僅是奇蹟而且是有志竟成的鐵證！例如北廻鐵路的工程，全長雖不過八十多公里，而隧道就佔了三十多公里，還有許多的橋樑，眞正是「逢山開路，遇水搭橋」，一往無前的精神，實在値得大書特書。

在十項建設開工之前，我們曾預想到工程如此之浩大而我們必能成功，所以也必多可歌可泣的事蹟，因此在六十二年冬蔣院長宣佈十項建設卽將開始之後，立卽邀請了全國大衆傳播界負責的先生們，在臺北市空軍新生社擧行會議，籌商如何動員新聞傳播的力量，來支持此一國家建設偉業之進行。當時 俊才 在中央文化工作會服務，在會中提出兩項具體的建議：第一、希望大衆傳播界運用各種不同的媒體，派遣專人前往工地採訪，各就親身目擊之所見所感，作親切感人的有系統的報導，好讓國人同知此項建設的重大意義及其艱苦進行過程中的突出事蹟，以激發大家羣起效力的熱忱，並使參與建設的人員能受到全國同胞的鼓勵，也爲我們艱苦奮鬪中的國家，在建設三民主義模範省的歷程中，留下歷史性的偉大寫實紀錄。並且希望被派擔負工地採訪的人員，能和工程人員一樣的生活在工地之中，亦如戰地記者之必須親在戰場一般。第二、在中央方面我們準備從民國六十三年起設置十項建設報導獎，首獎十萬元，授予上項寫作報導之最佳者，聘請專家學者組成評審會，就申請作品作最客觀之評審。這兩項建議得到大家一致的贊同，而且會後立卽展開實際的工作。許多感人的作品，隨著工程的進行，由傳播界不斷予以發表， 俊才 在辭卸文工會職務前，也連續兩年辦理了上項授獎，我覺得獲獎的作品，都是最優異也深受讀者所愛好的心血之作。以後 俊才 兼負國家文藝基金會管理委員會的責任，也特別在第一、二兩屆的受獎作品中，規定以宣揚國家建設爲主體。鼓勵文藝界也同起參與此一卓具時代意義的盛擧。

六十八年二月　俊才　奉調回中央委員會服務，從工作接觸中我分外高興地知道：臺灣區鐵路黨部委員會爲了貫徹中央文藝政策，透過文藝寫作，宣揚國家建設，曾分批邀請社會文藝作家參觀訪問鐵路重要建設——幹線電氣化、北廻鐵路、東線拓廣等工程。各作家於事後分別撰寫各項文藝作品在各報紙雜誌發表。鐵路黨部委員會又蒐集了這些作品二十餘篇，彙編成臺鐵文藝叢書第一集——「遠景歸途」，由「鐵路黨務」月刋社於六十七年發行，分贈各文教機構、學校及社會人士，極受歡迎與好評。現在又陸續蒐集各作家最新作品二十餘篇，彙編爲臺鐵文藝叢書第二集，訂名爲「一日千里」，繼續發行。我對是書之成，無限欽佩。

一直負責此項工作的田可鑑先生，囑　俊才　在「一日千里」付梓之前，寫幾句話，盛情難却。眼見國家建設之次第完成與臺鐵文藝叢書之陸續出版，內心充滿了喜悅之情，對國家建設前途之日新月異與無限光明，更有著無比的信心，因略述所感，用表敬意。

六十九年一月五日於臺北

滄海叢刊已刊行書目(四)

書名	作者	類別
歷史圈外	朱桂	歷史
中國人的故事	夏雨人	歷史
老臺灣	陳冠學	歷史
古史地理論叢	錢穆	歷史
秦漢史	錢穆	歷史
秦漢史論稿	刑義田	歷史
我這半生	毛振翔	歷史
三生有幸	吳相湘	傳記
弘一大師傳	陳慧劍	傳記
蘇曼殊大師新傳	劉心皇	傳記
當代佛門人物	陳慧劍	傳記
孤兒心影錄	張國柱	傳記
精忠岳飛傳	李安	傳記
八十憶雙親 師友雜憶 合刋	錢穆	傳記
困勉強狷八十年	陶百川	傳記
中國歷史精神	錢穆	史學
國史新論	錢穆	史學
與西方史家論中國史學	杜維運	史學
清代史學與史家	杜維運	史學
中國文字學	潘重規	語言
中國聲韻學	潘重規 陳紹棠	語言
文學與音律	謝雲飛	語言
還鄉夢的幻滅	賴景瑚	文學
葫蘆・再見	鄭明娳	文學
大地之歌	大地詩社	文學
青春	葉蟬貞	文學
比較文學的墾拓在臺灣	古添洪 陳慧樺 主編	文學
從比較神話到文學	古添洪 陳慧樺	文學
解構批評論集	廖炳惠	文學
牧場的情思	張媛媛	文學
萍踪憶語	賴景瑚	文學
讀書與生活	琦君	文學

滄海叢刊已刊行書目㈢

書名	作者	類別
不疑不懼	王洪鈞	教育
文化與教育	錢穆	教育
教育叢談	上官業佑	教育
印度文化十八篇	糜文開	社會
中華文化十二講	錢穆	社會
清代科舉	劉兆璸	社會
世界局勢與中國文化	錢穆	社會
國家論	薩孟武譯	社會
紅樓夢與中國舊家庭	薩孟武	社會
社會學與中國研究	蔡文輝	社會
我國社會的變遷與發展	朱岑樓主編	社會
開放的多元社會	楊國樞	社會
社會、文化和知識份子	葉啓政	社會
臺灣與美國社會問題	蔡文輝 蕭新煌 主編	社會
日本社會的結構	福武直 著 王世雄 譯	社會
三十年來我國人文及社會科學之回顧與展望		社會
財經文存	王作榮	經濟
財經時論	楊道淮	經濟
中國歷代政治得失	錢穆	政治
周禮的政治思想	周世輔 周文湘	政治
儒家政論衍義	薩孟武	政治
先秦政治思想史	梁啓超原著 賈馥茗標點	政治
當代中國與民主	周陽山	政治
中國現代軍事史	劉馥著 梅寅生譯	軍事
憲法論集	林紀東	法律
憲法論叢	鄭彥棻	法律
師友風義	鄭彥棻	歷史
黃帝	錢穆	歷史
歷史與人物	吳相湘	歷史
歷史與文化論叢	錢穆	歷史

滄海叢刊已刊行書目(二)

書名	作者	類別
語言哲學	劉福增	哲學
邏輯與設基法	劉福增	哲學
知識·邏輯·科學哲學	林正弘	哲學
中國管理哲學	曾仕强	哲學
老子的哲學	王邦雄	中國哲學
孔學漫談	余家菊	中國哲學
中庸誠的哲學	吳怡	中國哲學
哲學演講錄	吳怡	中國哲學
墨家的哲學方法	鐘友聯	中國哲學
韓非子的哲學	王邦雄	中國哲學
墨家哲學	蔡仁厚	中國哲學
知識、理性與生命	孫寶琛	中國哲學
逍遥的莊子	吳怡	中國哲學
中國哲學的生命和方法	吳怡	中國哲學
儒家與現代中國	韋政通	中國哲學
希臘哲學趣談	鄔昆如	西洋哲學
中世哲學趣談	鄔昆如	西洋哲學
近代哲學趣談	鄔昆如	西洋哲學
現代哲學趣談	鄔昆如	西洋哲學
現代哲學述評(一)	傅佩榮譯	西洋哲學
懷海德哲學	楊士毅	西洋哲學
思想的貧困	韋政通	思想
不以規矩不能成方圓	劉君燦	思想
佛學研究	周中一	佛學
佛學論著	周中一	佛學
現代佛學原理	鄭金德	佛學
禪話	周中一	佛學
天人之際	李杏邨	佛學
公案禪語	吳怡	佛學
佛教思想新論	楊惠南	佛學
禪學講話	芝峯法師譯	佛學
圓滿生命的實現 (布施波羅蜜)	陳柏達	佛學
絕對與圓融	霍韜晦	佛學
佛學研究指南	關世謙譯	佛學
當代學人談佛教	楊惠南編	佛學

滄海叢刊已刊行書目(一)

書名	作者	類別
國父道德言論類輯	陳立夫	國父遺教
中國學術思想史論叢(一)(二)(三)(四)(五)(六)(七)(八)	錢穆	國學
現代中國學術論衡	錢穆	國學
兩漢經學今古文平議	錢穆	國學
朱子學提綱	錢穆	國學
先秦諸子繫年	錢穆	國學
先秦諸子論叢	唐端正	國學
先秦諸子論叢(續篇)	唐端正	國學
儒學傳統與文化創新	黃俊傑	國學
宋代理學三書隨劄	錢穆	國學
莊子纂箋	錢穆	國學
湖上閒思錄	錢穆	哲學
人生十論	錢穆	哲學
晚學盲言	錢穆	哲學
中國百位哲學家	黎建球	哲學
西洋百位哲學家	鄔昆如	哲學
現代存在思想家	項退結	哲學
比較哲學與文化(一)(二)	吳森	哲學
文化哲學講錄(一)(二)(三)(四)	鄔昆如	哲學
哲學淺論	張康譯	哲學
哲學十大問題	鄔昆如	哲學
哲學智慧的尋求	何秀煌	哲學
哲學的智慧與歷史的聰明	何秀煌	哲學
內心悅樂之源泉	吳經熊	哲學
從西方哲學到禪佛教—「哲學與宗教」一集—	傅偉勳	哲學
批判的繼承與創造的發展—「哲學與宗教」二集—	傅偉勳	哲學
愛的哲學	蘇昌美	哲學
是與非	張身華譯	哲學